Descartes et la chimie

DU MÊME AUTEUR
À LA MÊME LIBRAIRIE

La rationalité de l'alchimie au XVIIe *siècle*, 408 pages, 1992.

MATHESIS

Directeurs : Michel BLAY — Hourya SINACEUR

Bernard JOLY

Descartes et la chimie

Ouvrage publié avec le concours
du Centre national du livre

PARIS

LIBRAIRIE PHILOSOPHIQUE J. VRIN

6 place de la Sorbonne, V[e]

2011

En application du Code de la Propriété Intellectuelle et notamment de ses articles L. 122-4, L. 122-5 et L. 335-2, toute représentation ou reproduction intégrale ou partielle faite sans le consentement de l'auteur ou de ses ayants droit ou ayants cause est illicite. Une telle représentation ou reproduction constituerait un délit de contrefaçon, puni de deux ans d'emprisonnement et de 150 000 euros d'amende.

Ne sont autorisées que les copies ou reproductions strictement réservées à l'usage privé du copiste et non destinées à une utilisation collective, ainsi que les analyses et courtes citations, sous réserve que soient indiqués clairement le nom de l'auteur et la source.

© *Librairie Philosophique J. VRIN,* 2011
Imprimé en France

ISSN 1765-8055
ISBN 978-2-7116-2330-3

www.vrin.fr

INTRODUCTION

Existe-t-il une chimie cartésienne ? Il suffirait, semble-t-il, d'examiner l'œuvre de Descartes, telle que nous la connaissons aujourd'hui, pour pouvoir répondre à cette question. Dans les œuvres publiées de son vivant ou dans celles qui furent retrouvées après sa mort, rien ne semble correspondre à un traité de chimie qui serait venu prendre place à côté des *Essais* de géométrie, de dioptrique et de météorologie qui suivent le *Discours de la méthode* ; rien non plus qui ressemble aux ouvrages concernant la mécanique, comme le *Traité des engins* envoyé à Huygens et celui de *Géostatique* adressé à Mersenne [1], ou encore la physiologie telle qu'elle est présentée dans le *Traité de l'Homme*, *La description du corps humain* et les divers fragments retrouvés et publiés après la mort de l'auteur [2]. Ainsi, à moins d'admettre l'existence de manuscrits perdus – mais rien ne nous autorise à émettre une telle hypothèse – nous devons admettre que Descartes n'a pas écrit de traité de chimie, laissant ainsi de côté une matière pourtant fort prisée à son époque. Bien plus, l'organisation des savoirs esquissée par l'image de l'arbre dans la *Lettre-préface* de l'édition française des *Principes de la philosophie* ne laisse aucune place à une science chimique qui se distinguerait des autres sciences, puisque du tronc de la physique ne

1. Sauf avis contraire, je cite Descartes d'après les *Œuvres de Descartes* publiées par Charles Adam et Paul Tannery, 11 vol., nouvelle présentation par Bernard Rochot et Pierre Costabel, Paris, Vrin, 1964-1974, réédition 1996, ouvrage désigné par l'abréviation AT, suivi du numéro de volume et de la pagination. Le *Traité des engins* se trouve à la suite d'une lettre à Constantin Huygens du 5 octobre 1637 (AT I 435-447) ; celui sur la géostatique accompagnait une lettre à Mersenne du 13 juillet 1638 (AT II 222-245).

2. Le *Traité de l'Homme* est la seconde partie du *Monde* (AT XI 119-202) ; *La description du corps humain* est aussi appelé *De la formation du fœtus* (AT XI 223-286) ; voir aussi les *Primae cogitationes circa generationem* suivies du *De saporibus* (AT XI 505-542) ainsi que les fragments conservés par Leibniz et publiés sous le titre *Excepta anatomica* (AT XI 549-634).

sortent que les trois branches que sont la médecine, la mécanique et la morale [3].

Cette absence d'un traité de chimie dans son œuvre ne signifie pas que Descartes ne se soit pas intéressé à la chimie, dont il évoque souvent les divers objets. Mais après les avoir longtemps étudiés, il renonce finalement à leur consacrer un traité spécifique. C'est ce qu'il annonce à son ami Constantin Huygens dans une lettre du 4 août 1645 :

> J'ay eu de la peine a me resoudre de vous envoyer cete letre, sans y joindre quelques discours touchant la Chymie, ainsy que vous avez tesmoigné le desirer ; car il n'y a rien que je ne fisse tres volontiers pour vous obeïr, pourvû que j'en fusse capable. Mais, ayant desja escrit tout le peu que je sçavois touchant cete matiere, en la quatrieme partie de mes principes, lorsque j'y ay traité de la nature des mineraux & de celle du feu, & de tous les divers effets ausquels se peut quasi rapporter toute la Chymie, il ne m'est pas possible d'en rien escrire davantage, sans me metre en hasard de me mesprendre, a cause que je n'ay point fait les experiences qui m'auroient esté necessaires pour venir a la connoissance particuliere de chasque chose ; & n'ayant point la commodité de les faire, je renonce dorenavant a cet estude & a tous les autres semblables, touchant lesquels je ne pourrois entierement me satisfaire sans l'ayde d'autruy ; car il en reste encore assez d'autres, ausquels je n'ay besoin que de moy seul, pour occuper agreablement le reste de ma vie [4].

Examinons tout d'abord les termes de la demande de Huygens, formulée dans une lettre du 7 juillet 1645, à laquelle Descartes se dérobe ici [5]. Se déclarant fort intéressé par la chimie, qu'il nomme « l'anatomie des choses » selon une formule courante à l'époque puisque la chimie est supposée « ouvrir » les corps mixtes pour montrer de quels principes ou éléments ils sont composés, Huygens réclame en ces termes une explication des opérations de la chimie :

> Et pour autant que l'industrie mechanique y peut aller, les operations chimiques estant les plus apparents moyens d'en tirer de l'avantage effectif, il y a longtemps que je brusle d'envie de vous en entendre discourir, pour voir en combien peu de nomenclature vous comprenez tant d'eaux, de sels, d'huiles, d'essences, d'esprits, de magisteres & autres differences chimiques au moins superflues que ces bonnes gens nous estallent en leurs laboratoires [6].

3. AT IX-2, 14.

4. AT IV 260 et 780.

5. AT IV 243 et 778.

6. AT IV 244 et 779. Dans la version de cette lettre dans l'édition Roth (reproduite par Adam et Tannery à la fin du volume IV), il est question de « différences chimériques » et non pas « chimiques ».

En l'invitant à écrire un traité de chimie, Huygens propose à Descartes d'atteindre un double but. Il s'agit d'abord de montrer la fécondité de l'approche mécanique des réalités naturelles dans un domaine que les hommes du XVIIe siècle étudient surtout en raison de ses applications pratiques, notamment dans le domaine de la médecine et de la pharmacie. Et puisque sa philosophie est « aucunement comprise », comme le dit Huygens, Descartes trouverait en cette matière l'occasion de manifester la supériorité de sa doctrine, comme il l'a fait quelques années plus tôt, à la demande même de son ami, en acceptant de rédiger « ces trois beaux fueillets de la Mechanique », ce que nous appelons le *Traité des engins*. Mais, ce faisant, Descartes rendrait aussi service à la chimie puisqu'il saurait ramener à une brève nomenclature la diversité des produits que les chimistes utilisent dans leur laboratoire. Remarquons que Huygens aperçoit avec perspicacité que la question du langage de la chimie constitue l'un de ses problèmes essentiels : mettre de l'ordre dans la nomenclature ne peut être l'effet que d'une bonne théorie, qui peut alors contrôler efficacement les pratiques de laboratoire [7].

Descartes, dans sa réponse, ne manifeste aucun mépris pour cette science chimique qu'il renonce pourtant à constituer selon les principes de sa philosophie. Mais la formule par laquelle il renvoie son correspondant à la quatrième partie des *Principes de la philosophie*, parus un an plus tôt, où il a présenté « le peu » qu'il savait sur cette matière, semble bien ambiguë. Certes, il affirme y avoir traité de ce à quoi « se peut quasi rapporter toute la Chymie », laissant ainsi entendre qu'il a bien examiné l'ensemble des objets que contient cette science. Mais il laisse apercevoir deux raisons de son insatisfaction devant le travail ainsi réalisé. D'une part, cet ensemble est insuffisant puisqu'il conviendrait d'en écrire davantage : tous les objets ont été examinés, mais tout n'a pas été dit à leur sujet. Mais surtout il n'a atteint que des « effets », et non pas la « connaissance particulière de chaque chose ». Une collection de remarques se rapportant à des objets du même type ne suffit pas à constituer une science. Ainsi, prenant aujourd'hui connaissance de la lettre qu'il écrivait à Huygens et dont nous sommes aussi devenus les destinataires, nous recueillons de la plume de Descartes deux informations contradictoires : 1) si nous voulons connaître ses travaux concernant la chimie, c'est la quatrième partie des *Principes de la philosophie*

7. Sur cette question du langage de la chimie, voir notamment Maurice Crosland, *Historical studies in the language of chemistry*, Londres, Heineman, 1962 ; François Dagognet, *Tableaux et langages de la chimie*, Paris, Le Seuil, 1969.

qu'il nous faudra principalement étudier ; 2) les quatre-vingt-huit articles qui y sont consacrés à l'examen des objets de la chimie ne constituent pourtant pas le traité de chimie que nous pouvions attendre [8].

Quant aux raisons pour lesquelles Descartes renonce alors à construire le traité de chimie qui manque à son œuvre, elles sont clairement présentées, sans pour autant parvenir à nous convaincre : « n'ayant point la commodité » de faire les expériences nécessaires, il préfère se consacrer à d'autres études pour le reste de sa vie. Nous savons qu'à cette époque, Descartes est très préoccupé par les prises de position de Regius et la querelle qu'elles entraînent avec les théologiens d'Utrecht. Mais il travaille aussi sur les questions de morale et de physiologie. Après une interruption de près d'un an, il a repris sa correspondance avec Elisabeth depuis le mois de mai 1645 et le rythme de leurs échanges s'est accéléré. Bien qu'il tente de limiter ses réflexions à un commentaire de Sénèque, Descartes devine sans doute que sa jeune correspondante ne lui laissera guère de répit et l'on peut supposer qu'il a entrepris les travaux qui déboucheront bientôt sur la première ébauche du *Traité des passions*. En même temps, il poursuit les travaux d'anatomie qui déboucheront notamment sur la rédaction de *La description du corps humain*. Mais précisément, s'il trouve le temps et les moyens de disséquer des veaux [9], pourquoi ne pourrait-il pas se livrer à des expériences de chimie pour lesquelles les appareils et les produits sont alors aisément accessibles ? Et surtout, alors qu'il n'a pas cinquante ans et que, six ans plus tôt, il estimait avoir encore trente ans à vivre [10], il est surprenant qu'il déclare renoncer définitivement aux études de chimie pour se consacrer à des tâches plus agréables.

Il est certes possible que Descartes ait été rebuté par le travail de laboratoire et qu'il ait manqué de la patience et de l'habileté requises par la manipulation d'appareils fragiles et onéreux. Leibniz a d'ailleurs remarqué que ce manque d'expérience avait fait de Descartes un piètre chimiste : « Il manquoit d'expérience, il n'avoit pas assez de connoissance de la chymie, et ce qu'il dit des sels, des mineraux et autres corps

8. Comme je le montrerai au troisième chapitre où ils seront examinés en détail, il s'agit des articles 45 à 133 (AT IX-2 225-271).

9. Selon Sorbière dans une lettre de 1658 (*Lettres et Discours de M. de Sorbière*, Paris, 1660), cité dans AT III 351. Mais l'anecdote est déjà rapportée par Pierre Borel, *Vita Renati Cartesii*, Paris, 1656, p. 6.

10. Lettre à Huygens de juin 1639 (AT II 552).

sensiblement homogenes est trop sec »[11]. Il eût fallu que Descartes se fasse assister d'un praticien averti de la chimie et c'est sans doute pourquoi il déclare à Huygens renoncer à des études pour lesquelles il ne saurait se passer de l'aide d'autrui, préférant passer son temps à des occupations où il n'a besoin que de lui seul. La science chimique ne saurait se passer des travaux de laboratoire et la nécessité d'expérimenter en chimie posait à Descartes des problèmes théoriques et pratiques sans doute bien différents de ceux qu'il rencontrait lorsqu'il s'agissait d'anatomie. Nous y reviendrons. Mais nous pouvons dès maintenant constater que ces difficultés expérimentales ne l'ont pourtant pas complètement détourné de la chimie. Dès 1630, il informait Mersenne de ses travaux de chimie et d'anatomie et il continua à évoquer dans sa correspondance les propriétés chimiques de divers corps bien après sa réponse négative à Huygens, notamment dans une lettre à William Cavendish du 23 novembre 1646[12]. Certes, il affirme alors, à propos de la nature du vif-argent, ne pas avoir encore fait toutes les expériences nécessaires à une connaissance exacte, ce qui implique d'ailleurs qu'il en a fait certaines, mais cette réserve n'est pas invoquée pour refuser de traiter la question. Nous devons donc admettre que les difficultés du travail de laboratoire n'étaient pas les seuls motifs du renoncement de Descartes à publier un traité de chimie et que son refus d'intégrer dans son œuvre une chimie constituée en tant que science distincte de la physique tient à des raisons plus fondamentales et plus complexes que celles qu'il présentait à Constantin Huygens en 1645.

Ce sont ces raisons que l'on souhaite ici mettre à jour[13]. Cela nous amènera à examiner la quatrième partie des *Principes de la philosophie*, vers laquelle Descartes lui-même nous a orientés, avec d'autant plus d'attention qu'il s'agit là d'un texte rarement étudié par les innombrables commentateurs de l'œuvre de Descartes. Mais, pour importante qu'elle soit, l'étude de ces articles ne saurait suffire à comprendre la nature exacte des rapports que la chimie entretient avec

11. Lettre à Philippi de 1679, dans *Die philosophischen Schriften*, édités par C.I. Gerhardt, Berlin, 1875-1890, réimp. Hildesheim, Olms, 1960-1961, IV 309 (ouvrage désigné Gerhardt). Voir aussi Gerhardt IV 302.

12. AT IV 569-573.

13. J'ai présenté une première version des analyses ici développées dans *Chimie et philosophie au XVIIe siècle. Paracelsisme, stoïcisme, cartésianisme*, monographie présentée en vue de l'Habilitation à diriger les recherches, université de Paris VII, 1998. Un résumé en a été publié dans « Descartes et la chimie », dans Bernard Bourgeois et Jacques Havet (éds.), *L'esprit cartésien. Actes du XXVIe congrès de l'ASPLF*, Paris, Vrin, 2000, t. I, p. 216-221, texte lui-même issu d'une communication au XXVIe congrès de l'ASPLF (30 août-3 septembre 1996) à la Sorbonne.

la science et la philosophie chez Descartes ; c'est l'ensemble de son œuvre et de sa correspondance qu'il faudra examiner en vue de rassembler les textes où il parle de la chimie, qu'il s'agisse pour lui de répondre à une question technique de l'un de ses correspondants ou de donner un avis, souvent critique, sur les chimistes de son temps.

Un premier chapitre permettra de rappeler comment se présentait la chimie à l'époque de Descartes. On examinera ensuite dans un second chapitre l'attitude critique de Descartes à l'égard des chimistes, et l'on examinera la nature des reproches qu'il leur adresse. On a souvent interprété ces critiques comme l'expression d'un refus de l'alchimie, refus dans lequel certains ont d'ailleurs vu un masque derrière lequel se serait caché un Descartes véritablement alchimiste ou du moins rosicrucien. Il sera facile de rejeter ces interprétations fantaisistes qui s'effondrent dès lors que l'on admet, comme on le verra dans le premier chapitre, que la distinction entre chimie et alchimie n'avait guère de sens pour un homme du XVIIe siècle. Si Descartes est agacé par les méthodes des alchimistes et s'en gausse parfois en compagnie de Mersenne, il ne rejette pourtant pas en dehors du champ de la science les objets qu'ils étudient, allant même, on le verra, jusqu'à admettre la possibilité de la transmutation des métaux. Descartes se méfie des hommes qui pratiquent la chimie, qu'ils s'appellent chimistes ou alchimistes, mais il ne refuse pas de s'intéresser aux discours que l'on peut tenir sur les corps mixtes et leur résolution, que cela se nomme chimie ou alchimie.

C'est alors que surgit le véritable problème que l'on veut traiter ici. Puisque Descartes s'intéressait suffisamment à la chimie pour critiquer ceux qui ne la pratiquaient pas selon les bonnes méthodes, pourquoi n'a-t-il pas construit un nouveau système chimique ? La chimie aurait pu lui apparaître comme un moyen de construire une nouvelle philosophie naturelle qui s'opposât à celle de l'aristotélisme scolastique. C'est le chemin qu'emprunta l'un de ses contemporains, Etienne de Clave. Ce dernier raconte en effet dans la préface de la seconde partie des *Paradoxes* comment, au terme d'un cheminement intellectuel et géographique qui ressemble beaucoup à celui que rapporte Descartes dans le *Discours de la méthode*, il découvrit enfin la vérité grâce à la chimie [14]. On se réjouira , au nom de la philosophie, que le génie de

14. Voir Olivier-René Bloch, « Le discours de la méthode d'Etienne de Clave (1635) » dans *Descartes : il metodo e i saggi*, Atti del Convegno per il 350° anniversario della publicazione del *Discours de la Méthode* e degli *Essais*, a cura di G. Belgioioso, G. Cimino, P. Costabel, G. Papulli, Roma, Istituto della Enciclopedia Italiana, 1990, p. 155-161.

Descartes l'ait conduit à la découverte du *Cogito* plutôt que vers l'élaboration d'une nouvelle doctrine des éléments chimiques et que la chimie ne lui soit pas apparue comme le moyen privilégié de reconstruire la philosophie. Mais on pouvait espérer avec Constantin Huygens que, sans aller jusqu'à élaborer un traité spécifique, Descartes obtienne, dans le cadre de la philosophie naturelle qu'il déploie dans les *Principes de la philosophie*, de nouveaux résultats dans le domaine de la chimie : si sa méthode était meilleure que celle de ces mauvais chimistes que l'on nomme aussi alchimistes, elle aurait pu permettre de mieux comprendre les processus chimiques et d'en maîtriser les effets. On sera bien déçu sur ce point. Certes, Descartes a rencontré les objets de la chimie de son temps, puisqu'il lui arrive de parler des sels, du soufre ou du mercure, d'examiner certaines des opérations qui concernent ces corps, de proposer un interprétation de ces opérations et une explication des propriétés de ces objets. Pourtant, il n'a pas construit une science chimique qui viendrait prendre place à côté de sa géométrie, de son optique, de sa météorologie, de sa physiologie ou de sa mécanique. Bref, si Descartes n'a rien apporté à l'histoire de la chimie, ce n'est pas qu'il se soit fourvoyé et qu'il ait élaboré une doctrine chimique dont nous n'aurions aujourd'hui plus grand chose à retenir mais c'est plus simplement que, dans le système de la science qu'il avait construit, et qui trouve son accomplissement dans les *Principes de la philosophie*, la chimie ne peut pas exister en tant que science distincte de la physique, puisque tous les objets de la chimie sont réduits à des objets de la mécanique.

C'est ce que montrera un troisième chapitre, consacré à l'examen des objets de la chimie dans la quatrième partie des *Principes de la philosophie*. Il faudra alors, et ce sera l'objet du quatrième chapitre, rechercher les raisons pour lesquelles Descartes n'a pas remplacé les théories chimiques de son temps par une chimie mécaniste qui serait venue prendre place parmi les savoirs que fonde sa métaphysique. Nous arrêtant sur le rôle de la distillation et le statut de la matière subtile, nous verrons tout d'abord que la chimie se présentait alors comme la science spécifique d'un type d'objet – intermédiaire entre l'esprit et la matière – auquel la métaphysique cartésienne ne pouvait reconnaître aucune place. Mais surtout, Descartes ne pouvait admettre l'existence d'une science dans laquelle les propriétés des objets étaient définies en fonction de leurs qualités sensibles. La métaphysique cartésienne conduit en effet à considérer que le seul discours scientifique qui soit possible à propos des objets naturels est celui qui construit les propriétés géométriques des corps, figure, taille et mouvement, quitte à passer par la fiction romanesque d'une histoire de la constitution des différents éléments de la matière. Le statut de la science cartésienne apparaît alors incompatible avec celui d'une science chimique qui croit voir dans les produits empiriques de la distillation la substantialité des éléments constitutifs des corps mixtes.

Derrière le refus cartésien de constituer une science chimique se dessine donc le statut singulier des objets naturels dans la physique que fondent les *Principes de la philosophie* et c'est finalement à une évaluation de ce statut que notre étude de la chimie cartésienne nous conduira. Les réticences de Descartes face au travail des « chymistes » de son temps ne peuvent se réduire, comme on l'a fait trop souvent, au refus des solutions du naturalisme magique de la fin de la Renaissance. En ce sens, le refus cartésien d'instaurer la chimie en tant que science spécifique ne constitue pas seulement une donnée historique qu'il faudrait invoquer pour mieux comprendre les singularités de la science cartésienne. C'est bien la question de la place de la chimie dans les sciences modernes qui se trouve ainsi posée, non pas tant du fait de l'absence de mathématisation de ses discours – une telle absence caractérise toute la physique des *Principes de la philosophie* – qu'en raison de la nécessité de toujours se rapporter, jusque dans ses développements les plus théoriques, à des objets qui sont donnés dans l'expérience de laboratoire et que l'on pourra tout au plus classer en des tableaux. Jusqu'au XIXe siècle, la modélisation des objets de la chimie se fait par leur intégration dans une nomenclature et non par une formalisation de leurs propriétés. Mais si la chimie, pour devenir une science, doit renoncer à décrire les propriétés sensibles des objets qu'elle manipule, ne risque-t-elle pas alors de cesser d'être chimie ?

Cette difficulté théorique n'a pas empêché le développement d'une chimie cartésienne chez des savants de la seconde moitié du XVIIe siècle ou des premières décennies du XVIIIe. C'est cette situation paradoxale que nous examinerons dans le cinquième chapitre. Nous serons ici confrontés à une situation nouvelle. En effet, si les travaux sur la chimie dans l'œuvre de Descartes sont rares [15], par contre, de

15. Voir Ernst Bloch, « Die chemischen Theorien bei Descartes und den Cartesianern », *Isis* I/4 (1913), p. 590-636. Les trois quarts de l'article sont consacrés aux chimistes cartésiens, et non pas à la doctrine de Descartes lui-même. Il en va de même chez Hélène Metzger, *Les doctrines chimiques en France du début du XVIIe à la fin du XVIIIe siècle*, Paris, Librairie Albert Blanchard, 1922/1969 et Michelle Goupil, *Du flou au clair ? Histoire de l'affinité chimique de Cardan à Prigogine*, Paris, Editions du Comité des Travaux Historiques et Scientifiques, 1991, p. 48-57. En ce qui concerne Descartes lui-même, Michelle Goupil se contente de donner quelques exemples de « l'interprétation

nombreux historiens ont évoqué les influences cartésiennes dans les travaux chimiques ultérieurs. Mais la réflexion sur ce sujet ne semble pas avoir jusqu'ici dépassé le point de vue qu'exprimait Hélène Metzger en 1922. Considérant que Descartes s'était peu occupé de chimie, elle ajoutait :

> Son influence, bien que considérable, ne s'est manifestée qu'indirectement. Ayant donné aux médecins et par suite aux chimistes, l'habitude de penser autrement que l'on ne faisait avant lui, il les a peu à peu engagés à construire sur de nouvelles bases, et par suite à la modifier considérablement [16].

En fait, l'influence cartésienne sur l'histoire de la chimie a souvent été surévaluée, du fait qu'on lui a attribué, en l'associant à une influence gassendiste, l'introduction dans les théories chimiques d'un point de vue corpuscularise, assez répandu dans la chimie du XVIIe siècle, qui était en fait un héritage de l'alchimie médiévale. Par ailleurs, comment ne pas constater que les doctrines chimiques développées par Robert Boyle et Nicolas Lémery n'ont pas grand chose à voir avec les développements de la quatrième partie des *Principes de la philosophie* et qu'elles sont tellement différentes l'une de l'autre qu'il serait bien difficile de leur trouver une source commune ? En fait, la recherche d'une éventuelle chimie cartésienne se développera plutôt dans deux nouvelles directions. Il conviendra d'abord d'examiner comment les cours de physique cartésiens, tels ceux de Rohault et de Régis, intégraient une chimie qui pouvait apparaître comme une partie autonome de leur système scientifique. Mais on étudiera aussi le développement, à partir des travaux de Malebranche, d'une chimie tourbillonnaire d'inspiration incontestablement cartésienne, quoique tout à fait étrangère aux développements que l'on trouve chez Descartes lui-même. Une telle chimie, qui abandonnait l'héritage des articles chimiques des *Principes de la philosophie*, tenta de s'imposer au XVIIIe siècle avec un certain succès face à une chimie d'inspiration newtonienne, notamment à travers les travaux de Privat de Molières.

Descartes était sans doute un médiocre chimiste. Non pas tant du fait de son éventuelle maladresse d'expérimentateur qu'en raison de l'obstacle théorique à l'expérimentation chimique que constituait sa doctrine de la science. De toute évidence, la méthode qu'il utilisait pour

mécaniste cartésienne d'une réaction chimique ». Le meilleur résumé de la doctrine chimique de Descartes reste James R. Partington, *A history of chemistry*, vol. II, Londres, Macmillan, 1961, p. 430-442. Par contre, comme le montre notre bibliographie, les travaux sur la prétendue alchimie de Descartes sont moins rares.

16. Hélène Metzger, *Les doctrines chimiques en France*, op. cit. note 15.

rendre compte des propriétés des objets chimiques selon d'autres voies que celles utilisées par les chimistes de son temps n'était guère féconde. Dans ces conditions, les articles qu'il consacre à la chimie dans les *Principes de la philosophie* relèvent plutôt d'une sorte de défi, comme s'il voulait montrer que son système, fondé sur les trois « lois de la nature » établies dans la seconde partie des *Principes* et les trois « éléments du monde visible » présentés dans la troisième partie, pouvait se substituer à celui des trois principes paracelsiens et que les opérations de la chimie pouvaient être complètement expliquées par la figure et le mouvement des particules de la matière. Certains ont pu croire, à la fin du XVIIe et au début du XVIIIe siècle, et en particulier en France, au succès d'une telle chimie cartésienne, qui ne triomphait cependant qu'en se rangeant sous les principes d'une physique mécaniste. Ainsi, écrivait Fontenelle en 1710,

> Il n'y a pas encore fort longtemps que tous les raisonnemens de Chimie n'étoient que des especes de fictions poëtiques, vives, animées, agréables à l'imagination, inintelligibles, & insupportables à la raison. La saine Philosophie a paru, qui a entrepris de réduire à la simple méchanique corpusculaire cette Chimie mysterieuse, & en quelque façon si fiere de son obscurité [17].

L'esprit de la physique, selon Fontenelle, « plus net, plus simple, plus dégagé » que celui de la chimie, « plus confus et plus enveloppé », permettait de résoudre les principes grossiers de la chimie en d'autres principes plus simples, « en corps mus et figurés d'une infinité de façons » et Boyle lui-même, dont nous savons pourtant aujourd'hui à quel point sa philosophie chimique était enracinée dans la tradition alchimique, était alors présenté comme le champion de cette chimie qui, abandonnant les charmes de l'obscurité, « avait entrepris de rendre raison de tous les phénomènes chimiques (...) par les seuls mouvements et les seules configurations des petits corps » [18].

Mais c'est finalement une chimie bien davantage ancrée dans la tradition alchimique que dans le mécanisme cartésien qui s'imposera jusqu'au milieu du XVIIIe siècle. Pierre Duhem, puis Hélène Metzger, avaient déjà remarqué que Stahl et ses disciples s'étaient opposés à la doctrine cartésienne, considérant que la matière première de Descartes n'était qu'une hypothèse « imaginée par un philosophe qui n'entendait

17. Fontenelle, *Eloge de Guglielmini* (1710), p. 165.

18. Fontenelle, *Histoire de l'Académie Royale des Sciences*, Paris, 1702, vol. I, p. 7-10.

pas du tout la chimie » et « fondée sur de vaines spéculations » [19]. C'est pourquoi Stahl estimait que la philosophie mécaniste cartésienne n'avait apporté aucune réponse satisfaisante aux problèmes de la chimie : « de la figure et du mouvement des particules, elle se contente de tirer l'explication très générale et passablement abstraite des phénomènes ; mais elle ne se soucie pas de savoir ce qu'est un mixte, un composé, un agrégat » [20]. Aussi les considérations sur la forme des corpuscules ne sont-elles d'aucune utilité pour le chimiste :

> Lorsqu'en parlant du sel en général comme mixte, on dit qu'il est composé d'eau et d'une ou deux sortes de terre, on donne une idée réelle et véritable de ce qu'on doit entendre par sel (...). Au contraire, si je dis que ce sel est composé de particules aiguës, plus longues que larges, anguleuses, etc., et qu'on me dise de chercher ce sel, certainement je ne pourrai ni trouver ni apprendre de personne où je pourrai le découvrir [21].

Hélène Metzger avait cependant bien souligné que le refus du cartésianisme n'avait pas empêché Stahl de développer une théorie corpusculaire de la matière qui joua dans l'histoire de la chimie un rôle important et qui, nous le savons aujourd'hui, relevait d'un héritage de la tradition alchimique et non pas de l'influence des théories cartésiennes [22]. Quant à la célèbre doctrine du phlogistique, dont la critique a fondé la chimie lavoisienne, elle était, bien davantage encore, tout à fait étrangère à l'œuvre de Descartes. De la même façon, ce que l'on appelle la doctrine des affinités chimiques, qui constitue l'un des piliers de la chimie jusqu'au début du XIXe siècle, et qui avait été élaborée par Etienne-François Geoffroy lorsqu'il présenta en 1718 à l'Académie royale des sciences sa *Table des différents rapports observés entre différentes substances*, se nourrissait de travaux de laboratoire souvent inspirés de doctrines chimiques et alchimiques des siècles précédents.

On comprend alors que les recherches de Descartes sur la chimie n'aient guère retenu l'attention des historiens : simple égarement d'un

19. Junker, *Conspectus chymiae*, Halle, 1730, trad. François de Demachy, *Eléments de chimie suivant les principes de Beccher et de Stahl*, Paris, 1757, vol. I, p. 153, cité par Hélène Metzger, *Newton, Stahl, Boerhaave et la doctrine chimique*, Paris, Albert Blanchard, 1930/1974, p. 106.

20. Stahl, *Fundamenta chymiae*, Nuremberg, 1723, préambule, cité par Pierre Duhem, *Le mixte et la combinaison chimique*, Paris, 1902, réédition Paris, Fayard, 1985, p. 41.

21. Stahl, *Specimen Beccherianum*, Leipzig, 1703, cité par Hélène Metzger, *Newton Stahl, Boerhaave* (op. cit. note 19), p. 102. H. Metzger renvoie à l'édition allemande de 1720, p. 51.

22. Voir à ce sujet Henk Kubbinga « Hélène Metzger et la théorie corpusculaire des stahliens au XVIIIe siècle », *Corpus* n° 8/9, 1988, p. 59-66.

génie dans un domaine qu'il connaissait mal, elles se seraient perdues dans les élucubrations tourbillonnaires des malebranchistes du XVIIIe siècle. Pourtant, l'importance que Descartes ne cessa d'accorder à ces questions, l'intérêt polémique que ses travaux sur le sujet suscitèrent pendant plusieurs décennies avant de sombrer dans l'oubli, constituent de puissants motifs d'examiner cet aspect obscur de la philosophie cartésienne, tant il est vrai que l'historien des sciences et de la philosophie manque à tous ses devoirs lorsqu'il néglige les aspects d'une œuvre qui l'embarrassent. Descartes voyait dans son explication mécaniste du feu une application privilégiée de sa physique, au point que l'Académie royale des sciences pouvait encore espérer, en 1738, faire triompher le cartésianisme contre le newtonianisme en faisant de la question de la nature du feu et de sa propagation le sujet d'une concours [23]. Nous avons besoin de comprendre ce qui fit la force et la faiblesse des travaux chimiques de Descartes.

23. *Pièces qui ont remporté le prix de l'Académie royale des sciences en MDCCXXXVIII*, Paris, 1739. Voir Bernard Joly, « Les théories du feu de Voltaire et madame Du Châtelet », dans François De Gandt (éd.), *Cirey dans la vie intellectuelle. La réception de Newton en France*, Oxford, Voltaire Foundation, 2001, p. 212-237.

CHAPITRE PREMIER

LA CHIMIE À L'ÉPOQUE DE DESCARTES

Rien ne distinguait au XVIIe siècle la chimie de l'alchimie. La plupart des auteurs utilisaient indifféremment l'un ou l'autre terme et beaucoup savaient que le mot « alchimie » avait été forgé par les arabes en ajoutant l'article « al » au terme grec « kemia » d'origine incertaine [1]. En évoquant, voici bientôt vingt ans sa « rationalité », j'avais voulu marquer la cohérence d'une théorie de la matière qui se pensait elle-même comme une « philosophie chimique » [2]. Mais en même temps, c'est cette dimension essentiellement chimique de l'alchimie que j'avais entrepris de mettre en évidence. Car l'alchimie occidentale, depuis sa naissance dans les premiers siècles de notre ère dans l'Egypte hellénisée, n'a cessé d'être en même temps théorie et pratique, chimie et philosophie, le laboratoire apparaissant comme le lieu où le savoir se tire du travail du livre aussi bien que de l'alambic [3].

Loin des approximations tendancieuses de Jung ou de Eliade, on peut aujourd'hui redonner à l'alchimie sa véritable place dans l'histoire des sciences, non pas du fait de découvertes faites par hasard au cours de l'impossible quête de la pierre philosophale, mais bien parce que le travail de l'alchimiste était celui d'un chimiste se livrant à l'analyse des corps mixtes pour en comprendre la nature, travaillant les minéraux et les métaux pour mieux en cerner les propriétés et cherchant à extraire

1. Voir Robert Halleux, *Les textes alchimiques*, Turnhout, Brepols, 1979, p. 45-49.

2. Bernard Joly, *La rationalité de l'alchimie au XVIIe siècle. Avec le texte latin, la traduction et le commentaire du* Manuscriptum ad Fridericum *de Pierre Jean Fabre*, Paris, Vrin, 1992.

3. Voir l'ensemble des articles rassemblés dans le dossier « Théorie et pratique dans la constitution des savoirs alchimiques », *Revue d'histoire des sciences*, tome 49/2-3, 1996.

des substances les produits nécessaires à de nombreuses pratiques artisanales, mais aussi à la médecine et à la pharmacie [4].

Parce que l'alchimie était d'abord la chimie de son temps, il ne faut pas la confondre avec l'hermétisme, que l'on utilise ce terme au sens strict, c'est-à-dire pour désigner des doctrines directement tirées d'un corpus de textes attribués à Hermès Trismégiste [5], ou pour désigner un courant de pensée, souvent syncrétique et confus, qui se développa à la Renaissance en mêlant des influences cabalistiques et néoplatonisantes dans des productions où l'alchimie, lorsqu'elle était présente, ne servait qu'à fournir des symboles et des images détournés de leur sens [6]. Tout au plus peut-on remarquer que pendant quelques dizaines d'années, au tournant des XVIe et XVIIe siècles, on appela parfois « médecine hermétique » une médecine chimique d'inspiration paracelsienne, dont nous allons bientôt reparler, suite à une appellation proposée notamment par Joseph Du Chesne pour marquer l'antiquité – et donc supposait-il la prééminence – d'une doctrine qu'on prétendait issue des travaux de ce contemporain de Moïse qu'aurait été Hermès Trismégiste, par opposition à la médecine des Ecoles qui n'avait pas d'autres ancêtres qu'Hippocrate et Galien [7].

Deux évènements conjoints ont favorisé le développement de la chimie à l'âge classique. Il s'agit tout d'abord de la diffusion massive des traités alchimiques médiévaux, qui ont fait l'objet d'un traitement comparable à celui dont les textes scientifiques, philosophiques et littéraires anciens ont bénéficié dès le XVIe siècle grâce au développement

4. Sur ces questions, voir Lawrence Principe et William Newman, « Some problems with the historiography of alchemy », *in* William Newman and Anthony Grafton (éd.), *Secrets of Nature : Astrology and Alchemy in Early Modern Europe*, Cambridge (Ma), MIT Press, 2001, p. 385-431; « Alchemy vs. chemistry, the etymological origins of a historiographical mistake », *Early Science and Medicine*, 3/1, 1998, p. 32-65; Bernard Joly « A propos d'une prétendue distinction entre la chimie et l'alchimie au XVIIe siècle : questions d'histoire et de méthode », *Revue d'histoire des sciences*, tome 60-61, 2007, *Sciences, textes et contextes, en hommage à Gérard Simon*, p. 167-183.

5. L'ensemble de textes de l'antiquité tardive regroupés sous le titre de *Corpus hermeticum*, traduit du grec en latin par Marcile Ficin en 1471, a été publié et traduit en français par André-Jean Festugière et Arthur D. Nock, Paris Les Belles Lettres, 1945-1954, 4 vol. Voir également André-Jean Festugière, *La révélation d'Hermès Trismégiste*, Paris, Les Belles Lettres, 1944-1954, 4 vol.

6. Voir à ce sujet les travaux de François Secret, notamment « Du *De occulta philosophia* à l'occultisme du XIXe siècle », *Revue de l'histoire des religions* 186, 1974, p. 55-81 ; *Hermétisme et Kabbale*, Naples, Bibliopolis, 1992.

7. Voir Bernard Joly, « La rationalité de l'hermétisme. La figure d'Hermès dans l'alchimie à l'âge classique », dans *Methodos* n°3, 2003, *Figures de l'irrationnel*, p. 61-82 (http://methodos.revues.org/document106.html).

de l'imprimerie et des études philologiques. Le goût pour les auteurs du passés dont on redécouvre les trésors conduit aussi à lire et commenter abondamment tous les traités alchimiques attribués à Geber, Thomas d'Aquin, Raymond Lulle ou Arnaud de Villeneuve, parfois même à Aristote ou à Platon, sans qu'on ne se pose trop de questions sur la véritable identité des auteurs de ces textes. Grâce aux compilations du *Theatrum chimicum* ou du *Museum hermeticum* [8], des doctrines de la matière et des principes souvent différentes de celles enseignées dans les cours de la scolastique touchent un public dont la curiosité est bien sûr excitée par les promesses de transmutation des métaux qui ne constituent pourtant pas l'essentiel de ces ouvrages.

LA RENAISSANCE PARACELSIENNE

Mais la « chymie » n'aurait pas pris l'importance qui fut la sienne au XVIIe siècle sans ce second évènement que fut le succès rencontré par les idées de Paracelse (1493-1541) [9]. Largement diffusés et commentés après sa mort, les travaux du médecin et alchimiste suisse imposent dans toute l'Europe, mais plus particulièrement en France l'image d'une chimie au service de la médecine [10]. Parmi ceux qui contribuèrent à cette « renaissance paracelsienne » de l'alchimie, il faut remarquer le médecin danois Peder Sørenson qui, sous le nom de Petrus Severinus publia en 1571 à Bâle son *Idea medicinae philosophicae*. L'ouvrage, auquel Francis Bacon accordait le plus grand intérêt [11], fut réédité à Erfurt en 1616, puis à La Haye en 1660 avec un long commentaire de William

8. *Theatrum chimicum*, Ursel, 1602, nouvelle édition Strasbourg, 1659-1661, 6 vol., 200 traités ; *Museum hermeticum reformatum et amplificatum*, Francfort, 1625, 25 traités.

9. Voir Walter Pagel, *Paracelsus. An introduction to philosophical medicine in the era of Renaissance*, seconde édition augmentée, Bâle, Karger, 1982 ; *From Paracelsus to Van Helmont. Studies in Renaissance medicine and science*, Londres, Variorum reprints, 1986.

10. Voir Allen G. Debus, *The chemical philosophy: Paracelsian science and medicine in the sixteenth and seventeenth centuries*, 2 vol., New-York, Science History Publications, 1977 ; Didier Kahn, *Alchimie et paracelsisme en France à la fin de la Renaissance (1567-1625)*, Genève, Droz, 2007. La graphie « chymie » que nous utilisons ici, qui correspond à l'orthographe courante du terme au XVIIe siècle, a pour fonction de marquer l'identité entre chimie et alchimie.

11. Voir Bernard Joly, « Francis Bacon réformateur de l'alchimie : tradition alchimique et invention scientifique au début du XVIIe siècle », *Revue philosophique*, tome CXCIII, janvier 2003, n° 1, *Francis Bacon et l'invention*, p. 23-40.

Davisson [12]. Severinus, qui ne semblait pas s'intéresser à la transmutation des métaux, présentait clairement la théorie paracelsienne des éléments, des semences et des principes permettant de rendre compte de la génération et des transformations de tous les corps mixtes dans la nature. L'originalité de l'auteur consiste à insister sur la présence en tout corps d'un « baume », aussi appelé quintessence ou esprit, qui se spécifie selon les trois règnes, humeur radicale dans les végétaux, chaleur innée chez les animaux et semence minérale dans les minéraux et les métaux [13].

Médecine et alchimie

Paracelse n'était certes pas le premier à insister sur les liens entre médecine et alchimie. Il semble que ce soient les alchimistes arabes Jābir-ibn-Hāyyān et Al-Razi qui, les premiers, aient rapproché les deux disciplines, mais c'est dans la littérature alchimique médiévale que se développe l'idée selon laquelle l'élixir, qui était chez Jābir une « médecine pour les métaux », pouvait aussi guérir le corps humain. On aboutit ainsi au célèbre texte du *Rosarium philosophorum* du pseudo-Arnaud de Villeneuve qui date du XIVe siècle, selon lequel la médecine alchimique « préserve la santé, donne forces et vertus, rajeunit le vieillard, expulse les maladies et les poisons, guérit en un jour une maladie d'un mois, en douze jours celle d'un an » [14]. La médecine chimique apparaît ainsi comme une médecine supérieure, véritable trésor ou «Don de Dieu» pour celui qui la possède. Cette doctrine trouve son plein accomplissement avec le *De consideratione quintae essentiae* de Jean de Rupescissa sur la quintessence. Centrée sur l'analyse des produits de la distillation, l'œuvre de Rupescissa affirme la possibilité d'isoler en toute chose la substance impérissable qu'elle contient et analyse les diverses propriétés de l'*aqua vitae*, mais aussi des diverses quintessences à partir desquelles se fabriquent l'or potable, l'élixir de longue vie ou la méde-

12. William Davisson, *Commentarium in sublimis philosophi et incumparabilis viri Petri Severini Dani Ideam medicinae philosophicae*, La Haye, 1660. Nous verrons bientôt que Davisson fut le premier à enseigner la chimie au Jardin royal des plantes de Paris.

13. Voir Hiro Hirai, *Le concept de semence dans les théories de la matière à la Renaissance de Marsile Ficin à Pierre Gassendi*, Turnhout, Brepols, 2005, plus spécialement le chapitre 9, « Pierre Séverin », p. 217-265.

14. *Arnaldi de Villanova...Liber dictus Thesaurus Thesaurorum, & Rosarium Philosophorum...*, dans J. J. Manget, *Bibliotheca Chemica Curiosa*, Genève, 1702, vol. I, p. 676a.

cine universelle [15]. Dans le *Paragranum* (1530), la quintessence devient « arcane », Paracelse nommant ainsi la substance spécifique que le médecin chimiste doit extraire des minéraux et des métaux pour guérir chaque maladie [16].

Mais à la fin du XVIe siècle et au début du XVIIe siècle, l'alchimie n'est plus seulement une technique nouvelle au service de la pharmacologie ; elle offre également un modèle de connaissance et de transformation de la nature qui s'applique aussi bien au règne minéral qu'aux êtres vivants. L'œuvre de Paracelse, mais aussi, d'une manière plus générale, l'esprit de la Renaissance exploitant toutes les ressources des rapports analogiques entre le macrocosme et le microcosme qu'est le corps humain, ont joué ici un rôle déterminant. Si le corps des vivants est constitué des mêmes matières que celui des métaux, un nouveau regard peut être porté sur le médicament chimique, qui n'est plus soupçonné d'être un poison, comme c'était le cas chez Dioscoride ou Galien. Mais le corps du malade est, lui aussi, l'objet d'un nouveau regard qui pourrait sembler paradoxal : sa matérialité est mieux acceptée que jamais, mais cette reconnaissance de sa composition à partir de substances chimiques conduit en même temps à reconnaître sa perfectibilité.

Ainsi se développe une chimie qui, non seulement est conçue comme tout entière au service de la médecine, mais qui surtout, devient fondatrice d'une médecine nouvelle, consciente des distances qu'elle instaure avec les enseignements galéniques que la médecine arabe et la médecine médiévale n'avaient guère mis en cause. On a parfois nommé abusivement « querelle de l'antimoine » les divers épisodes des conflits qui opposèrent les médecins galénistes aux médecins paracelsiens, ces derniers étant accusés d'être des empoisonneurs parce qu'ils usaient de médicaments issus de substances minérales et non pas végétales ou animales. Les responsables des Ecoles de médecine ne pouvaient voir que d'un mauvais œil le développement de pratiques médicales qui ne se fondaient pas sur leurs enseignements, dont la légitimité pouvait alors être mise en cause. Tant par leurs pratiques sociales que par leur usage de remèdes chimiques, les médecines paracelsiens passaient pour des « empiriques » et des charlatans. On comprend que Descartes, qui com-

15. Rédigé en latin vers 1350, l'ouvrage fut traduit en français : *La vertu et propriété de la quinte essence de toutes choses*, Lyon, 1549. Sur Rupescissa, voir Robert Halleux, « Les ouvrages alchimiques de Jean de Rupescissa », *Histoire littéraire de la France*, t. XLI, Paris, Imprimerie Nationale, 1981, p. 241-277.

16. *Paragranum*, dans Paracelse, *Œuvres médicales* traduites par Bernard Gorceix, Paris, PUF, 1968, p. 74.

me eux étudiait ensemble l'anatomie et la chimie, se soit cependant tenu à l'écart de leurs doctrines tout autant que de celles des galénistes.

Une chimie du Sel

Sur le plan chimique, la principale innovation de Paracelse consiste à avoir ajouté le Sel aux deux principes que reconnaissait l'alchimie médiévale, le Mercure et le Soufre, apportant ainsi une transformation radicale à la doctrine chimique. En effet, le Soufre et le Mercure pouvaient apparaître comme les principes constitutifs des corps mixtes dans le cadre d'une chimie essentiellement tournée vers un travail sur les métaux, souvent confondus avec leurs minerais dont beaucoup étaient des sulfures. La production du mercure par le grillage de son minerai, le cinabre (HgS), pouvait passer pour le modèle de toute opération chimique mettant en évidence la présence dans les corps métalliques d'un « mercure », principe de leur fluidité et de leur malléabilité, et d'un « soufre », principe de leur « fixité » et source de la chaleur. Les divergences entre auteurs portaient alors sur le statut principiel des deux substances, certains les mettant à égalité tandis que d'autres faisaient du Mercure le seul principe, le Soufre représentant les impuretés constitutives de la différence entre les métaux. L'or est ainsi considéré comme le Mercure « fixé » tandis que les autres métaux contiennent des proportions variables de Soufre qui leur confèrent leur imperfection [17]. Beaucoup d'auteurs, au XVIIe siècle, appellent « notre Mercure » ou « Mercure philosophique » la matière première de tous les métaux portant en elle les semences susceptibles d'opérer la transmutation.

L'ajout du Sel faisait sortir la théorie chimique de la matière d'un cadre privilégiant le travail des métaux, en insistant sur le rôle d'une substance aux aspects multiples (on reconnaît bien sûr de nombreux sels, d'origine végétale, animale ou minérale) dont les propriétés paradoxales (il conserve et il corrode, il apporte chaleur et humidité, etc.) pouvaient manifester le rôle prééminent. Le Sel devient alors le principe de la solidification et de la corporéité, mais il est aussi chez de nombreux auteurs le vêtement que revêtent les deux autres principes, que le chimiste ne parvient jamais à isoler dans ses travaux de laboratoire. Bien plus, il devient l'intermédiaire entre le Mercure et le Soufre, parfois leur origine, mais aussi – et l'on change alors de

17. William Newman a montré l'émergence de cette doctrine du « Mercure seul » dans la *Summa perfectionis* du ps.Geber à la fin du XIIIe siècle. Voir notamment William Newman, *The* Summa perfectionis *of Pseudo-Geber. A critical edition, translation and study*, Leyde, Brill, 1991.

registre – l'intermédiaire entre l'âme et le corps, entre l'aérien et le terrestre, entre le supérieur et l'inférieur, voire chez certains qui utilisent l'expression aristotélicienne à contresens, la matière première, c'est-à-dire universelle, dont vient toute chose. Le *Grand miroir du monde* de Joseph Du Chesne (Lyon, 1587), le *Traicté du Feu et du Sel* de Blaise de Vigenère (Paris, 1618) [18] représentent quelques-uns des ouvrages qui diffusent cette nouvelle doctrine où, d'une certaine manière, tout est Sel [19].

L'ENSEIGNEMENT DE LA CHIMIE

Les développements de la chimie dans la première moitié du XVIIe siècle ont pris en Europe des formes très variées, marquées à la fois par la multiplicité des doctrines et par la diversité des situations institutionnelles, politiques et religieuses. La présence de princes favorisant l'installation de laboratoires alchimiques, la puissance d'universités soucieuses de ne pas laisser leur autorité ébranlée par la diffusion de nouvelles doctrines, la réprobation politique et religieuse de doctrines issues d'auteurs réputés proches de la Réforme ont produit des situations très contrastées. La France semble avoir été à ce moment une terre propice à la diffusion des idées paracelsiennes et au renouveau des études chimiques, tant sur le plan théorique que pratique. C'est ce dont témoigne le développement de l'enseignement de la chimie. Il s'agissait d'abord d'offrir aux apothicaires une nouvelle formation, concurrente de celle que leur offraient les écoles ouvertes sous le contrôles des facultés de médecine, grâce à laquelle ils puissent acquérir la maîtrise des procédés de fabrication des médicaments chimiques prescrits par la médecine paracelsienne.

Les « cours de chymie »

L'un des premiers cours de chimie semble avoir été celui donné par Jean Beguin à Paris à la fin du XVIe siècle. Les cours privés de cet

18. On ne connaît pas la date de rédaction de l'ouvrage, publié après la mort de Vigenère en 1596.

19. Dans une thèse soutenue à Lille en 2002, Rémi Franckowiak a montré la fortune de ce terme en étudiant l'évolution qui fera passer de la doctrine du Sel principe au XVIIe siècle à une chimie des sels au XVIIIe siècle : *Le développement de la théorie du Sel dans la chimie française de la fin du XVIe à celle du XVIIIe siècle.*

apothicaire, protégé par deux médecins du roi Henri IV, furent bientôt publiées dans un court opuscule latin, le *Tyrocinium chymicum*, à Paris en 1612. L'ouvrage, qui faisait cent quarante pages, ne cessa d'augmenter de volume au fil des nombreuses éditions latines, françaises, anglaises et allemandes qui se succédèrent à travers toute l'Europe jusqu'en 1669, longtemps après la mort de son auteur, sans doute en 1620. Jean Beguin connaissait bien les doctrines alchimiques de son temps, puisqu'en 1608, il avait édité à Paris le *Novum Lumen Chymicum* de Sendivogius, alchimiste célèbre à la cour de l'empereur à Prague. Mais c'est surtout la lecture de l'*Alchemia* de Libavius, dont il reprenait des passages entiers, qui inspira ses premiers travaux, au point que l'on pourrait penser que son but principal avait d'abord été de faire connaître à ses auditeurs quelques extraits de cet ouvrage [20]. Dans ce traité paru à Francfort en 1597, Andreas Libavius entendait présenter une version cohérente et ordonnée des doctrines alchimiques, au point que certains ont voulu voir en Libavius le véritable fondateur de la chimie moderne [21]. En libérant l'héritage paracelsien de ses excès et de ses confusions, en utilisant les méthodes de classification mises au point quelques années plus tôt par Pierre de la Ramée, Libavius entendait contribuer à la défense d'une alchimie raisonnée, et en particulier de la médecine chimique alors menacée par les attaques de la faculté de Médecine de Paris contre les ouvrages du médecin paracelsien Joseph Du Chesne. Il n'est donc pas étonnant que Beguin, quelques années après cette passe d'arme, ait voulu faire connaître à Paris les recettes de celui qui pouvait alors passer pour le meilleur défenseur de la médecine chimique.

Une traduction française du *Tyrocinium Chimicum* parue à Paris en 1615, sous le titre *Les Elemens de chymie* fut rééditée neuf fois jusqu'en 1660. Dans l'édition de 1624 à Rouen, qui est l'une des plus diffusées, l'ouvrage est divisé en trois livres dont le premier est consacré à un rapide exposé de la théorie, des produits et des techniques utilisées. Dans un premier chapitre, Beguin rappelle une définition traditionnelle de la chimie, qui est « un art qui enseigne à dissoudre les corps mixtes naturels, & les coaguler estans dissous, pour faire des medicamens plus

20. Voir sur ce sujet Andrew Kent et Owen Hannaway, « Some new considerations on Beguin and Libavius », *Annals of science*, XVI, 1960, p. 241-250.

21. Owen Hannaway, *The chemists and the word: the didactic origins of chemistry*, Baltimore/London, The John Hopkins University Press, 1975. La thèse de Owen Hannaway a notamment été critiquée par John R.R. Christie et Jan V. Golinski, « The streading of the word : new directions in the historiography of chemistry 1600-1800 », *History of science*, vol. 20/4, n° 50, 1982, p. 235-266.

agreables, salubres & asseurez ». Le second chapitre expose la théorie paracelsienne des trois principes. Refusant de s'opposer à Aristote, Beguin remarque que le physicien, le médecin et le chimiste considèrent dans le même objet des principes différents parce que leur point de vue n'est pas le même. Le physicien (aristotélicien), qui contemple un corps en tant que capable de mouvement et de repos, invoque comme principes la matière, la forme et la privation ; le médecin (galéniste), considérant le même corps comme capable de recevoir la santé, s'arrête aux quatre qualités que sont le chaud, le froid, le sec et l'humide ; quant au chimiste, observant des opérations de résolution et de calcination, il constate que les mixtes se résolvent en mercure, soufre et sel. Le mercure est une liqueur acide et très pénétrante qui nourrit les corps et leur donne le sentiment et le mouvement ; le soufre, baume doux et inflammable, est l'instrument de la croissance et de la transmutation ; quant au sel, qui empêche la corruption des mixtes, il confère à toute chose sa solidité. Après avoir remarqué qu'à ces trois principes actifs il faut ajouter la terre et le phlegme qui « ne servent aux principes que de vestement et d'escorce »[22], Beguin présente en quatre chapitres les principales opérations de la chimie que sont la calcination, l'extraction et la coagulation, pour finir le premier livre par quelques conseils sur la manière de bien luter les appareils.

Le second livre, qui constitue l'essentiel de l'ouvrage, présente en vingt chapitres les principaux effets de la dissolution et de la coagulation, c'est à dire de la chimie. Le principe de classification ici utilisé ne repose ni sur la nature des opérations, ni sur les diverses catégories de corps soumis à ces opérations, mais sur les produits obtenus, qui sont liquides, mous ou durs. Ainsi, des eaux fortes, esprits, vinaigres, huiles et teintures sont tirées de toute sorte de végétaux par des distillations ; des baumes, extraits et teintures molles sont obtenus de divers corps ; quant aux sels, fleurs et chaux, ils sont tirés, principalement par calcination, des divers minéraux. Le point de vue du pharmacien l'emporte ici sur celui du chimiste, puisque c'est le produit obtenu et l'usage médical que l'on pourra en faire qui guident l'auteur dans la classification des recettes chimiques. Enfin le troisième livre, en quatre brefs chapitres, traite de la quintessence du sang humain, du vin, des coraux et des perles.

Les *Elemens de chymie* de Jean Beguin ne connurent pas de concurrence en France avant 1646, date à laquelle fut publié le *Cours de*

22. Nous allons bientôt revenir sur cette thèse empruntée à Joseph Du Chesne.

chimie d'Etienne de Clave [23]. Tout porte à croire qu'il s'agit d'une édition posthume et que de Clave, dont nous ignorons les dates de naissance et de mort, enseignait déjà la chimie à Paris au début des années vingt, c'est à dire à l'époque où l'édition du texte de Beguin rencontrait son plus vif succès. De Clave, qui corrige parfois Beguin, semble avoir puisé ses informations aux meilleures sources alchimiques. C'est ainsi qu'il renvoie ses lecteurs à Geber, qu'il appelle « le prince des alchimistes » (il s'agit de la *Summa Perfectionis* du pseudo-Geber), à Paracelse ou à Joseph Du Chesne. Mais c'est surtout la *Basilica Chymica* d'Oswald Croll [24] qui constitue sa référence principale, tandis que Libavius n'est jamais cité. De Clave ne se contente pas de rapporter des recettes que l'on croit assurées parce qu'elles sont toujours répétées. Il donne au contraire à son lecteur le sentiment d'avoir testé la validité des procédés qu'il a trouvés chez ses prédécesseurs et d'en avoir corrigé les erreurs avant de les livrer au public.

La chimie contre Aristote

Ce chimiste oublié avait pourtant eu son heure de gloire lorsqu'il participa en 1624, avec Anthoine Villon et Jean Bitaud, à la défense de quatorze thèses publiées contre la philosophie naturelle d'Aristote, de Paracelse et des cabalistes, affaire qui fit grand bruit et qui provoqua les réactions immédiates de Jean-Baptiste Morin et de Marin Mersenne [25]. Elle fut racontée par le *Mercure François*, mais retint également l'attention à l'étranger, puisque les thèses furent publiées en 1635 à Hambourg par Joachim Jungius, à la suite de son édition d'un recueil de textes de Daniel Sennert [26]. Mais l'affaire occupe encore une place importante

23. Sur cet ouvrage, voir Bernard Joly, « De l'alchimie à la chimie : le développement des *Cours de chymie* au XVIIe siècle », dans Frank Greiner (éd.) *Aspects de la tradition alchimique au XVIIe siècle*, Paris-Milan, S.E.H.A/ Archè, 1998, p. 85-94 ; Rémi Franckowiak, « Le cours de chimie d'Etienne de Clave », *Corpus* n° 39, 2001, p. 73-99.

24. Oswald Croll, *Basilica Chymica continens philosophicam propria laborum experientia confirmatam descriptionem et usum remediorum chymicorum*, Francfort, 1609 ; une traduction française était parue à Lyon en 1627 sous le titre *La royalle chymie de Crollius*.

25. J'ai analysé cette affaire dans « Les références à la philosophie antique dans les débats sur l'alchimie au début du XVIIe siècle », dans *Alchimie : Art, Histoire et Mythes*, Didier Kahn et Sylvain Matton (éd.), Paris/Milan, S.E.H.A./ Arche Milano, 1995, p. 661-690. Didier Kahn en a repris et complété l'étude dans *Alchimie et paracelsisme en France*, op. cit. note 10, p. 500-568.

26. *Auctarium epitomes physicae clarissimi atque experientissimi viri D. Danielis Sennerti*, Hambourg, 1635. Voir à ce sujet Christoph Meinel, « Early sevententh-century atomism », *Isis*, 79, 1988, p. 68-103.

dans les débats philosophiques en France dans le milieu du XVIIe siècle. Ainsi, Charles Sorel, dans le quatrième volume de *La science universelle* paru en 1644, la présente comme une illustration des objections modernes portées contre Aristote tandis qu'elle figure encore dans l'histoire de l'aristotélisme à l'université de Paris que fit paraître Jean de Launay en 1653 [27]. Le chapitre XV de cet ouvrage présente les deux pièces principales du dossier : la condamnation des thèses par la faculté de théologie, qui inclut la reproduction intégrale du texte incriminé, et la condamnation du Parlement de Paris, qui interdit notamment à de Clave d'enseigner la philosophie.

Il n'est pas surprenant que l'affaire ait été analysée dans un ouvrage qui accorde une grande importance aux attaques qui furent portées dès le Moyen Âge à la doctrine d'Aristote, mais aussi à la manière dont l'aristotélisme fut défendu. Ainsi, Sorel présente les thèses de 1624 à la suite de celles de Ramus et de Gassendi, en bonne compagnie pourrions-nous dire, ce qui leur a conféré à l'époque une notoriété aujourd'hui oubliée. En effet, si Villon et de Clave annonçaient une critique de Paracelse et des « cabalistes », c'est à dire des néoplatoniciens de leur temps, l'essentiel de leurs attaques étaient pourtant consacrées à la doctrine aristotélicienne des principes et des éléments, que de Clave affirmait vouloir réfuter « par le moyen de la chimie », et qu'ils remettaient radicalement en cause au profit de l'esquisse un peu confuse d'une théorie qui tentait de concilier l'existence de cinq corps simples constitutifs des mixtes (la terre, l'eau, le sel, le soufre ou huile et le mercure ou esprit) et de deux éléments pour composer le monde sublunaire (la terre et l'eau). Cette formulation maladroite, qui déchaîna les attaques de Morin, constituait une étape dans l'élaboration de la doctrine chimique qui se trouve exposée dans sa forme définitive par de Clave dans son *Cours de chimie*, ainsi que dans les deux ouvrages qu'il publia de son vivant.

Le *Cours de chimie* est divisé en quatre livres dont le premier commence par une définition de la chimie bien différente de celle de Beguin. Pour de Clave, en effet, la chimie est un « art qui enseigne la façon d'alterer tout corps tant simple que composez », ce qui situe la chimie à l'intérieur de la physique, puisque l'altération est un mouvement et que la physique est la science du mouvement. Malgré cette définition aux allures scolastiques, de Clave, comme on vient de le voir, est loin d'adhérer aux idées d'Aristote. D'abord, il se détache de la tradition

27. Jean de Launay, *De varia aristotelis in academia parisiensi fortuna, extraneis hinc inde adornata praesidiis Liber*, Paris, 1653.

aristotélicienne en ce qu'il reconnaît, à l'intérieur de la physique, l'existence d'une science chimique, absente des travaux aristotéliciens et qui va lui fournir les données d'une critique radicale de la physique scolastique. Mais surtout, il met en place une doctrine de la constitution des corps mixtes qui se fonde sur une conception de l'élément bien différente de celle que développait Aristote, notamment dans le *De generatione et corruptione*. En six brefs chapitres, de Clave expose une théorie de la matière amplement développée dans ses autres ouvrages, et qui peut être résumée en quatre points : (1) les éléments sont au nombre de cinq : phlegme ou eau, esprit ou mercure, huile ou soufre, sel et terre ; (2) ils sont incorruptibles et ne se transmuent pas l'un dans l'autre ; (3) il n'y a pas lieu de distinguer entre principes et éléments ; (4) du point de vue de la chimie, la distinction entre principes ou éléments actifs et passifs est dénuée de fondements.

Le second livre du *Cours de Chimie* est consacré à la préparation des médicaments tirés des végétaux et de certains produits d'origine animale comme les perles et les coraux. La distillation, à laquelle de Clave consacre cinq chapitres, constitue le moyen privilégié pour extraire des plantes les différents produits qui entreront dans la composition des médicaments, mais aussi pour faire apparaître successivement les cinq éléments. Tandis que le troisième livre explique comment on peut tirer les sels des minéraux que sont le soufre, l'arsenic, le vitriol, l'antimoine et le mercure, le quatrième livre est consacré à ce que de Clave appelle « la préparation des métaux ». Sont ici regroupées les principales recettes d'une chimie des métaux qui s'enracine dans la tradition alchimique.

De Clave s'opposait donc tout autant à Paracelse qu'à Aristote, puisqu'il rejette aussi la doctrine des trois principes. C'est ce qui apparaît nettement dans les deux ouvrages, plus théoriques, qu'il fit paraître de son vivant. Les *Paradoxes ou Traittez philosophique des Pierres et Pierreries contre l'opinion vulgaire*, publiés à Paris en 1635, ne passèrent pas inaperçus, puisque l'ouvrage fut signalé par Mersenne à Peiresc, qui en parla à son tour à Gassendi [28]. De Clave y développe une minéralogie qui s'appuie sur l'*Idea medicinae* de Severinus et la *Gemmarum et lapidum historia* d'Anselme de Boodt [29]. Fidèle au triple

28. Olivier-René Bloch, dans *La philosophie de Gassendi : nominalisme, matérialisme et métaphysique*, La Haye, Martinus Nijhoff, 1971, a montré que Gassendi s'inspira de ce traité pour ses propres travaux sur la formation des pierres et des métaux .

29. Anselme Boèce de Boodt, *Gemmarum et lapidum historia. Qua non solum ortus, natura, vis et precium, sed etiam modus quo ex iis, olea, salia, tincturae, essentiae, arcana et magisteria arte chymica confici possint, ostenditur*, Hanau, 1609. Une traduction

refus du platonisme, du paracelsisme et de l'aristotélisme des thèses de 1624, il développe une doctrine de la formation des minéraux qui s'oppose aussi bien à la théorie d'un esprit immatériel ou d'une âme du monde qu'à celle d'une forme substantielle qui apporterait à un réceptacle matériel les diverses propriétés des différentes pierres. Pour lui, au contraire, la semence des pierres est une substance matérielle, dont il décrit à la fois le processus souterrain de fabrication et la manière dont elle se mêle, au niveau corpusculaire, avec les différentes sortes de terres pour engendrer les différentes pierres [30].

Mais c'est surtout dans *La nouvelle lumière philosophique des vrais principes et elemens de nature et qualités d'iceux*, ouvrage publié à Paris en 1641, qu'il expose de manière détaillée sa doctrine des principes et des éléments [31]. Le traité est, plus encore que le précédent, nettement anti-aristotélicien, puisqu'il s'agit d'une critique systématique des *Commentarii Collegii Conimbricensis Societatis Jesu in libros De generatione et corruptione Aristotelis* parus à Lyon en 1600 et réédités en 1613 [32]. Pour mettre en évidence l'existence des cinq éléments constitutifs de la matière, de Clave reprend l'expérience de la distillation du bois dont nous trouvons une première description dans *Le grand miroir du monde* de Joseph Du Chesne en 1587 [33]. Dans ce vaste poème alchimique, ce dernier affirmait que la distillation de copeaux de chêne fait apparaître successivement cinq substances: une fois qu'ont été extraites trois liqueurs, l'eau, le Mercure et l'Huile ou Soufre, subsiste dans l'appareil une sorte de poudre dont on séparera, par dissolution,

française de Jean Bachou fut réalisée sur une réédition amplifiée de 1636 : *Le parfait joaillier ou histoire des pierreries...*, Lyon, 1644.

30. Pour une analyse plus détaillée, voir Hiro Hirai, « Les *Paradoxes* d'Etienne de Clave et le concept de semence dans sa minéralogie » *Corpus* n° 39, 2001, p. 45-71 ; *Le concept de semence...*, op. cit. note 13, chapitre 16 : « Etienne de Clave ».

31. L'ouvrage a fait l'objet d'une réédition dans le Corpus des œuvres de philosophie en langue française, Paris, Fayard, 2000. J'ai commenté cet ouvrage dans « La théorie des cinq éléments d'Etienne de Clave dans *La nouvelle lumière philosophique* », *Corpus* n° 39, 2001, p. 9-44.

32. On sait l'importance des commentaires sur les œuvres d'Aristote rédigés par les jésuites de Coïmbra dans la diffusion des doctrines scolastiques au début du XVIIe siècle.

33. Didier Kahn, dans « Helisaeus Röslin, Joseph Du Chesne et la doctrine des cinq éléments et principes », dans Edouard Mehl et Miguel Granada (éd.), *Nouveau Ciel, Nouvelle Terre. La Révolution copernicienne dans l'Allemagne de la Réforme*, Paris, Les Belles Lettres, 2009, considère que c'est Röslin, dans le *De Opere Dei creationis* de 1597, qui est la source des auteurs reprenant la théorie des cinq principes et éléments. Mais c'est seulement chez Du Chesne que se trouve l'expérience de la distillation du bois, reprise par de Clave et à sa suite par de nombreux auteurs de « Cours de chymie » dans la seconde moitié du XVIIe siècle.

filtrage et dessication, une terre et un Sel. L'eau et la terre sont les éléments passifs, parce qu'ils n'ont aucune vertu médicale, tandis que le mercure, le soufre et le sel manifestent leur activité dans les nombreuses préparations pharmaceutiques qui les contiennent.

Du Chesne ne donne guère de détails sur la manière de conduire les opérations, de sorte qu'il ne nous est pas facile de savoir à quoi correspondent les substances qui sont ainsi isolées. Il paraît nécessaire d'utiliser des copeaux de bois vert pour que leur humidité permette une fermentation lors du chauffage et l'on peut dans doute recueillir alors des goudrons qui contiennent du phénol, produit antiseptique et cicatrisant, mais aussi de l'acide acétique ; voilà pour les « liqueurs » huileuses que l'on peut rapprocher du Soufre puisque cela « brûle ». Mais ont obtient aussi, grâce à la fermentation, de l'alcool méthylique qui pourrait passer pour un Mercure en raison de son caractère « spirituel ». Quant au sel caustique, c'est bien sûr de l'alkali, puisque le terme désigne étymologiquement toute cendre de plante. Le chimiste moderne y trouverait sans doute diverses sortes de carbonates. Nous savons bien que l'opération décrite par Du Chesne et reprise par de Clave ne fait pas apparaître les véritables composants chimiques du bois que sont notamment la cellulose, la lignite, les hydrates de carbone et les résines. Bien au contraire, une bonne partie des éléments et des principes qui sont ainsi mis en évidence sont en réalité des produits de synthèse. Dans ces conditions, l'expérience, telle qu'elle est décrite, ne peut être interprétée que par référence à la théorie qu'elle est censée illustrer. Il faut admettre l'existence du Mercure, du Soufre et du Sel pour pouvoir les reconnaître dans les produits recueillis. Comme c'est souvent le cas dans les travaux de la chimie ancienne, la théorie structure le regard et donne au travail de laboratoire un rôle de mise en scène des concepts de la doctrine, plutôt que de confirmation de la théorie, qui n'est pas conçue comme un ensemble d'hypothèses à vérifier. Le laboratoire du chimiste est alors le lieu où la théorie se manifeste, ce qui ne signifie pourtant pas que son rôle soit secondaire. En effet, les opérations qu'effectue le chimiste sont des opérations naturelles, et non pas des artefacts ; il importe donc de montrer que les affirmations théoriques ne sont pas de simples constructions de l'esprit, mais l'expression véritable de la nature et de ses secrets enfin dévoilés [34].

34. Voir Bernard Joly, « Qu'est-ce qu'un laboratoire alchimique ? », *Cahiers d'histoire et de philosophie des sciences*, n° 40, 1992, *Les procédures de preuve, de validation et d'évaluation dans les sciences et les techniques : une approche historique*, p. 86-102.

De Clave, cependant, corrige la doctrine des « chymistes ignorants qui font des distinctions frivoles de principes et d'éléments » [35]. En effet, il ne fait plus aucune différence entre principes et éléments, ni même entre éléments actifs et passifs, considérant qu'une telle distinction peut avoir du sens pour la médecine, mais qu'elle n'en a pas pour la chimie [36]. De Clave pense donc très clairement la spécificité de la science chimique et des concepts qui lui sont propres. L'élément n'est plus pour lui le porteur d'une dynamique de guérison, pour reprendre la notion de *dunamis* constamment attribuée à Hippocrate ; c'est simplement le composant le plus simple que l'on puisse isoler d'un corps mixte, en tant qu'il contribue à la définition de ses propriétés. C'est pourquoi l'air, qui circule dans les pores de la matière, mais qui n'entre pas dans la composition des mixtes, n'est pas considéré par de Clave comme un élément. Sur ce point, de Clave se rapproche de la doctrine de Sébastien Basson qui, dans la *Philosophia naturalis adversus Aristoteles* (Genève, 1621) considérait que c'était une substance comparable au *pneuma* des stoïciens qui servait à remplir les interstices de la matière.

Si l'élément est pour de Clave la substance qui apparaît au terme des processus d'analyse auxquels se livre le chimiste, ce n'est pas pour autant le composant ultime de la matière. D'abord parce que rien ne garantit que la distillation soit parvenue à séparer parfaitement un élément des autres qui lui étaient liés dans le mixte. Conscient de l'imperfection des techniques utilisées, de Clave reconnaît qu'il subsiste toujours un peu d'huile dans l'esprit, de sel dans l'huile, et ainsi de suite. Certes, il imagine des processus de plus en plus complexes pour parvenir à mieux séparer les éléments les uns des autres, mais en fin de compte, le philosophe chimiste considère que les éléments ne se font connaître à nous que par les qualités phénoménales qu'ils présentent dans les mixtes : la congélabilité de l'eau, la coagulabilité du sel, l'inflammabilité du soufre, la fermentabilité de l'esprit et la friabilité de la terre. Quant aux parties ultimes dont est faite la matière, ce ne sont pas les éléments mais les « tres-menuës parcelles » qui la composent. Ce n'est d'ailleurs qu'à ce niveau, « per minima », que s'effectuent les opérations de la chimie. La chimie d'Etienne de Clave se rattache donc

35. *La nouvelle lumière philosophique*, Paris, Fayard, 2000, p. 50.

36. Cette opposition d'Etienne de Clave à ses prédécesseurs avait été signalée par Reijer Hooykaas, « Die Elementlehre der Iatrochemiken », *Janus* 41, 1937, p. 1-28.

à une conception corpusculaire de la matière, qu'il tient de la tradition alchimique, et notamment de la *Summa Perfectionis* du ps.-Geber [37].

Les cours du jardin royal des plantes

L'enseignement de la chimie en France fut marqué, au milieu du XVIIe siècle, par la création d'une chaire de démonstration chimique au Jardin royal des plantes de Paris [38]. Le premier jardin des plantes français fut inauguré en 1593 à Montpellier, à l'instigation de Pierre Richer de Belleval, sur une idée venue d'Italie. Il ne s'agissait plus seulement de cultiver des simples, mais aussi d'enseigner la botanique et la chimie. A Paris, c'est le paracelsien Guy de la Brosse, médecin ordinaire de Louis XIII, qui obtint du roi la création du Jardin royal des plantes [39]. Bien qu'il ait travaillé sur ce projet dès 1615, et que le principe de sa création ait été officiellement approuvé dès 1626, le Jardin ne fut inauguré qu'en 1640. L'édit royal de 1635 qui lui donnait une existence juridique prévoyait que cette nouvelle institution, destinée à combattre l'ignorance des apothicaires, accueillerait trois chaires d'enseignement où des Docteurs de la Faculté de Paris feraient des démonstrations et des préparations pharmaceutiques aussi bien ordinaires (c'est à dire à partir de plantes) que chimiques. Cependant, il fallut encore attendre 1648 pour que soit créé un poste de démonstrateur de chimie, qui sera transformé en 1712 en poste de professeur.

Le premier titulaire du poste de démonstrateur fut le médecin d'origine écossaise William Davisson [40]. Il donna ainsi le premier cours public de chimie en France le 23 juillet 1648, à six heures du matin. On n'a pas gardé de traces des enseignements que Davisson dispensait au Jardin des Plantes jusqu'en 1651, date à laquelle il fut nommé médecin de la reine de Pologne. Mais nous pouvons nous faire une idée de sa

37. Dans *The* Summa perfectionis *of Pseudo-Geber* (op. cit. note 17), William Newman a montré le caractère corpusculaire de la chimie de la *Summa perfectionis* dont la doctrine se retrouve chez de nombreux chimistes jusque Robert Boyle.

38. Voir Jean-Paul Contant, *L'enseignement de la chimie au Jardin Royal des Plantes de Paris*, Cahors, Coueslan, 1952.

39. Voir à ce sujet Henri Guerlac, « Guy de la Brosse and the French Paracelsians », *in* Alen G. Debus (éd.) *Science, medicine and society in the Renaissance. Essays to honor Walter Pagel*, New-York, Science History Publications, 1972, 2 vol., vol. I p. 177-199 ; Rio Howard, «Guy de la Brosse and the Jardin des Plantes de Paris», *in* Harry Woolf (éd.), *The analytic spirit*, Ithaca/London, Cornell University Press, 1981.

40. Sur Davisson, voir Ernest-Théodore Hamy, « William Davisson, intendant du jardin du roi et professeur de chimie (1647-1651) », *Nouvelles archives du Museum d'Histoire naturelle*, troisième série, tome X, 1898, p. 1-38 ; John Read, « William Davidson of Aberdeen, the first british professor of chemistry », *Ambix* IX, 1961, p. 70-101.

doctrine grâce à la *Philosophia Pyrotechnica seu curriculus Chymiatricus* qu'il avait fait publier à Paris dès 1633. Cet ouvrage fut réédité plusieurs fois et une version assez différente fut publiée en français à Paris en1651 sous le titre *Les Elemens de la Philosophie de l'Art du Feu ou Chemie.*

Davisson connaissait bien la chimie et la médecine paracelsiennes puisqu'il réédita en 1660 l'*Idea Medicinae* de Petrus Severinus, avec de longs commentaires. Dans ses ouvrages, Davisson se rattache explicitement à la tradition alchimique la plus traditionnelle. Il cite des auteurs comme Joseph Du Chesne ou Sendivogius, mais aussi Hermès Trismégiste, l'Ancien Testament ou la Kabbale. La part la plus originale de son œuvre se trouve dans la cinquième partie de la *Philosophie pyrotechnica*, où il développe une cosmologie et une minéralogie géométriques qui s'inspirent de la doctrine des cinq polyèdres développée par Platon dans le *Timée* [41]. Tout cela ne l'empêche bien sûr pas de développer d'intéressantes réflexions sur la fabrication du sel de tartre, de l'eau forte qu'il obtient par la distillation d'un mélange de salpêtre et de vitriol ou de l'eau régale qu'il obtient en distillant de l'eau forte avec du sel ammoniac. Il n'y a donc pas de raison de douter de l'intérêt que pouvaient présenter ses leçons expérimentales au Jardin des Plantes pour un public avide de recettes chimiques plutôt que de théories platoniciennes.

L'ALCHIMIE COMME SCIENCE UNIVERSELLE

On voit donc que cohabitaient au XVIIe siècle, parfois chez un même personnage, des approches très différentes de la chimie, mais qui correspondent en fait à ses deux aspects : activité de laboratoire et élaboration conceptuelle se renforcent mutuellement pour produire un savoir qui entend aussi bien guider la pratique de l'apothicaire et rendre compte des secrets de la nature. C'est ce second aspect qui domine l'œuvre de Pierre Jean Fabre (1588-1658), médecin et alchimiste de Castelnaudary, qui est sans doute, dans sa spécialité, l'un des auteurs les plus prolixes de son temps [42]. Il fit ses études de médecine à Montpellier où il obtint le doctorat en 1612, non sans difficulté, puisque sa thèse fut

41. Voir Jean-Pierre Brach, « Deux exemples de symbolique géométrique dans des textes alchimiques du XVIIe siècle » dans *Alchimie : Art, Histoire et Mythes*, op. cit. note 25, p. 717-735.

42. Sur la vie et l'œuvre de Fabre, voir Bernard Joly, *La rationalité de l'alchimie*, op. cit. note 2.

dans un premier temps refusée pour cause de paracelsisme. De retour chez lui, il exerça la médecine avec succès, si l'on en croit ce qu'il rapporte lui-même dans ses *Insignes curationes variorum morborum* (1627), registre de cent guérisons qu'il aurait obtenues grâce aux remèdes chimiques inspirés de la doctrine de Paracelse. Il acquit la réputation d'un bon spécialiste de la peste et intervint efficacement lors de plusieurs épidémies dans le Languedoc.

De 1624 à 1652, il publia une douzaine d'ouvrages, rédigés en latin et publiés à Toulouse, à l'exception de l'*Abrégé des secrets chimiques* publié en français à Paris en 1636. Médecin ordinaire de Louis XIII en même temps que proche de son frère Gaston d'Orléans, il semble avoir bénéficié d'une certaine réputation de théoricien, puisqu'il était connu aussi bien au sein de l'Académie impériale Léopoldine des curieux de nature de Nuremberg que des membres du cercle de Hartlib en Angleterre. Dans ses papiers alchimiques, Newton le cite et le commente à plusieurs reprises. Par contre il est absent de la correspondance de Mersenne. Il n'était pourtant pas inconnu des chimistes parisiens puisque, on le verra bientôt, certains passages de son œuvre furent intégrés dans le *Traicté de la chymie* de Nicaise Le Febvre (1660), le successeur de Davisson à la chaire de démonstrateur de chimie au Jardin royal des plantes.

L'encyclopédie chymique

Dans cette œuvre foisonnante et parfois confuse, nous pouvons apercevoir deux thèmes importants de l'alchimie dans la première moitié du XVIIe siècle, la dimension encyclopédique du savoir alchimique et la présence agissante de l'esprit du Monde. Fabre, qui affirmait déjà dans l'*Abrégé des secrets chymiques* « que l'alchymie est la vraye & unique Philosophie naturelle, & qu'elle comprend en soi toute la nature »[43], écrit dans le *Propugnaculum Alchymiae* (« rempart de l'alchimie », Toulouse, 1645) :

> Si la vraie philosophie et la connaissance de la nature sont la vraie science, nous ne pouvons exclure l'Alchymie du nombre des sciences, car l'Alchymie est la vraie philosophie et connaissance des choses créées. Ce n'est que par le nom que l'Alchymie et la philosophie se distinguent : en réalité, elles ne diffèrent en rien, à moins de vouloir réserver l'alchymie aux métaux, ce qui ne se peut[44].

43. C'est le titre du second chapitre du livre premier. L'*Abrégé des secrets chymiques* a été réédité à Paris par Gutemberg reprint, 1980.

44. *Propugnaculum alchymiae*, p. 4.

Très vite, Fabre a élargi son œuvre au-delà de l'exposé des thèses alchimiques et de leur application à la pharmacologie et à la médecine. Ainsi, dans l'*Alchymista christianus* (Toulouse, 1632) qui entend « expliquer les mystères de la Foi Chrétienne par des analogies et des figures Chimiques »[45], puis dans l'*Hercules Piochymicus* (Toulouse, 1634), Fabre poursuit un programme qui vise à montrer la puissance interprétative de la théorie alchimique dans le domaine de la mythologie et de la religion. Certes, le rapport qu'entretient l'alchimie avec la mythologie semble tout d'abord être différent de celui qui la relie au christianisme. Dans le premier cas, les travaux d'Hercule sont considérés comme des allégories qui prennent leur véritable sens lorsqu'elles sont rapportées au discours alchimique qui les englobe et les éclaire : ce sont des manières cryptées de présenter les diverses opérations du laboratoire. Au contraire, l'intention de l'*Alchymista Christianus* est apologétique, Fabre affirmant alors que ce sont les vérités de l'alchimie qui sont des allégories des mystères chrétiens. Mais en affirmant que l'évidence de l'alchimie devrait ramener à l'Eglise Romaine les athées, les hérétiques et les schismatiques, ou encore que de nombreux chimistes « tels qu'Hermès Trismégiste, Geber, Démocrite, Pythagore, Platon (…), qui vivaient avant la naissance du Christ » ont pu affirmer l'existence d'un Dieu unique grâce aux lumières de l'alchimie[46], il fait bien de cette dernière ce qui permet de comprendre rationnellement les croyances religieuses.

La valeur encyclopédique de la philosophie chimique de Fabre est confirmée au chapitre dix de l'*Hercules Piochymicus*, consacré à la victoire d'Hercule sur le fleuve Achéloos : « Nous pouvons à juste titre appeler Achéloos Encyclopédie de tous les arts et parfaite connaissance des sciences »[47]. En effet, Achéloos est dans la mythologie le plus grand et le plus célèbre des fleuves ; il irrigue la terre entière. La victoire d'Hercule sur le fleuve géant signifie alors la maîtrise de l'alchimiste sur la nature tout entière. Le thème de l'encyclopédie se retrouve encore dans l'*Hydrographum Spagyricum* (Toulouse, 1639), ouvrage consacré à l'étude des sources thermales mais aussi de ce que

45. *Alchymista christianus in quo Deus rerum author omnium & quam plurima fidei christianae mysteria per analogias chymicas & figuras explicantur, christianorumque orthodoxa doctrina, vita & probitas non oscitanter ex chymica arte demonstrantur*. Une traduction française anonyme du XVIIIe siècle restée manuscrite a été éditée et commentée par Frank Greiner : Pierre Jean Fabre, *L'alchimiste chrétien*, Paris/Milan, S.E.H.A./Archè, 2001.

46. *L'alchimiste chrétien*, p. 6.

47. *Hercules piochymicus*, p. 74.

Fabre appelle la fontaine des chimistes, « semence universelle de la nature », matière première que le travail des alchimistes met en évidence. Aussi peut-il conclure que :

> La véritable Encyclopédie émerge chez tous ceux qui ont bu cette fontaine ; il n'y a pas d'autres livres où travailler, il n'y a pas d'autres universités où étudier que dans cette seule fontaine [48].

La marginalité institutionnelle de la science alchimique, qui ne fut jamais enseignée dans les universités du Moyen Âge ou de la Renaissance, se trouve ainsi justifiée.

Mais c'est surtout dans le *Panchymici seu anatomiae totius universi opus*, publié à Toulouse en 1646, que se déploie la dimension encyclopédique de l'alchimie de Fabre. Le titre complet (*in quo de omnibus quae in coelo et sub coelo spagyrice tractatur, et author rerum omnium Deus perquiritur, laudatur, glorificatur ac benedictur*) indique clairement l'ambition de l'ouvrage, divisé en cinq livres. Le premier est consacré à la nature et à ses causes. Fabre y affirme que la nature est un « esprit de lumière » dont le corps est le Sel qui contient en lui les deux frères inséparables que sont « le Soufre radical » et « le Mercure inné ». Le livre se poursuit avec la réinterprétation alchimique de la doctrine aristotélicienne de la matière première [49], l'étude de la composition des éléments et des principes, et enfin l'examen des vertus des quatre éléments : les énoncés aristotéliciens ne trouvent leur véritable sens qu'à l'intérieur de la doctrine alchimique.

Le second livre traite du ciel, c'est-à-dire de tout ce qui relève du feu et de la lumière. Fabre étudie d'abord la composition et les mouvements du ciel, des constellations et des planètes. Ses analyses sont, pour l'essentiel, consacrées à une interprétation chimique des théories cosmologiques des anciens, mais aussi de Galilée, dont il évoque la découverte de nouveaux astres. Fabre traite les nouvelles connaissances scientifiques de la même manière que les récits mythiques et les anciennes opinions philosophiques : tout vient s'intégrer dans la vision panchymique du monde, qui ne se trouve pas affectée par les nouvelles découvertes puisque sa doctrine constitue le critère permettant d'accepter ou de refuser les nouveautés. Jupiter peut bien posséder des satellites : cela ne modifie pas le jeu des influences célestes qui apportent dans les mines les semences métalliques venues du ciel.

Le livre trois traite de l'air. Il y est notamment question des phénomènes météorologiques et des êtres qui vivent dans l'air : les

48. *Hydrographum spagyricum*, p. 203.

49. « Materiae primae nomine Salem voluit indicare Aristoteles » (p. 41).

oiseaux, les végétaux et les fleurs. Le livre quatre traite des propriétés de l'eau. L'exposé de Fabre porte sur les mers, et notamment le phénomène des marées, provoquées par une chaleur qui sc trouve au centre de la terre et qui traverse l'épaisseur des eaux ; puis il traite des fleuves, des lacs et des fontaines, avant de répertorier les poissons et autres animaux qui vivent dans l'eau. Il termine ce livre par une série de chapitres consacrés aux pierres, métaux et minerais ; il rappelle en particulier que les métaux naissent de l'eau, qui a déposé leur semence ou matière première dans la terre. Enfin, le cinquième livre concerne la terre et les animaux qui y vivent. Fabre rappelle que la Terre est le centre immobile du monde, vers lequel tendent toutes les propriétés et puissances du ciel, ce qui l'amène à réfuter les thèses de Copernic. Le livre se termine par une série de cinquante-neuf brefs chapitres sur les montagnes et les mines. C'est alors qu'est développée la théorie alchimique des métaux. Fabre expose les caractéristiques des trois principes (Mercure, Soufre et Sel), présente et explique les allégories habituellement utilisées dans les textes alchimiques, terminant son ouvrage par la présentation des opérations de laboratoire.

L'ouvrage sera complété en 1648 par l'*Universalis Sapientiae seu Panchymicus, tomus ultimus*, ouvrage qui constitue en réalité le dernier tome du *Panchymicum*. Reprenant la doctrine de son premier ouvrage, le *Palladium spagyricum* (Toulouse, 1624), Fabre montre que la calcination, la solution, la putréfaction, la distillation et la fixation peuvent s'appliquer aussi bien aux animaux et aux végétaux qu'aux minéraux, dont la véritable nature est ainsi dévoilée, dans le cadre d'une chimie de tous les corps mixtes. Le traité se poursuit, dans sa seconde partie, par une étude de l'âme humaine et de ses rapports avec le corps. Après quelques chapitres consacrés à l'élixir de longue vie, Fabre revient aux différentes maladies et à leurs remèdes, achevant ainsi l'entreprise encyclopédique en terminant l'ensemble de son œuvre par où il l'avait commencée dans les années 1620 avec ses premiers écrits sur la médecine.

L'Esprit du Monde

Ce qui, chez Fabre, rend possible une telle interprétation de l'alchimie, c'est l'omniprésence, dans la nature aussi bien que dans sa doctrine, d'un Esprit appelé Esprit de vie ou Esprit du Monde, substance spirituelle venue du Ciel qui se corporifie en un Sel, se spécifie selon les trois Principes et se trouve en toute chose dont elle porte la semence. Une telle doctrine, où les considérations sur la quintessence se mêlent à des concepts d'origine stoïcienne et néoplatonicienne, s'est développée chez de nombreux alchimistes du XVIe siècle et de la première moitié XVIIe siècle. Dans *La rationalité de l'alchimie au XVIIe siècle*, j'avais insisté sur l'origine stoïcienne de cette conception où l'on retrouve les propriétés du *pneuma* [50]. Sylvain Matton, de son côté, a mis en évidence l'influence essentielle des travaux de Marcile Ficin, qui fut le premier à construire le concept de « *spiritus mundi* » en le rapprochant de l'élixir des alchimistes arabes et de la quintessence de Rupescissa [51]. Des doctrines que l'histoire de la philosophie nous a habitués à considérer comme concurrentes convergeaient dans la pensée des hommes de la Renaissance et du début du XVIIe siècle pour former un concept d'esprit qui puisse produire ses effets heuristiques aussi bien dans le champ de la chimie que dans celui de la médecine [52]. Avec un tel concept, la philosophie chimique disposait d'un instrument lui permettant à la fois de rendre compte de certaines opérations chimiques – qu'il s'agisse de la distillation ou de la transformation d'esprits en sels –, de la manière selon laquelle l'âme agissait sur le corps, et d'une manière plus générale des relations entre le Ciel et la Terre [53]. On ne sera pas surpris que cette doctrine d'un esprit qui se matérialise en sel ait constitué l'un des points sur lesquels se focalisa l'opposition de Descartes aux doctrines chimiques de son temps, comme nous le verrons au chapitre quatre.

La thèse de l'Esprit du Monde avait été popularisée par le *Traittez de l'harmonie et constitution générale du vray sel et de l'Esprit universel du Monde* de Clovis Hesteau de Nuysement (1621) [54]. Nuysement

50. *La rationalité de l'alchimie*, op. cit. note 2, en particulier p. 230-232.

51. Sylvain Matton, « Marcile Ficin et l'alchimie, sa position, son influence », dans Jean-Claude Margolin et Sylvain Matton (éd.), *Alchimie et philosophie à la Renaissance*, Paris, Vrin, 1993, p. 123-192. Voir également Hiro Hirai, *Le concept de semence*, op. cit. note 14. En retraçant l'histoire du concept de semence dans la médecin, la minéralogie et la chimie de Ficin à Gassendi, Hirai a mis en évidence l'omniprésence et les multiples facettes de la notion d'esprit chez les chimistes du XVIe et du XVIIe siècle.

52. Dans une étude consacrée au Monde considéré comme un animal, j'ai montré comment, chez un érudit comme Juste Lipse, des textes tirés de la littérature platonicienne et hermétique sont utilisés pour reconstruire le concept stoïcien de Monde animal : « "Mundum animal esse" (*Physiologia stoïcorum* II, 10) : retour au stoïcisme ou triomphe de l'hermétisme ? », dans *Juste Lipse (1547-1606) en son temps*, Paris, Honoré Champion, 1996, p. 49-69.

53. Voir sur ce sujet Marta Fattori et Massimo Bianchi (éd.) *Spiritus. IVe colloquio internazionale del Lessico Intellettuale Europeo*, Rome, Edizioni dell'Ateneo, 1984 ; en particulier Daniel P. Walker « Medical *spirits* and God and the soul », p. 223-244 ; Allen G. Debus, « Chemistry and the quest for a material spirit of life in the seventeenth century », p. 245-263 ; article repris dans Allen G. Debus, *Chemistry, alchemy and the new philosophy, 1550-1700*, Londres, Variorum reprints, 1987.

54. L'ouvrage de Nuysement n'est, pour une bonne part, que la reprise d'un manuscrit anonyme de la fin du XVIe siècle. C'est ce qu'a montré Wallace Kirsop, *Clovis Hesteau,*

insiste sur la corporification de l'Esprit du Monde en un Sel qui devient la matière première sensible des choses naturelles [55]. La doctrine de l'Esprit du Monde se trouve ainsi étroitement associée à l'introduction par Paracelse du Sel comme troisième principe, mais il devient ici, principe premier, récapitulant en lui les deux autres. Comme l'écrit bientôt Pierre Jean Fabre :

> Cette substance radicale &fondamentale en toutes choses est vrayement unique en essence, & trine en nomination [...]. Car cette substance, à raison de son feu naturel, est appelée souphre ; à raison de son humide aliment & pâture de ce feu, est nommée Mercure ; & à raison de ce sec radical, ciment & liaison de cet humide & de ce feu, est dit Sel [56].

En même temps, devenu Sel, l'Esprit du Monde s'offre au travail de laboratoire, le théoricien de la chimie gardant toujours un œil sur ses alambics et ses fourneaux. Loin d'être un pur concept, cet esprit correspond à une substance que le chimiste sait identifier et isoler, tel le nitre aérien de Paracelse qui en se fixant sur les pierres donne naissance au salpêtre et dont John Mayow fait encore l'étude en 1674 [57]. La substance aérienne qui se solidifie dans le nitre contient aussi bien la semence des métaux que le principe vital des animaux.

En 1675, Nicolas Lémery évoque rapidement l'Esprit du Monde au début de son *Cours de chymie*, mais il l'abandonne rapidement, considérant qu'il s'agit là d'un principe « trop métaphysique ». Mais quelques années plus tôt, cet esprit jouait encore un rôle important dans le *Traicté de la chimie* de Nicaise Le Febvre. Les deux axes de la chimie du XVIIe siècle qui nous semblaient s'opposer dans les textes d'Etienne de Clave et de Pierre Jean Fabre semblent ainsi se rejoindre chez Le Febvre. Tout comme de Clave, il enseigne la chimie, en tant que premier successeur de Davisson. Fidèle à un genre littéraire désormais solidement établi, il construit son cours de chimie en deux parties : la première développe la théorie, puis présente les matières, les appareils et les opérations, tandis que la seconde, beaucoup plus développée

sieur de Nuysement et la littérature alchimique de la fin du XVIe et au début du XVIIe siècle, thèse de doctorat, université de Paris, 1960.

55. Voir les analyses de Rémi Franckowiak, *Le développement de la théorie du Sel*, op. cit. note 19, p. 78-92.

56. *Abrégé des secrets chymiques*, p. 16-17.

57. Voir Henry Guerlac, « John Mayow and the Aerial Nitre : studies on the chemistry of John Mayow – I » in *Essays and papers in the history of modern science,* Baltimore, The John Hopkins University Press, 1977, p. 245-259 ; Allen Debus, « The paracelsian aerial niter », *Isis* n° 55, 1964, p. 43-61; repris dans *Chemistry, alchemy and the new philosophy, 1550-1700*, Londres, Variorum Reprint, 1987, p. 43-61.

(l'ouvrage fait plus de mille pages en deux tomes), est un vaste recueil de recettes chimiques concernant des substances d'origine végétale, puis minérale. Tout comme de Clave, et sans doute bien davantage que Fabre, Le Febvre est un homme de laboratoire. On lui doit d'ailleurs d'intéressantes expériences sur la calcination de l'antimoine à l'aide d'un verre ardent. Mais comme Fabre, et bien plus que de Clave, il intègre ses pratiques dans une doctrine inspirée de la tradition alchimique. En particulier, il accorde la plus grande importance à la doctrine de l'Esprit du Monde, n'hésitant d'ailleurs pas, comme l'a remarqué Alain Mothu, à reproduire sans le dire des paragraphes entiers de l'*Abrégé des secrets chimiques* de Fabre, et notamment celui qui est cité ci-dessus [58]. Le Febvre précise alors comment cet esprit se spécifie dans le mixtes,

> pour estre faits tels ou tels êtres déterminez, selon la diversité des matrices qui reçoivent cet esprit pour le corporifier. Ainsi dans une matrice vitriolique, il devient vitriol, dans une matrice arsenicale, il devient Arsenic, la matrice vegetable le fait estre plante, & ainsi de tous les autres [59].

Le grand absent des débats chimiques de la première moitié du XVIIe siècle est Jean-Baptiste Van Helmont. Alors qu'il était décédé en 1644, à l'âge de soixante-sept ans, ses œuvres ne furent publiées par son fils qu'en 1648, sous le titre d'*Ortus medicinae*, ouvrage qui est un recueil de cent-vingt articles [60]. Ce n'est donc que dans la seconde moitié du XVIIe siècle que l'influence du médecin chimiste flamand se fit vraiment sentir, à la fois chez des chimistes comme Robert Boyle qui lui empruntent une réflexion critique sur le statut des principes paracelsiens, et chez des médecins qui exploitèrent ses découvertes sur le rôle des acides dans le fonctionnement de l'estomac. Il faudra attendre la fin du XVIIIe siècle pour que le terme de *gas*, qu'il avait forgé pour désigner la substance aérienne qu'il appelait « *gas sylvester* » et qui correspond sans doute à notre gaz carbonique, se banalise dans le vocabulaire des chimistes.

Van Helmont fut surtout connu de ses contemporain en raison du soutien qu'il avait apporté à Rodolphe Goclenius qui, suivant une

58. Alain Mothu, « La pensée en cornue : considérations sur le matérialisme et la "chymie" en France à la fin de l'âge classique », *Chrysopœia*, IV, 1990-1991, p. 429 ; Sylvain Matton, « Une source inavouée du *Traicté de la chymie* de Nicaise Le Febvre : l'*Abrégé des secrets chymiques* de Pierre Jean Fabre », *Chrysopœia*, V, 1992-1996, p. 721-731.

59. *Traicté de la chymie*, p. 19-20.

60. Sur Van Helmont, voir Walter Pagel, *Joan Baptista Van Helmont, reformer of science and medicine*, Cambridge, Cambridge University Press, 1982.

recette paracelsienne, défendait l'usage en médecine d'un « *unguentum armarium* », poudre de sympathie, capable de guérir à distance les blessures occasionnées par les armes à feu, prise de position qui lui valut d'être inquiété par l'Inquisition de 1625 à 1636 et d'être emprisonné tandis que ses papiers étaient saisis [61]. On soupçonnait en effet le procédé de tirer son efficacité de causes surnaturelles et non pas naturelles, comme l'affirmaient Goclenius et Van Helmont. Gassendi, qui lui avait rendu visite en 1629, poursuivit les échange avec lui par une correspondance. Van Helmont reçut aussi plusieurs lettres de Mersenne, de juin 1630 à juillet 1631, dans lesquelles le minime lui posait des questions concernant principalement la musique, la physique et la chimie. Le chimiste flamand répondit avec précision, permettant ainsi à Mersenne de savoir que Van Helmont, qui accueillait les enseignements de Paracelse avec quelques réserves, considérait que l'eau était le seul principe de la matière [62], qu'il devait être possible de fabriquer un dissolvant universel [63], ou encore que circulait entre les pores de l'air une substance « inter corpus et non corpus » qu'il appelait « *magnale* » et qui jouait un rôle aussi bien dans la respiration (« omne vivens in *magnale* vivit ») que dans la combustion de la flamme (« flamma vivat non aere sed *magnali* » [64]. Mais on ne trouve rien, dans cette correspondance, sur le *gas*, les théories de la fermentation et de la digestion.

Nous verrons bientôt que Mersenne tenait Descartes informé des échanges qu'il avait avec divers chimistes. Pourtant, dans leur correspondance telle que nous la connaissons, il ne fut jamais question de Van Helmont, dont aucun autre correspondant ne parla d'ailleurs jamais à Descartes, tout se passant comme si la poursuite et l'intensification des attaques contre le chimiste flamand avaient accentué son isolement. Il faut cependant remarquer que Descartes ne s'entretint pas non plus avec ses correspondants d'Etienne de Clave, de Pierre Jean Fabre ni d'aucun autre des chimistes que nous avons mentionnés, alors que ceux-ci étaient souvent connus de ses interlocuteurs, à commencer par Mersenne. C'est donc à travers des personnages de second rang, amateurs d'une chimie au développement de laquelle ils ne participaient pas personnellement, mais aussi, sans doute, par le moyen de lectures

61. Voir Robert Halleux, « Helmontiana I », *Mededelingen van de Koninklijke Academie voor Wetenschappen, Letteren en Schone Kunsten van België, Klasse der Wetenschappen*, 45/3, 1983, p. 35-63.

62. *Correspondance du P. Marin Mersenne*, publiée et annotée par Cornelius De Waard, Paris, Editions du CNRS, 1963, t. II, p. 81.

63. *Idem*, p. 33.

64. *Idem*, p. 82, 111-112.

dont il ne souhaitait pas faire état, que Descartes fut informé de la chimie de son temps.

CHAPITRE II

DESCARTES ET LES « CHYMISTES » DE SON TEMPS

Comme chacun sait, Descartes n'aimait pas les alchimistes. Il le dit à de multiples reprises et d'abord dans la première partie du *Discours de la méthode*. Après avoir énuméré l'ensemble des savoirs reçus au cours de ses études et les avoir critiqués pour leur manque de certitude ou leur inutilité, il ajoute :

> Et enfin, pour les mauvaises doctrines, je pensois desja connoistre assés ce qu'elles valoient, pour n'estre plus sujet a estre trompé, ny par les promesses d'un Alchemiste, ni par les predictions d'un Astrologue, ni par les impostures d'un magicien, ny par les artifices ou la venterie d'aucun de ceux qui font profession de sçavoir plus qu'ils ne sçavent [1].

Douze ans plus tard, il ne semble pas avoir changé d'avis, puisque dans une lettre du 31 mars 1649 à Chanut, ayant constaté qu'il ne rencontre « presque personne » qui veuille apprendre « le peu » qu'il pense savoir et qu'il souhaite « communiquer ouvertement et gratuitement à un chacun », il fait part de son dépit :

> Mais je voy que ceux qui se vantent d'avoir des secrets, par exemple en la Chymie ou en l'astrologie judiciaire, ne manquent jamais, tant ignorans &

1. AT VI 9. On remarquera qu'au début des *Meditationes de prima philosophia*, les fous dont parle Descartes sont des personnages qui affirment « caput habere fictile, vel se toto esse cucurbitas, vel ex vitro conflatos » (AT VII 19). On peut penser que ce sont les alchimistes qui sont assez fous pour se croire une tête faite d'argile, comme un récipient de chimie, qui prennent leur corps pour un alambic et qui se croient faits en verre, comme les instruments de laboratoire. La traduction française de Clerselier efface ces allusions ironiques aux théories de ces médecins spagyriques qui expliquaient le fonctionnement du corps sur le modèle des opérations de la chimie.

impertinens qu'ils puissent estre, de trouver des curieux, qui achettent bien cher leurs impostures [2].

On a souvent fait remarquer que l'alchimie se trouvait ainsi classée par Descartes parmi les « mauvaises doctrines » en compagnie de l'astrologie et de la magie. Henri Gouhier, analysant la formation des premières pensées de Descartes, considérait qu'il manifestait ainsi son refus des sciences occultes, c'est à dire d'un naturalisme de la Renaissance qui avait pu le tenter un moment, dans la mesure où il se nourrissait d'un anti-aristotélisme fort prisé de ceux qui se présentaient alors comme des novateurs. La physique mathématique que Descartes esquissait à cette époque en compagnie de son ami Isaac Beeckman se construisait ainsi face à deux adversaires : les professeurs et les amateurs de « sciences curieuses » [3]. Pourtant, dans les *Regulae ad directionem ingenii*, Descartes ne semblait pas porter le même jugement sur l'alchimie, qu'il séparait alors de la magie et de l'astrologie. Ainsi, dans la règle VIII, ayant établi qu'on ne peut « rien faire maintenant de plus utile que de rechercher ce que c'est que la connaissance humaine et jusqu'où elle s'étend », il poursuit bientôt :

> Rien ne me semble plus absurde au contraire que de disputer témérairement des arcanes de la nature, de l'influence des cieux sur nos régions inférieures, de la prédiction de l'avenir, et autres choses semblables, comme font tant de gens, sans s'être seulement jamais demandé si la raison humaine est capable de résoudre ces questions [4].

La magie, qui prétend déceler les secrets de la nature, et l'astrologie, qu'elle soit naturelle ou prédictive, sont ici données en exemple de sciences dont la pratique semble absurde : il ne s'agira pas tant de les pratiquer avec méthode que de renoncer à leurs objets. Il en va tout autrement de l'alchimie, que Descartes associe alors aux sciences dont la pratique n'est pas absurde, à la condition d'être abordées avec méthode et en vue d'atteindre la sagesse. C'est ce qu'il expose dès la règle I, écrivant alors :

> Aussi me semble-t-il vraiment étrange que tant de gens étudient avec un si grand soin les mœurs humaines, les propriétés des plantes, les mouvements des astres,

2. AT V 327.

3. Henri Gouhier, *Les premières pensées de Descartes. Contribution à l'histoire de l'anti-renaissance*, Paris, Vrin, 1958, p. 110-116.

4. AT X 398. Je donne ici la traduction de Jacques Brunschwig dans l'édition par Ferdinand Alquié des *Œuvres philosophiques* de Descartes, Paris, Classiques Garnier, 1988, p. 120-121.

les transmutations des métaux et autres objets d'études de ce genre, tandis que presque personne ne songe au bon sens, c'est à dire à cette sagesse universelle [5].

Les disciplines telles que la morale, la botanique, l'astronomie et la chimie ne sont donc pas semblables à celles comme la magie ou l'astrologie. Et à la règle IV, se moquant de ceux qui recherchent la vérité sans méthode, comme un homme errant sur les places publiques à la recherche du trésor qu'un voyageur aurait pu perdre, il écrit : « C'est ainsi que travaillent presque tous les chimistes, la plupart des géomètres et plus d'un philosophe. » [6]. Ainsi l'alchimie n'est pas considérée comme une de ces vaines sciences qui séduisent les amateurs de secrets, mais au contraire comme une discipline qui pourra sans doute se développer si elle est pratiquée selon les règles qu'il faut respecter pour bien conduire son esprit.

Bien sûr, Descartes a pu changer d'avis sur l'alchimie entre la rédaction des *Regulae*, sans doute en 1628, et celle du *Discours de la méthode*. On ne voit pas pourquoi son opinion sur cette discipline serait restée immuable alors que, pendant les années d'isolement en Hollande qui précédèrent sa première publication, des changements essentiels se produisirent dans sa pensée. Puisque la méthode du *Discours* n'est plus celle des *Regulae*, rien n'empêcherait que le statut de la science ait été modifié de telle sorte que la chimie ne puisse plus y trouver place. Au fur et à mesure que progresse sa réflexion métaphysique, Descartes se forge une nouvelle conception de la vérité scientifique dont la chimie pourrait bien avoir fait les frais. Il conviendrait alors de mettre en évidence ce qui, aux yeux de Descartes, différencie radicalement la méthode de la chimie de celle des sciences telles que la mécanique ou la médecine, de telle sorte qu'elle cesse de figurer parmi les savoirs dont la certitude peut être garantie par l'enracinement de la physique dans la métaphysique.

Il n'est pourtant pas possible de poursuivre l'analyse en s'appuyant sur de telles hypothèses qui impliqueraient que Descartes ait renoncé à la chimie dès lors qu'il découvrait les fondements de sa philosophie. Nous constatons en effet que les premières élaborations des thèses qu'il développera par la suite dans ses œuvres métaphysiques ne l'ont pas conduit à abandonner les recherches chimiques. On remarquera en particulier que c'est dans la même lettre du 15 avril 1630 que Descartes annonce à Mersenne qu'il « estudie maintenant en chymie & en anatomie tout ensemble » et qu'il présente pour la première fois sa

5. AT X 360 ; trad. Brunschwig p. 78.
6. AT X 371 ; trad. Brunschwig p. 90-91.

célèbre théorie de la création des vérités éternelles, dont on sait l'importance pour les développements de la métaphysique sur laquelle se fonde la physique des *Principes de la philosophie* [7]. Ainsi, quels que soient les griefs qu'il développe à l'encontre des alchimistes, Descartes n'en continue pas moins d'étudier la chimie, c'est à dire de s'intéresser aux objets d'étude de ces personnages dont il se moque. De ce point de vue, l'évolution de la pensée de Descartes ne consisterait pas tant en un changement d'avis sur les alchimistes qu'en la découverte qu'il ne suffit pas de dénoncer l'inanité de leur méthode ou l'absurdité de leurs ambitions. Alors, l'étude des objets de la chimie pourrait trouver sa justification à la condition que soient abandonnées les pratiques fondées sur les doctrines erronées des alchimistes, au profit de la mise en œuvre de la méthode cartésienne qui s'appliquerait dans le domaine de la chimie comme dans celui des autres sciences.

La situation de la chimie dans la science cartésienne se révèle finalement bien plus complexe qu'il n'y paraissait tout d'abord et il devient nécessaire, avant d'en étudier l'exposé, d'analyser l'évolution de l'attitude cartésienne depuis l'époque de sa formation jusqu'au moment où il développe sa conception des objets de la chimie dans les *Principes de la philosophie*. Dans ce domaine comme dans d'autres, Descartes n'a guère livré de confidences sur ce que furent ses sources et ses rencontres. Nous tâcherons toutefois, à partir de quelques indices recueillis dans sa correspondance, de mettre en évidence les principales étapes de la formation de ses idées concernant les chimistes et la chimie.

LES ANNÉES DE FORMATION

C'est sans doute pendant ses années de formation au collège des jésuites de La Flèche que Descartes a eu ses premiers contacts avec l'alchimie, non seulement en lisant « tous les livres, traitans de celles [des sciences] qu'on estime les plus curieuses & les plus rares » qui lui étaient tombées entre les mains [8], mais aussi à travers l'enseignement de philosophie naturelle qu'il reçut alors. En effet, si les doctrines alchimiques pouvaient être critiquées par la pensée scolastique d'un point de vue philosophique, dans la mesure où elles s'appuyaient sur une théorie de la matière, des principes et des éléments bien différente de celle

7. AT I 137 et 145.
8. *Discours de la méthode*, AT VI 5.

d'Aristote, par contre elles ne contenaient rien de répréhensible d'un point de vue théologique, puisque les alchimistes insistaient toujours sur le caractère entièrement naturel de leur art, qui ne faisait appel à aucunes forces surnaturelles ou démoniaques [9]. Que les alchimistes soient dans l'erreur ne rendait pas pour autant leurs pratiques illicites. Ainsi, les poursuites engagées par l'Inquisition à l'encontre de l'alchimiste flamand Jean-Baptiste Van Helmont ne furent pas provoquées par son adhésion à des doctrines alchimistes mais par sa prise de position en faveur des thèses de Rodolphe Goclenius sur l'*unguentum armarium*. Le magnétisme invoqué pour défendre cette idée d'origine paracelsienne fut considéré par les censeurs comme une cause surnaturelle dans laquelle on pouvait suspecter l'action des démons. Mais cela n'avait guère de rapport avec l'alchimie.

Ce que Descartes a pu apprendre au Collège de la Flèche

On peut aisément se faire une idée de l'enseignement reçu par Descartes chez les Jésuites en examinant les commentaires des œuvres d'Aristote de l'université de Coïmbra qui étaient alors diffusés dans toute l'Europe et utilisés comme manuels d'enseignement dans la plupart des collèges de Jésuites. Les commentaires sur la *Physique* comportaient notamment un article intitulé « Num Chymicae artis industria verum aurum efficit ? » dans lequel il était expliqué, en s'appuyant sur des textes d'Averroes et de Thomas d'Aquin, que la production de « vrai or » par l'art chimique était difficile, mais non pas impossible : « Quare non videtur existimandum, confectionem veri auri per Alchymiam omnino impossibilem esse, licet perquam difficilis sit » [10]. Cependant, cette difficulté conduisant la plupart des praticiens à n'être que des fraudeurs, l'alchimie était finalement considérée comme un art fautif et pernicieux qu'il ne fallait pas exercer [11]. Si, comme l'a fait remarquer Etienne Gilson qui rapporte ce passage [12], ce texte peut avoir dicté le jugement de Descartes sur les alchimistes dans le *Discours*

9. Voir à ce sujet Jean-Pierre Baud, *Le procès de l'alchimie. Introduction à la légalité scientifique*, Strasbourg, Cerdic publication, 1983.

10. *Commentariorum collegii conimbricensis societatis Jesu in octo libros physicorum Aristotelis stagiritae*, Coloniae, Lazari Zetzneri, 1599, 2, 1, 7, 2.

11. Pour des analyses plus détaillées de la position des « Conimbres » et d'une manière plus générale des philosophes scolastiques à l'époque de Descartes, voir Sylvain Matton, *Philosophie et alchimie à la Renaissance et à l'âge classique. * Scolastique et alchimie (XVIe-XVIIe siècles)*, Paris/Milan, S.E.H.A./Archè, 2009, plus spécialement p. 33-37.

12. Etienne Gilson, *Index scolastico-cartésien*, Paris, Vrin, 1979, p. 10-11.

de la méthode, il reste à expliquer pourquoi Descartes s'intéressa malgré tout à la « chymie », au point d'en venir à la pratiquer, avant d'y renoncer tardivement.

Face aux analyses scolastiques, il était possible d'adopter trois attitudes différentes. La première, qui était suggérée par les « Conimbres », consistait à mettre l'accent sur le caractère artificiel des productions alchimiques, qui ne pouvaient prétendre imiter la nature que de manière illusoire et frauduleuse. Il s'agissait là, en fait, de la reprise de l'argumentation développée par Avicenne dans le *De congelatione et conglutinatione lapidum* : puisque l'art humain n'a pas la faculté de transformer les espèces telles qu'elles sont produites dans la nature, l'or que produisent les alchimistes n'est qu'une imitation de l'or véritable [13]. A l'opposé, on pouvait entreprendre de réfuter les arguments inspirés de l'aristotélisme pour leur opposer une théorie chimique où les concepts de corps mixte, de principe et d'élément étaient redéfinis dans le cadre d'une théorie héritée de la tradition alchimique. Cela avait été l'attitude de l'auteur de la *Summa Perfectionis* au XIIIe siècle [14]. C'était encore, comme nous l'avons vu au chapitre précédent, l'attitude au XVIIe siècle d'Etienne de Clave qui, dans *La nouvelle lumière philosophique*, entreprenait de réfuter point par point le commentaire coïmbrois du *De generatione et corruptione* d'Aristote.

Mais une troisième attitude était possible, qui consistait à opérer de subtiles distinctions entre différents points de vue scientifiques. Ainsi avons-nous vu que Jean Beguin, dans *Les elemens de chymie*, s'appuyant sur l'affirmation aristotélicienne selon laquelle plusieurs sciences peuvent avoir pour objet une même matière qu'elles considèrent selon des principes qui leur sont propres, expliquait que « le Physicien, le Medecin, & le Chymiste peuvent bien traiter d'un mesme corps, mais diversement consideré, & selon divers principes » [15]. De cette manière, la théorie alchimique pouvait être défendue sans pour autant mettre en cause les doctrines de Galien et d'Aristote. Cette manière de faire convenait bien aux paracelsiens modérés, mais elle fut parfois utilisée pour préserver la suprématie du système aristotélicien

13. Voir l'édition du *De congelatione et conglutinatione* (section du *Kitâb al-Shifâ* d'Avicenne) par E.J. Holmyard et D.C. Mandeville,Paris, Paul Geuthner, 1927, p. 53-54. Pour une réflexion générale sur les rapports entre l'art et la nature dans l'alchimie médiévale, voir Barbara Obrist, « Art et nature dans l'alchimie médiévale », *Revue d'histoire des sciences*, tome 49/2-3, 1996, p. 215-286.

14. Voir les commentaires de William Newman dans l'introduction de *The* Summa Perfectionis *of pseudo-Geber . A critical edition, translation and study*, Leyde, Brill, 1991.

15. Jean Beguin, *Les elemens de chymie*, Paris, 1615, rééd. Rouen, 1626, p. 29-30.

tout en admettant les principes alchimiques. Telle était l'attitude de Jean-Baptiste Morin dans sa *Réfutation des thèses erronées d'Anthoine Villon et Estienne de Claves* en 1624. Les médecins (Hippocrate, Galien, Avicenne), considérant le corps comme animal, ont dit qu'il était composé de quatre humeurs ; les alchimistes, le considérant en tant que mixte, ont invoqué les trois principes paracelsiens ; quant à Aristote, considérant le corps en tant que genre suprême, et non pas seulement dans ses genres subalternes, il s'en est tenu aux principes de l'essence du corps en tant corps : la matière et la forme. Ainsi, explique Morin, Villon et de Clave ont eu bien tort de vouloir se servir de la chimie pour réfuter Aristote, puisque ses principes ne sont pas opposés à ceux de la chimie [16].

Nous ignorons quelle était au juste l'enseignement des professeurs de La Flèche sur ces questions, et de toute manière le jeune Descartes n'avait pas à prendre position sur le sujet. Mais le point de vue scolastique sur l'alchimie, mêlant une grande tolérance à l'égard de la théorie alchimique et une défiance extrême à l'encontre de ceux qui la mettaient en pratique, se retrouvera tout au long de la vie de Descartes. Alors qu'il ne cesse de dénigrer l'attitude des alchimistes, il conserve une attitude beaucoup plus nuancée sur la question de la transmutation des métaux. Ainsi, dans un texte de décembre 1647, dont on peut penser que tous les termes furent mesurés avec soin, puisqu'il s'agit de sa réponse aux attaques de son ex-disciple Regius connue sous le titre *Notae in programma*, Descartes distingue soigneusement les choses qui relèvent de la foi ou du débat théologique de celles « qui sont seulement soumises à la recherche du raisonnement humain, comme la quadrature du cercle, la pierre philosophale et autres semblables » [17]. Descartes ne prend pas ici une position originale puisque ces deux questions étaient au XVIIe siècle au cœur de tous les débats entre savants, avec celles de l'aimant, du mouvement perpétuel, de la cause des marées et du calcul des longitudes en mer [18].

16. Jean-Baptiste Morin, *Refutation des theses erronees d'Anthoine Villon dit le soldat philosophe, & Estienne de Claves medecin chymiste...*, Paris , 1624, p. 33-37. Voir mon analyse de l'argumentation de Morin dans « Les références à la philosophie antique dans les débats sur l'alchimie au début du XVIIe siècle », dans Didier Kahn et Sylvain Matton (éds.), *Alchimie : art, histoire et mythes*, Paris/Milan, S.E.H.A./Archè, 1995, p. 661-690.

17. AT VIII 353. Je donne ici la traduction de Clerselier reproduite dans les *Œuvres philosophiques* de Descartes éditées par Ferdinand Alquié, Paris, Classiques Garnier, 1973, vol. 3, p. 802.

18. Voir par exemple Marin Mersenne, *Questions inouyes*, Paris, 1634, question 37. Voir aussi le *Grand dictionnaire historique* de Moreri, Paris, 1674, vol. I, p. 307, article

Sans jamais renoncer à ces deux prises de position traditionnelles, l'une qui se moque des alchimistes faisant partir leur fortune en fumée pour découvrir un chimérique trésor, l'autre qui reconnaît la légitimité théorique d'une recherche de la pierre philosophale, Descartes entreprendra discrètement une longue recherche sur la science chimique, qui le conduira des sublimes fantaisies rosicruciennes aux modestes considérations sur la nature du vif-argent.

Descartes et les Rose-Croix

Si la chimie cartésienne n'a guère suscité l'intérêt des historiens des sciences et de la philosophie, il faudrait par contre un livre entier pour présenter les nombreuses hypothèses qui ont été développées concernant les relations supposées entre Descartes et les Rose-Croix. Commençons par rappeler les faits [19]. L'histoire des Rose-Croix commence en 1614 avec la publication à Cassel de la *Fama fraternitatis* suivie en 1615 de la *Confessio fraternitas*. Ces deux petits textes anonymes en allemand étaient des appels à la réformation du monde qui se réclamaient d'un mystérieux Christian Rosencreutz qui serait né en 1378 et dont les écrits auraient été récemment retrouvés. Les auteurs de ces manifestes se présentaient eux-mêmes comme les membres d'une mystérieuse confrérie et se réclamaient de cette merveilleuse science universelle nourrie de références hermétiques, cabalistiques et magiques qu'avaient célébrée de nombreux érudits de la Renaissance. Les « Rose-Croix » critiquaient les amateurs de transmutations métalliques (« Pouah ! De l'or, rien que de l'or » aurait dit le mythique père fondateur) et proposaient une interprétation spirituelle de l'alchimie. Il est probable que ces textes avaient été rédigés par un petit groupe de jeunes luthériens qui déploraient la dégradation religieuse et politique en Allemagne, et

« alchymie » : « M. Arnaud remarque fort judicieusement qu'il y a quatre grands sujets qui occupent depuis longtemps les philosophes et les mathématiciens sans qu'ils puissent y réussir ; le premier est la quadrature du cercle ; le second, une machine qui ait un mouvement perpétuel ; le troisième une lampe inextinguible, par le moyen d'une huile et d'une mèche qui ne se consument point ; le quatrième est la pierre philosophale, ou l'art de faire de l'or et de l'argent par la transmutation des métaux. »

19. En dehors d'une abondante littérature fantaisiste sur le sujet, voir Paul Arnold, *Histoire des Rose-Croix et les origines de la Franc-Maçonnerie*, Paris, Mercure de France, 1955 ; réédition avec une préface de Umberto Eco, Paris, Mercure de France, 1990 ; France Yates, *The Rosicrucian Enlightment*, Londres, Routledge, 1972 ; trad. fr. *La lumière des Rose-Croix*, Paris, éd. Retz, 1985. Les trois premiers écrits rosicruciens ont été traduits et commentés par Bernard Gorceix, *La bible des Rose-Croix*, Paris, PUF, 1970 ; rééd. Quadrige, 1998.

espéraient que le règne de l'électeur palatin Frédéric marquerait le début d'une ère nouvelle. Ils étaient soutenus par Christian de Anhalt, chancelier de Frédéric et se regroupèrent autour de Johann Valentin Andreae qui publia en 1616 à Strasbourg les *Chymische Hochzeit Christiania Rosencreutz*, texte inspiré à la fois des récits utopiques et des métaphores hermétistes qui étaient à la mode à cette époque. Leur action fut sans lendemain et toute initiative se réclamant des Rose-Croix disparaît en Allemagne après la défaite de Frédéric à la bataille de la Montagne-blanche en 1620.

Les frères Rose-Croix s'étant déclarés invisibles, le fait que personne ne soit jamais parvenu à les rencontrer constituait bien entendu la meilleure preuve de leur existence. Mais si la célèbre fraternité n'existait pas, par contre la diffusion des manifestes suscita de nombreuses réactions et de nombreux auteurs leur dédicacèrent les ouvrages dans lesquels ils exploitaient quelques-uns des thèmes rosicruciens. Michael Maier en Allemagne et Robert Fludd en Angleterre sont les représentants les plus célèbres de cette littérature qui développe toutes les ressources de l'hermétisme de la Renaissance. Sans jamais prendre la forme d'une mystérieuse fraternité, le mouvement rosicrucien a ainsi constitué un important courant de pensée européen dans la première moitié du XVIIe siècle, par rapport auquel chacun devait prendre position. Ainsi, pour Marin Mersenne et de nombreux auteurs catholique français, les Rose-Croix faisaient partie de ces libertins impies qu'il fallait attaquer sans relâche. Les travaux de Robert Fludd constituèrent sa principale cible dans les *Questionnes in genesim* de 1623 [20]. La même année Gabriel Naudé, puis l'année suivante François Garasse joignirent leurs voix au concert de dénonciation d'un mouvement qui leur paraissait d'autant plus effrayant qu'ils ne le connaissaient qu'à travers les déformations de mystérieux fantaisistes qui avaient placardé dans Paris, en août 1623, des textes qui ne sont que des parodies des manifestes allemands [21].

Il eût été fort étonnant que Descartes, lors de son séjour en Hollande auprès de Beeckman en 1618, puis en Allemagne en 1619- 1620, n'ait

20. Sur Fludd, voir Serge Hutin, *Robert Fludd (1574-1637), alchimiste et philosophe rosicrucien*, Paris, Omnium littéraire, 1972 ; Allen Debus, *The chemical philosophy*, New-York, Science History Publications, 1977, vol. 1, p. 205-293.

21. Gabriel Naudé, *Instruction à la France sur la vérité de l'histoire des Frères de la Roze Croix*, Paris, 1623 ; François Garasse, *La doctrine des beaux esprits de ce temps ou prétendus tels*, Paris, 1624. Ce dernier ouvrage n'est que partiellement consacré aux Rose-Croix. Voir Didier Kahn, *Alchimie et paracelsisme en France*, op. cit., chap. 4.2. « La mystification rosicrucienne en France (1623-1624) », p. 413-499.

pas entendu parler des Rose-Croix et qu'il ne s'y soit point intéressé, lui qui recherchait alors des voies nouvelles vers la vérité et la sagesse, ce que les Rose-Croix promettaient [22]. Adrien Baillet, dans *La vie de monsieur Des Cartes*, rapporte que Descartes avait écrit à cette époque un ouvrage intitulé *Studium bonae mentis*, aujourd'hui disparu et dont nous n'avons conservé que les rares extraits cités par le biographe ; on y apprend que Descartes souhaitait obtenir de plus amples informations sur ces gens qui « promettoient aux hommes une nouvelle sagesse, c'est à dire la véritable science qu'il n'avait pas encore découverte » [23]. D'après Baillet, Descartes estimait alors que :

> Si c'étoient des imposteurs, il n'etoit pas juste de les laisser joüir d'une réputation mal acquise aux dépens de la bonne foy des peuples (...) ; s'ils apportoient quelque chose de nouveau, qui valût la peine d'être scû, il auroit été malhonnête à luy, de vouloir mépriser toutes les sciences, parmi lesquelles il s'en pourroit trouver une dont il auroit ignoré les fondemens.

Et, toujours selon Baillet, Descartes concluait finalement que ses recherches s'étaient avérées infructueuses et qu'il ne savait rien des Rose-Croix. Les choses sont donc apparemment très simples. On comprend bien que Descartes, qui est à la recherche des fondements d'une science nouvelle, veuille s'informer sur ceux qui, comme lui, rejettent les savoirs de la scolastique. Mais rien, dans la suite de son œuvre et dans sa correspondance, n'indique que Descartes ait jamais renoué avec les idées rosicruciennes et nous ne possédons aucun témoignage formulé de son vivant qui indique qu'il ait été soupçonné d'appartenir à cette secte. Ce n'est que dans la seconde moitié du XVIIe siècle que Baillet, puis Huet firent naître le soupçon d'un lien entre lui et les Rose-Croix [24], jetant ainsi les bases d'une reconstruction fantasmatique de la vie de Descartes, philosophe masqué, athée et libertin, alchimiste et rosicrucien [25]. Les textes étranges que Descartes écrivit à

22. Voir Hitohiko Tanaka, « Voyage de Descartes en Allemagne », *Revue de métaphysique et de morale*, 92e année/n° 1, 1987, p. 89-101 ; mais surtout Edouard Mehl, *Descartes en Allemagne. 1619-1620. Le contexte allemand de l'élaboration de la science cartésienne*, Strasbourg, Presses universitaires de Strasbourg, 2001.

23. Adrien Baillet, *La vie de monsieur Des-Cartes*, Paris, 1691, t. II, p. 406 ; rapporté dans AT X 191. Les citations qui suivent sont tirées de l'ouvrage de Baillet vol. 1, p. 87-91, repris dans AT X 193-197.

24. Pierre-Daniel Huet, *Nouveaux mémoires pour servir à l'histoire du cartésianisme*, Amsterdam, 1698. Voir Sylvain Matton, « Pierre-Daniel Huet et l'alchimie », *Chrysopœia* VII, 200-2003, p. 379-394.

25. En fait, c'est surtout au XXe siècle qu'un tel mythe s'est développé. Voir notamment Maxime Leroy, *Descartes, le philosophe au masque*, Paris, 1929 ; A. Georges-Berthier, « Descartes et les Rose-Croix », *Revue de synthèse* 18/1, 1939, p. 9-30. Le

cette époque, recopiés par Leibniz sous le titre *Cogitaniones privatae*, retrouvés par Fouchet de Careil et publiés par lui en 1859 ont alimenté ces spéculations en faisant apparaître un Descartes aux idées bien différentes de celles qui se manifestent dans les œuvres qu'il fit publier [26]. On y trouve des thèmes familiers de l'hermétisme, comme l'idée que les sciences sont cachées, l'évocation d'un *Polybii Cosmopolitani Thesaurus mathematicus* dédié aux « F. R. C. » dans lequel seraient présentés les moyens de résoudre toutes les difficultés de cette science, ou encore des descriptions d'expériences optiques amusantes. Mais c'est surtout le récit de trois rêves étranges faits à la suite l'un de l'autre dans la nuit du 10 au 11 novembre 1619 qui a nourri les commentaires les plus divers. On sait bien aujourd'hui que le pseudonyme de cosmopolite fut souvent utilisé par les amateurs d'hermétisme, et que c'est sous ce titre que furent diffusées les traductions françaises du *Novum Lumen chymicum* de l'alchimiste pragois Michael Sendivogius [27] ; que c'est un thème fréquent de la littérature hermétique que d'affirmer que l'on va enfin rendre clair ce qui était demeuré jusque là obscur ; que les expériences d'optique curieuse ont été tirées de la *Magia naturalis* de Della Porta, comme le signalait d'ailleurs Isaac Beeckman [28]. Quant aux récits de rêves, ils constituent un moyen privilégié de s'exprimer de manière symbolique [29]. Depuis les songes de Zosime dans l'alchimie gréco-

caractère déraisonnable de ces spéculations a été mis en évidence par Henri Gouhier, *Les premières pensées de Descartes*, op. cit. note 2, p. 117-141 ; Paul Arnold, *Histoire des Rose-Croix*, op. cit. note 19, p. 305-333 ; William R. Shea « Descartes and the rosicrucians » *Annali Dell'Istituto e Museo di storia delle scienza di Firenze*, année IV, 1979, fascicule 2, p. 29-47 ; Didier Kahn, *Alchimie et paracelsisme en France*, op. cit., p. 482-488.

26. Henri Gouhier (*Les premières pensées de Descartes*, o. c. note 2) a montré que ces textes correspondaient à ceux dont parlent Baillet en évoquant un petit registre dans lequel Descartes avait rédigé des notes sous les titres *Parnassus*, *Olympica*, *Democritica*, *Experimenta*, titres d'ailleurs conformes à ceux que mentionnait l'inventaire des papiers du philosophe fait à Stockholm trois jours après sa mort. Le texte de Baillet est repris dans AT X 179-190 ; les *Cogitationes privatae* viennent en AT X, 213-248. Voir également Geneviève Rodis-Lewis, « Le premier registre de Descartes », *Archives de philosophie*, 54, 1991, p. 353-377 et 639-657 ; Fernand Hallyn (éd.) *Les Olympiques de Descartes*, Genève, Droz, 1995.

27. *Cosmopolite ou nouvelle lumière de la physique naturelle*, Paris, 1609 ; nouvelle édition, Paris, 1618.

28. Le texte de Beeckman, qui signale également l'intérêt des deux amis pour le *De occulta philosophia* d'Henri-Corneille Agrippa, est reproduit dans AT X 347. Voir à ce sujet Geneviève Rodis-Lewis, « Machineries et perspectives curieuses dans leurs rapports avec le cartésianisme », *XVIIe siècle*, n° 32, 1956, p. 461-474.

29. Parmi les innombrables analyses de ces rêves, et notamment celles de Gouhier (op. cit. note 2) et de Geneviève Rodis-Lewis (« Le premier registre de Descartes », op. cit.

alexandrine, les récits oniriques sont souvent utilisés pour décrire un processus d'initiation, de découverte des moyens d'accéder aux secrets de la nature et d'effroi face à la difficulté du chemin à parcourir.

« Quod vitae sectabor iter ? », lit Descartes dans le recueil de poésie qui lui est présenté dans son troisième songe. Robert Halleux a montré les étonnantes similitudes entre les rêves de Descartes et celui que Van Helmont aurait fait le 24 septembre 1599 et qu'il rapporte dans l'*Eisagoge*, un texte qui ne fut pas publié avant le XIXe siècle, et que Descartes ne pouvait pas connaître [30]. On aperçoit alors que les deux personnages se trouvent dans la même situation. Au moment de leur existence où, lassés des faux savoirs acquis lors de leurs études, ils se tournent vers les promesses des sciences hermétiques, c'est en rêve que s'expriment les enjeux du choix qu'ils doivent faire et qui orientera le reste de leur existence. Van Helmont construira toute son œuvre sur l'héritage hermétiste que lui transmettront ses lectures paracelsiennes. Descartes, au contraire, ne se satisfera pas des antiques nouveautés dont se nourrissaient les auteurs des textes rosicruciens. Ce qui ne veut pas dire que la suite de son œuvre soit en rupture totale avec les idées qui le préoccupèrent à cette époque. S'y esquisse déjà son intérêt pour les mathématiques ou l'optique et Geneviève Rodis-Lewis a montré comment ces textes de jeunesse, que Descartes conserva jusqu'à sa mort, posaient déjà « les principes d'une continuité, dans le progrès constant vers la vérité, par la rigueur et la clarté » [31] ; mais l'on peut tout aussi bien penser que l'intérêt qu'il ne cessera de porter aux objets de la chimie date de cette époque où la déception éprouvée face à l'inanité des doctrines aperçues n'effaça pas pour autant une certaine fascination pour les objets obscurs des études alchimiques.

Ainsi, au moment où Descartes s'interroge sur les fondements de la vérité et lance ses premières réflexions sur la mise en œuvre d'une *mathesis* universelle, il a déjà rencontré deux fois la littérature alchi-

note 25), voir Fernand Hallyn, « *Olympica* : les songes du jeune Descartes », dans *Le songe à la Renaissance,* Françoise Charpentier (éd.), Saint-Etienne, Presses de l'Université de Saint-Etienne, 1990, p. 41-51 ; Gérard Simon, « Descartes, le rêve et la philosophie au XVIIe siècle », p. 133-151, *Revue des sciences humaines*, tome LXXXII, 1988, n° 211, *Rêver en France au XVIIe siècle* ; texte repris et augmenté dans *Sciences et savoirs aux XVIe et XVIIe siècles*, Villeneuve d'Ascq, Presses Universitaires du Septentrion, 1996, p. 137-160.

30. Robert Halleux, « Helmontiana II. Le prologue de l'*Eisagogue*, la conversion de Van Helmont au paracelsisme et les songes de Descartes », *Mededelingen van de Koninklijke Academie voor Wetenschappen, Letteren en Schone Kunsten van België*, vol. 49/2, 1987, p. 19-36.

31. G. Rodis-Lewis, « Le premier registre de Descartes », op. cit. note 25 , p. 657.

mique, sous deux formes bien différentes. A travers les commentaires d'Aristote que lui proposaient ses maîtres, il a pu découvrir une pratique dont les fondements théoriques sont au moins aussi incertains que ceux de la physique scolastique, tandis que les idées rosicruciennes lui donnent accès aux interprétations pansophiques et aux ambitions encyclopédistes de l'alchimie qui fleuriront encore pendant de nombreuses décennies. Ses critiques futures porteront la marque du double refus qui caractérise l'attitude de Descartes face à la « chymie ». Il ne cessera en effet de dénigrer à la fois des pratiques de laboratoire vouées à l'échec et des élaborations philosophiques qui voudraient faire de la chimie le modèle et le fondement de toute science.

C'est la pratique des alchimistes qu'il vise lorsqu'il invite son ami Villebressieu à « désabuser les pauvres malades d'esprit touchant les *sophistications* des métaux », employant le terme par lequel on désignait alors les vaines tentatives de faire passer pour de l'or véritable certaines productions alchimiques [32]. Mais c'est surtout la prétention des alchimistes de développer une philosophie naturelle capable de remplacer toutes les autres qui provoque ses critiques. « Je me mocque avec vous des imaginations de ce chymiste dont vous m'écrivez, & croy que semblables chymeres ne meritent pas d'occuper un seul moment les pensées d'un honneste homme » écrit-il à Mersenne dans les premiers mois de 1637, sans indiquer quelle est la victime des moqueries des deux amis [33]. Il n'est pas non plus facile d'identifier le ridicule « faiseur d'écrevisses qui veut démontrer les mystères de la religion par la chymie » dont il est question dans une autre lettre à Mersenne, le 27 août 1639 [34]. On songe bien sûr à l'*Alchymista christianus* de Pierre Jean Fabre, dont le titre même correspond au texte de Descartes, puisque l'auteur y indique que son objectif est d'expliquer les mystères de la foi chrétienne par des analogies chimiques et de démontrer le bien-fondé de la doctrine orthodoxe des chrétiens par l'art chimique. Mais l'ouvrage était paru en 1632 et l'on comprend mal pourquoi Mersenne et Descartes ne l'évoquent que sept ans plus tard [35]. En tout cas, Descartes dénonce bien ici l'encyclopédisme alchimique tel que Fabre entendait le pratiquer, lui qui voyait dans l'alchimie la seule philosophie

32. AT I 216. On remarquera que le terme de sophistication était employé aussi bien par les adversaires de l'alchimie que par ses partisans qui voulaient dénoncer les fraudes des amateurs inexpérimentés.

33. AT I 351.

34. AT II 573.

35. Pierre Jean Fabre, *Alchymista christianus*, op. cit. note 44 du chapitre 1.

capable d'interpréter tous les autres discours qu'il s'agisse des mythes antiques ou des dogmes de la foi chrétienne.

C'est encore des ambitions alchimiques à construire une science universelle dont il se moque dans une lettre à Mersenne du 30 juillet 1640, en critiquant cette fois la théorie d'un esprit ou d'un sel universel dont on pourrait invoquer les propriétés substantielles pour rendre compte des activités matérielles, vitales et spirituelles de tous les êtres de la nature [36]. Cette fois, les victimes des sarcasmes sont clairement identifiées, puisqu'il s'agit de deux médecins, Lazare Meyssonnier de Lyon et Christophe de Villiers de Sens. Nous aurons bientôt l'occasion de revenir sur les brefs échanges entre Descartes et Meyssonnier au premier semestre 1640, ainsi que sur la longue correspondance que Mersenne entretint avec de Villiers, à qui Descartes reproche ici l'usage de la notion inintelligible d'esprit fixe, « chose, dit-il, qui ne me semble pas plus intelligible que s'il parlait d'une lumière ténébreuse ou d'une liqueur dure ». Ce sont bien sûr, nous allons y revenir, les ambiguïtés et les contradictions liées à l'usage de la notion d'esprit que Descartes dénonce ici. De Villiers est ainsi conduit à préférer « des imaginations confuses & impossibles à des pensées plus intelligibles &, sinon vrayes, au moins possibles & probables » [37]. Descartes est plus sévère encore avec Meyssonnier dont il considère que les propos ne signifient « rien d'intelligible » et ne sont bons qu'à « se faire admirer par les ignorans » [38].

En ce qui concerne la mise en cause des pratiques des alchimistes et de leurs doctrines philosophiques, Descartes semble donc avoir conservé toute sa vie les convictions qu'il s'était forgées dans sa jeunesse. Mais cela ne l'empêcha pourtant ni de poursuivre l'étude des objets de la chimie, ni d'entretenir des relations avec certains alchimistes dans les années 1620. Il est cependant bien difficile de dire si ces contacts lui donnèrent l'occasion d'approfondir ses connaissances ou si au contraire il se contenta des informations qu'il avait obtenues dans ses années de formation.

36. AT III 119-138.

37. AT III 124. On verra au chapitre quatre que Descartes semble ainsi opposer aux « chymistes » sa propre méthode d'étude des objets de la chimie, telle qu'il la développera dans la quatrième partie des *Principes de la philosophie*.

38. AT III 120.

DESCARTES RENCONTRE DES « CHYMISTES »

Il convient donc de distinguer deux types de textes cartésiens à propos de la « chymie » : d'une part ceux où il critique les alchimistes, leurs pratiques et les doctrines, d'autre part ceux où, malgré ses réticences, il traite des objets de la chimie. Qu'on ne se méprenne pas : il ne s'agit pas de restaurer ainsi subrepticement une distinction entre l'alchimie et la chimie dont on a vu par ailleurs qu'elle n'avait pas de sens pour un homme du XVIIe siècle. Lorsque Descartes s'occupe de chimie, il a parfaitement conscience de s'intéresser aux objets même dont se préoccupent ceux qu'il critique en les nommant d'ailleurs indifféremment « chymistes » ou alchimistes. Ces personnages participaient activement à la vie intellectuelle du temps et nous avons gardé la trace des contacts que Descartes eut avec plusieurs d'entre eux.

Descartes était en France et faisait de fréquents séjours à Paris lorsqu'éclata l'affaire des placards alchimiques de 1624 à laquelle se trouvèrent mêlés plusieurs personnes qu'il connaissait personnellement. Comme on l'a vu au chapitre précédent, Antoine Villon, Jean Bitaud et Etienne de Clave placardèrent dans les rues de Paris des affiches par lesquelles ils présentaient les quatorze thèses qu'ils voulaient défendre en public contre la physique d'Aristote, de Paracelse et des cabalistes. De Clave devait confirmer les nouvelles thèses par les moyens de la chimie. On a peine à croire que Descartes n'ait pas entendu parler de cette affaire, soit par la *Réfutation des thèses erronnées* que fit paraître Jean-Baptiste Morin en décembre 1624, soit par la lecture du *Mercure françois*, qui consacra à l'affaire un article détaillé en 1625, soit encore par la lecture de *La vérité des sciences*, parue également en 1625, dans laquelle Marin Mersenne critiquait fermement les trois « alchimistes » [39].

Nous ne savons pas à quelle époque Descartes fit la connaissance de ce personnage extravagant qu'était Jean-Baptiste Morin, l'un des auteurs probables des *Secondes objections*, avec lequel il entretint en 1638 une correspondance agacée sur les questions de la nature de la lumière et de la matière subtile [40]. Mais il le connaissait déjà auparavant,

39. Marin Mersenne, *La vérité des sciences*, Paris, 1625, p. 78-84.

40. Voir Monette Martinet « Jean-Baptiste Morin (1583-1656) », *Cahiers d'histoire et de philosophie des sciences*, n° 14, 1986, p. 69-87 ; Daniel Garber, « J.-B. Morin and the second objections » *in* Roger Ariew et Marjorie Grene (éds.), *Descartes and his contemporaries. Meditations, objections and replies*, Chicago, The University of Chicago Press, 1995, p. 63-82.

puisqu'il parle de lui à Ferrier dans une lettre du 8 octobre 1629 [41], tandis que Morin lui rappelle, dans une lettre de 1638, avoir eu l'honneur de le rencontrer à Paris, sans doute avant son départ en Hollande de 1628 [42]. Au fil de sa correspondance, nous voyons que Descartes connaissait les travaux de Morin dans les domaines de l'optique [43], de la cosmologie [44], de l'astrologie et du calcul des longitudes [45], et enfin de la métaphysique [46]. Bien qu'il n'en dise rien, il est peu probable que Descartes ait ignoré l'intérêt que Morin portait à l'alchimie, mais on ne sait pas s'il eut connaissance de la version aristotélicienne de l'alchimie que ce dernier défendait laborieusement contre le corpuscularisme de Villon et de Clave dans sa *Réfutation des thèses erronées*. On constatera simplement que c'est après avoir reçu une lettre où Morin utilisait des arguments tirés de la chimie contre la matière subtile de Descartes que ce dernier décide de ne plus lui répondre [47]. Morin évoquait l'opacité des « huiles et esprits purifiés par la chymie » [48] ainsi que l'esprit universel que les chimistes tirent de l'air corporifié par le tartre calciné [49]. Descartes, qui ne pouvait admettre un tel esprit, écrit alors à Mersenne : « il me semble que ses pensées sont encore plus éloignées des miennes qu'elles ne l'ont esté au commencement. » [50]. Par contre, il est plus difficile d'imaginer qu'il n'ait pas lu la *Vérité des Sciences* de Mersenne, dont le premier livre accorde une place importante à l'analyse critique de l'alchimie et notamment des thèses de 1624. Au delà de ses attaques contre des alchimistes supposés être des libertins, Mersenne reconnaissait

41. AT I 33.

42. AT I 537. Nous verrons bientôt que cette rencontre eut sans doute lieu à l'occasion de la réunion de décembre 1628 pour entendre le discours de Chandoux.

43. Lettres de Descartes à Mersenne du 25 février 1630 (AT I 124) et du 18 mars 1630 (AT I 129). Il y est question de la construction d'un instrument d'optique.

44. Lettre de Descartes à Mersenne été 1632 (AT I 258). Descartes fait allusion au *Famosi et antiqui problematis de Telluris motu*, Paris, 1631, dans lequel Morin s'oppose au copernicianisme.

45. Lettre de Descartes à Mersenne d'avril 1634 (AT I 289), à propos d'un procédé contesté de Morin pour le calcul des longitudes. Dans une lettre de l'automne 1634 (AT I 313), Descartes remercie Morin pour l'envoi de son livre sur le calcul des longitudes : *Longitudinum terrestrium necnon coelestium*, Paris, 1634.

46. Dans trois lettres à Mersenne du 31 décembre 1640 (AT III 275), 21 janvier 1641 (AT III 283) et 28 janvier 1641 (AT III 293), Descartes fait allusion au *Quod Deus sit* que Morin avait fait paraître à Paris en 1635.

47. Lettre de Morin à Descartes d'octobre 1638 (AT II 408-419).

48. AT II 415.

49. AT II 417.

50. Lettre à Mersenne du 15 novembre 1638 (AT II 437).

l'importance des travaux de la chimie et souhaitait que de l'ordre soit mis dans leurs utiles recherches par la création d'Académies pour l'alchimie dans tout le Royaume [51]. Descartes n'était sans doute pas intéressé par la création de telles institutions ; par contre, le projet de développer une chimie débarrassée de ses excès pan-chimiques ne pouvait que le conforter dans son intention de poursuivre ses études dans ce domaine.

A la même époque, Descartes connaissait un autre personnage intéressé par l'alchimie, le romancier François du Soucy, sieur de Gersan. C'est ce que montre une lettre du 30 mars 1628 dans laquelle Jean-Louis Guez de Balzac remercie Descartes d'un discours en latin que ce dernier avait écrit pour défendre les *Lettres du Sieur de Balzac* publiées à Paris en mai 1624 et violemment attaquées de toute part en raison de la liberté de langue et de ton qu'y adoptait l'auteur. Vers la fin de sa lettre, Balzac prie Descartes de lui faire parvenir une *Histoire de son esprit*, « attendue de tous nos amis » et qu'il lui a promise « en présence du Pere Clitophon, qu'on appelle en langue vulgaire Monsieur de Gersan » [52]. Balzac ne se fut point prévalu d'un tel témoin s'il n'eut été suffisamment connu de Descartes. François du Soucy publia en 1632 un *Sommaire de medecine chymique* qui était principalement consacré à la présentation de recettes pharmacologiques et dans la préface duquel il dénonçait l'obscurité des autres auteurs, ce qui est un lieu commun de ce genre de production. Il s'intéressait beaucoup à l'or potable et aux recettes pour prolonger la vie, qu'il évoque dans ses œuvres littéraires, mais aussi dans un ouvrage tardif, *Le grand or potable des philosophes*, paru en 1653 [53].

François du Soucy fait partie de ces auteurs qui ont pu donner à Descartes le goût pour la recherche des moyens de prolonger la vie. Descartes exprime son intérêt pour cette question dans la sixième partie du *Discours de la méthode* où il explique que la principale utilité de ces nouvelles connaissances susceptibles de nous rendre « comme maître et possesseur de la Nature » ne consiste pas dans l'invention d'une infinité d'artifices mais bien dans la « conservation de la santé, laquelle est sans doute le premier bien et le fondement de tous les autres biens de cette

51. *La vérité des sciences*, p. 105.

52. AT I 570. Cette « Histoire de son esprit », dans laquelle, selon Balzac, Descartes promettait de montrer ses prouesses contre les « Geans de l'escole » et les progrès qu'il avait fait dans la vérité des choses semble annoncer le *Discours de la méthode*, dont Descartes enverra un exemplaire à Balzac neuf ans plus tard.

53. Sur François du Soucy, voir François Secret, « De quelques traités d'alchimie au temps de la régence de Marie de Médicis », *Chrysopoeia* III/4, 1989, p. 358-364.

vie » [54]. Bien plus tard, il écrit à William Cavendish : « la conservation de la santé a esté de tout temps le principal but de mes études » [55]. On sait par ailleurs que Descartes exprima souvent son espoir de vivre longtemps, plus d'un siècle dit-il à Huygens en janvier 1638 [56], encore au moins trente ans, précise-t-il à Mersenne dix-huit mois plus tard [57]. Cela entraîne la moquerie de ses amis : « vous voyez, Monsieur, par la prolixité dont je m'avance a vous entretenir, combien j'ay l'impression forte de ce que vous ayez pieça reussi dans l'invention de la vie allongée » lui écrit Huygens le 30 juillet 1638, avant de lui demander son avis sur une expérience de dissolution de l'or sur laquelle nous reviendrons bientôt [58].

Cet intérêt de Descartes pour la prolongation de la vie était bien connu de ses contemporains, si l'on en croit le témoignage de Pierre Des Maizeaux qui, dans sa *Vie de Saint-Evremont*, rapporte que ce dernier lui avait confié à ce sujet le contenu d'une conversation que Kenelm Digby avait eue avec Descartes lors d'un voyage à Egmond. Descartes aurait alors confié à Digby « qu'il avoit déjà médité sur cette matiere [les moyens de prolonger la vie], & que de rendre l'homme immortel, c'est ce qu'il n'osoit pas se promettre ; mais qu'il étoit bien sur de pouvoir rendre sa vie égale à celle des Patriarches ». Digby ajoutait, toujours selon Saint-Evremont rapporté par Des Maizeaux, que « cette opinion de Des Cartes étoit trés-connuë en Hollande » et que l'abbé Picot, le traducteur des *Principes de la philosophie*, en était tellement convaincu « qu'il demeura longtems sans pouvoir croire sa mort » [59]. De telles « révélations » vinrent alimenter la légende d'un Descartes Rose-Croix ou possesseur d'un admirable secret alchimique. Pourtant, les textes de Descartes sur ce sujet sont sans ambiguïté et montrent bien que pour lui la santé relevait simplement d'un bon régime ; quant à fixer le temps que la nature prescrivait à chaque vivant, c'était le travail de l'anatomie [60]. Bien plus, la recherche de la longue

54. AT VI 62.

55. Lettre au marquis de Newcastle d'octobre 1645 (AT IV 329).

56. AT I 507 et 649.

57. Lettre du 19 juin 1639 (AT II 552).

58. AT II 284.

59. Pierre Des Maizeaux, *La vie de Mre Charles de Saint-Denis, sieur de St Evremond*, La Haye, 1711, p. 114-117. Voir aussi AT XI, 670-672.

60. Lettre à Huygens de janvier 1638 (AT I 507 et 649) : « car il me semble voir tres-evidemment, que si nous nous gardions seulement de certaines fautes que nous avons coustume de commettre au regime de nostre vie, nous pourrions sans autres inventions parvenir à une vieillesse beaucoup plus longue & plus heureuse que nous ne faisons ». Descartes évoque alors un « abrégé de médecine » sur lequel il travaille. Sept ans plus tard,

vie finit chez lui par s'identifier avec la recherche de la sagesse, dans la mesure où la véritable médecine qui permet de se garder en bonne santé consiste à se connaître soi-même [61]. Finalement, dit-il à Chanut en juin 1646, après avoir récapitulé ses travaux sur le sujet « au lieu de trouver les moyens de conserver la vie, j'en ay trouvé un autre, bien plus aisé & plus sur, qui est de ne pas craindre la mort » [62].

Dans ces conditions, on constate sans surprise que Descartes, loin d'avoir été un partisan de l'usage des médicaments chimiques, exprime sa méfiance à leur égard, en particulier lorsqu'il prodigue ses conseils à Elisabeth de Hongrie dont il devient, à son corps défendant, le médecin par correspondance. Ainsi lui écrit-il en novembre 1646 qu'« il n'y a point de remède qui puisse servir à tous les maux » et que l'Antimoine et le Mercure « sont deux mauvaises drogues, principalement le Mercure » et qu'il ne voudrait conseiller à personne d'en boire [63]. Deux dogmes de la médecine chimique, l'universalité de certains médicaments et les vertus des remèdes mercuriels et antimoniaux sont ainsi rejetés sans autre forme d'explication. Et lorsque Elisabeth, qui réside désormais à Berlin, lui écrit qu'elle « appréhende d'autant plus les medecines d'icy, parce que tout le monde s'y sert d'extraits par la chimie, dont les effets sont promts & dangereux » [64], il lui répond qu'elle a bien raison de se méfier de tels remèdes : « on a beau avoir une longue experience de leur vertu, le moindre petit changement qu'on fait en leur preparation, lors mesme qu'on pense mieux faire, peut entierement changer leurs qualitez, & faire qu'au lieu de medecines ce soient des poisons » [65]. Descartes se montre ainsi instruit des débats du début du siècle sur les dangers de l'introduction des médicaments chimiques et en particulier de l'antimoine.

L'attitude de Descartes à l'égard de la conservation de la vie montre bien l'absurdité des thèses de ceux qui ont voulu faire de lui un partisan secret de l'alchimie traditionnelle. Alors que la justification des médicaments chimiques constituait la principale préoccupation de la médecine

il évoque le « traité des animaux » qu'il n'a pas encore achevé et qui apporterait ces connaissances médicales permettant la conservation de la santé (lettre d'octobre 1645 à William Cavendish, AT IV 329).

61. AT IV 329-340.

62. AT IV 441-442. Sur l'évolution de la position de Descartes sur cette question, je me suis référé à la communication de Véronique Le Ru « La conservation de la nature humaine », aux journées d'étude *Descartes et les principes de conservation*, ENS Fontenay/Saint Cloud, 6 et 7 décembre 1996.

63. AT IV 531-532.

64. Lettre d'Elisabeth à Descartes du 29 novembre 1646 (AT IV 579-580).

65. Lettre de Descartes à Elisabeth de décembre 1646 (AT IV 590).

d'inspiration paracelsienne, il ne recommandera jamais l'usage de ces derniers. Mais en même temps, nous apercevons un aspect essentiel de l'attitude cartésienne à l'égard de la tradition alchimique : s'emparant de ses objets et de ses préoccupations – ici la prolongation de la vie –, il les détache du contexte théorique qui les avait produits et leur donne une nouvelle signification dans le cadre de sa philosophie. C'est cette manière de faire que nous retrouverons en étudiant au prochain chapitre les textes qu'il a plus spécialement consacrés aux objets de la chimie. Mais il nous faut auparavant poursuivre l'étude de sa formation chimique, au fil des rencontres qui marquent les années précédant les premiers écrits dont il envisageait la publication, c'est à dire dans les années 1620.

Descartes fréquentait à cette époque, au moins occasionnellement, un cercle d'amis opposés aux idées scolastiques et dont certains trouvaient dans l'alchimie des moyens de s'opposer à l'aristotélisme des Ecoles. C'est un groupe de ce genre qui se réunit en décembre 1628 chez le cardinal Bagni, nonce du Pape, homme aux idées larges, apparemment, puisqu'il devait bientôt s'assurer les services du « libertin érudit » Gabriel Naudé. Ce jour là, l'assemblée devait écouter le discours de Chandoux qui « faisait profession de la medecine et exerçoit particulierement la chymie » selon Moreri, qui est l'une des principales sources sur cette affaire [66]. Descartes prit alors la parole pour montrer que la philosophie chimique de Chandoux, quoique plus vraisemblable que celle des scolastiques, n'en était pas pour autant plus certaine et qu'il croyait pouvoir établir prochainement les principes certains de toute philosophie. Cette réunion est importante à plus d'un titre. S'il est vrai, comme l'assure Baillet, que c'est à la suite de ce discours que le cardinal Berulle, qui assistait à la réunion, encouragea Descartes à sortir de sa réserve intellectuelle et à développer les principes de sa philosophie [67], nous pourrions constater que c'est dans le même moment que Descartes, à la différence d'Etienne de Clave dont le cheminement intellectuel avait été jusque là identique, refuse la solution chimique contre l'aristotélisme et s'engage dans les réflexions qui conduiront au *Discours de la méthode*, puis aux *Méditations métaphysiques*. On verra bientôt que les lettres à Mersenne de 1630 pourraient confirmer cette hypothèse : le cartésianisme serait le résultat d'un double refus, de la scolastique et de la philosophie chimique.

Outre Mersenne, assistaient à cette réunion Morin et Villebressieu. C'est sans doute à cette occasion que Descartes fit la connaissance de

66. Dictionnaire de Moreri (op. cit. note 18), t. III, p. 465, article « Chandoux ».
67. Baillet, *Vie de monsieur Descartes* (op. cit. note 23), vol. I, p. 160-165.

ces deux personnages qui, l'un comme l'autre, s'intéressaient à l'alchimie, ce qui explique sans doute leur présence à cette réunion. Si, comme nous l'avons vu, les contacts entre Descartes et Morin ne concernèrent pas l'alchimie, il en alla tout autrement avec Etienne de Villebressieu. Ce dernier était un ingénieur originaire de Grenoble qui s'était distingué par l'invention de diverses machines mécaniques et hydrauliques. Il se lia rapidement d'amitié avec Descartes et l'accompagna en 1631 dans un voyage au Danemark. C'est à la suite de ce voyage que Descartes lui envoya une lettre dans laquelle il tirait les leçons de l'échec des recherches de son ami sur la transmutation des métaux (leur « sophistication » comme on disait parfois) :

> Vous pourriez beaucoup servir de vôtre côté à désabuser les pauvres malades d'esprit touchant les sophistications des metaux, sur lesquels vous avez tant travaillé & si inutilement, sans que vous ayez vû rien de vray en douze années d'un travail assidu & d'un grand nombre d'experiences qui serviroient fort utilement à tout le monde en avertissant les particuliers de leurs erreurs [68].

Mais Descartes ne s'en tenait pas à cet aspect négatif. Il voyait aussi la possibilité de tirer des expériences de son ami des enseignements positifs, conformes à la conception mécaniste de la nature qu'il était lui-même en train d'élaborer : il n'existe qu'une seule substance matérielle, qui tire son mouvement de l'action d'un agent extérieur qui la configure de diverses manières correspondant « à ces elemens ou premiers composez appelez Terre, Eau, Air & feu » dont la nature

> ne consiste que dans la difference des fragmens ou petites & grosses parties de cette matiere, qui change journellement de l'un en l'autre par le chaud & le mouvement des grossieres en subtiles ; ou en innobles, c'est-à-dire, de subtiles en grossieres, lors que l'action du chaud & du mouvement vient à manquer [69].

Enfin, du mélange de ces éléments,

> il resulte un mélange qui pourroit être appelé le cinquième element, ce que vous appelez principes, ou la plus noble preparation des elemens ; puisqu'elle est, dites-vous, une semence productive ou une vie materielle qui se spécifie en toutes sortes de ces nobles individus particuliers qui font sans contredit l'objet de nôtre admiration [70].

Sous une forme très schématisée, ce récit cosmogonique d'une semence qui se spécifie selon les trois règnes de la nature correspond à celui que l'on retrouve dans de nombreux textes alchimiques de l'épo-

68. Lettre de Descartes à Villebressieu datant probablement de l'été 1631 (AT I 216).
69. *Idem*.
70. AT I 216-217.

que, depuis la *Novum lumen chymicum* de Michel Sendivogius jusqu'au *Manuscriptum ad Fridericum* de Pierre Jean Fabre. Il n'y a rien d'étonnant à ce qu'un amateur d'alchimie comme Villebressieu ait réitéré le schéma platonico-stoïcien dont se nourrissaient alors de nombreux théoriciens de l'alchimie. Plutôt que de rejeter la doctrine alchimique de son ami, Descartes préférait donc la reformuler dans les termes d'une explication mécanique qui n'en bouleversait pas la signification, ce qui lui permettait alors de conclure :

> ce qui cadre beaucoup avec ma maniere de philosopher, & qui revient merveilleusement à toutes les experiences mechaniques que j'ay faites de la nature sur ce sujet [71].

Nous comprenons mieux ce que Descartes pensait de son ami grâce au jugement qu'il porte sur lui une dizaine d'années plus tard, lorsqu'il retrouve sa trace par l'intermédiaire de Mersenne. Il écrit alors à ce dernier :

> C'est un homme fort curieux, qui sçavoit quantité de ces petis secrets de chymie qui se debitent entre gens de ce mestier, dès lors qu'il estoit avec moy ; s'il a continué, comme il semble, il en doit sçavoir maintenant beaucoup davantage. Mais vous sçavez que je ne fais aucun estat de tous ces secrets [72].

Il ne faut sans doute pas voir là le résultat d'un changement de Descartes sur le sujet, ni même la marque d'une dissimilation bienveillante de ses véritables sentiments onze ans plus tôt. Descartes pouvait alors approuver les idées de Villebressieu dans la mesure où il parvenait à en présenter une interprétation mécaniste qu'il espérait faire partager par ce mécanicien ingénieux qu'était alors son ami. Apprenant qu'il a, malgré ses mises en garde, persévéré dans ses travaux alchimiques, Descartes exprime ses réticences et rappelle son désaccord de toujours. Mais il ne renonce pourtant pas à reprendre contact avec un ami qu'il aimerait avoir près de lui pour faire des expériences, priant seulement Mersenne, qui servira d'intermédiaire, de différer la rencontre « à cause, dit-il, que je ne me veux point arrester à faire aucunes experiences, que ma philosophie [il s'agit des *Principia philosophiae*] ne soit imprimée. » [73].

Nous pouvons rapprocher ce texte de la lettre à Huygens du 4 août 1645 citée dans notre introduction. Descartes, qui ne s'était jamais considéré comme un bon expérimentateur en chimie, souhaitait pouvoir

71. AT I 217.
72. Lettre de Descartes à Mersenne du 7 décembre 1642 (AT III 598).
73. *Idem*.

profiter de l'aide d'un homme expérimenté, c'est à dire d'un praticien de l'alchimie. S'il critique les pratiques alchimiques, ce n'est donc pas qu'elles soient en elles-mêmes condamnables ; elles portent sur des objets dont la connaissance contribuerait à la maîtrise de la nature pour la plus grande utilité des hommes. Mais ces pratiques, techniques de distillation, de calcination, de putréfaction ou de raréfaction, sont mises en œuvre dans le cadre de théories erronées, non pas tant en raison de la croyance en la transmutation des métaux – Descartes ne juge pas cette dernière impossible – que du fait de l'adhésion de ces « chymistes » à une philosophie chimique qui se prétend la seule interprétation possible de la nature. Par contre, un chimiste qui travaillerait sous le contrôle de Descartes, c'est à dire dans le cadre de sa philosophie mécanique, ne manquerait pas d'obtenir d'excellents résultats.

Reste cependant à comprendre le plus étonnant : loin de réclamer l'arrivée rapide de Villebressieu, Descartes souhaite attendre d'avoir terminé les *Principes de la philosophie* pour reprendre des expérimentations dont les résultats obtenus jusqu'ici ne le satisfont pas. La chimie de la quatrième partie des *Principes* n'a donc pas besoin d'être expérimentale. Mais qu'est-ce qu'une chimie qui se dispenserait des travaux de laboratoire ? Là réside le véritable problème de la chimie cartésienne. Ce qui trouble aujourd'hui l'historien des sciences et de la philosophie, ce ne sont pas les relations que Descartes entretenait avec les alchimistes, mais plutôt cette conception de l'élaboration des sciences de la nature qui semble n'accorder à l'expérience qu'un rôle subalterne. Nous reviendrons au chapitre quatre sur cette question centrale qui conduit au cœur des réticences cartésiennes à l'égard de la chimie, science expérimentale par excellence.

Pourtant, à l'époque où il se souvenait de Villebressieu, Descartes avait sans doute eu l'occasion de se livrer à des travaux de chimie. Il s'était en effet lié d'amitié avec Cornelis van Hoghelande, qui pratiquait la médecine chimique. Dès le début des années 1640, c'est Hoghelande qui reçoit et achemine le courrier de Descartes [74], c'est lui qui, en février 1645, lui fait parvenir les thèses soutenues en sa faveur à l'université de Leyde [75], c'est chez lui que Descartes se rend immédiatement lors de son retour en Hollande en 1648 [76], c'est à lui enfin qu'il confie les papiers qu'il n'emporte pas en Suède, à la fin du mois d'août 1649 [77].

74. Lettre de Descartes à Waessenaer du 1er février 1640 (AT III 21-22, 29). Voir aussi Baillet, *La vie de monsieur Des-Cartes*, tome II, p. 215-216, 248-249.

75. Baillet (*ibid.*), tome II, p. 265.

76. *Ibid.*, tome II, p. 349.

77. Lettre de Descartes à Hoghelande du 30 août 1649 (AT VI 410).

Hoghelande avait publié en 1646 des *Cogitationes* dédiées à Descartes que ce dernier envoya à Elisabeth en les présentant comme un petit livre

> de mon bon amy Monsieur de Hogelande, qui a fait tout le contraire de Regius en ce que Regius n'a rien écrit qui ne soit pris de moy, & qui ne soit avec cela contre moy, au lieu que l'autre n'a rien écrit qui soit proprement de moy (car je ne croy pas mesme qu'il ait jamais bien lû mes écrits), & toutesfois il n'a rien qui ne soit pour moy, en ce qu'il a suivy les mesmes principes [78].

Elisabeth sera déçue par la lecture de ce livre dans lequel l'auteur emploie la chimie pour expliquer l'union de l'âme et du corps [79] – comme le faisait à la même époque de Villiers, on le verra bientôt –, conception à ce point incompatible avec le cartésianisme que l'on peut se demande si Descartes avait lu attentivement l'ouvrage.

Cet ami de Descartes était le neveu de l'alchimiste Theobald van Hoghelande qui publia un traité sur les difficultés de l'alchimie, puis une histoire des transmutations [80], mais aussi, sous le pseudonyme d'Ewald Vogel, un *De lapidis physici conditionibus liber* qui parut à Cologne en 1595 [81]. Rien n'oblige à croire que le neveu ait adopté toutes les idées de l'oncle, mais ce que Sorbière nous dit de Cornelis, qu'il exerçait une médecine charitable, qu'il disposait d'un laboratoire, qu'il employait des remèdes chimiques en complément des remèdes galéniques, correspond à un portrait de médecin paracelsien [82]. Comme l'a montré Sylvain Matton, on peut donc accorder du crédit au témoignage de Daniel Georg Morhof qui rapporte en 1673 dans son *De metallorum transmutatione* que Cornelis van Hoghelande avait « beaucoup opéré en compagnie de Descartes » [83]. On se demandera

78. Lettre de Descartes à Elisabeth de mars 1647 (AT IV 627-628).

79. Lettre d'Elisabeth à Descartes de mai 1647 (AT V 48). L'ouvrage de Hoghelande avait pour titre complet : *Cogitationes, quibus Dei existentia, item animae spiritalitas, et possibilis cum corpore unio, demonstrantur ; nec non, brevis historia oeconomiae corporis animalis proponitur atque mecanice explicatur*, Amsterdam, 1646.

80. *De alchemiae difficultatis...in quo docetur quid scire quidque vitare debeat verae Chymiae studiosus ad perfectionem aspirans*, Cologne, 1594 ; *Historiae aliquot transmutationis Metallicae pro defensione Alchymiae contra hostium rabiem adjecta est Lulii vita, et alia quaedam*, Cologne, 1604.

81. Ewald Vogel, *De lapidis physici conditionibus liber. Quo duorum abditissimorm auctorum Gebri & Raimundi Lulii methodica continetur explicatio...*, Cologne, 1595.

82. Samuel Sorbière, *Lettres et discours*, Paris, 1660, p. 444-445 ; cité par Charles Adam, *Vie et œuvre de Descartes*, dans t. XII de la première édition des *Œuvres de Descartes* par Adam et Tannery, Paris, Cerf, 1910, p. 111.

83. Témoignage rapporté par Sylvain Matton dans « Cartésianisme et alchimie : à propos d'un témoignage ignoré sur les travaux alchimiques de Descartes. Avec une note sur Descartes et Gómez Pereira », *Aspects de la tradition alchimique au XVIIe siècle*, op. cit. note 24 du chap. 1, p. 111-184, plus spécialement p. 111-123. Sylvain Matton

cependant quels enseignements chimiques Descartes aura pu tirer de ce compagnonnage s'il est vrai, comme le dit Sorbière, que Hoghelande « ne se servait de la chymie que pour la médecine », c'est à dire pour préparer des médicaments.

DESCARTES TRAVAILLE LA CHIMIE

Reste à examiner, dans ce premier moment de notre enquête, les traces des travaux de chimie qui peuvent se retrouver dans la correspondance de Descartes. Elles sont peu nombreuses, mais riches d'enseignements. Il aura successivement sur ce sujet trois interlocuteurs privilégiés : Marin Mersenne, Constantin Huygens et William Cavendish. Alors que les longues lettres qu'il a envoyées à Mersenne depuis les derniers mois de 1629 portent essentiellement sur des questions d'optique, de mécanique et de musique [84], il lui annonce le 15 avril 1630 qu'il étudie désormais « en chymie & en anatomie tout ensemble, & apprend tous les jours quelque chose que je ne trouve pas dedans les livres. » [85]. Plusieurs remarques s'imposent.

L'occasion de ces études n'est autre que la préparation du « petit traité » qui deviendra *Le monde*, et à la publication duquel Descartes renoncera en 1633, en apprenant la condamnation de Galilée. On ne trouve pourtant dans cet ouvrage posthume que bien peu de traces du résultat de ces travaux chimiques. Le *Traité de la lumière*, qui constitue la première partie de l'ouvrage tel qu'il nous est parvenu, ne contient qu'une seule allusion à la chimie, lorsque Descartes évoque la manière dont les eaux-fortes séparent les parties d'un métal [86]. Et encore ne s'agit-il sans doute là que d'une remarque d'ordre général, qui ne renvoie pas davantage à une expérimentation faite par l'auteur que ses diverses remarques sur l'action de la flamme qui brûle un morceau de bois ou fait fondre un métal. Quant à la seconde partie, le *Traité de l'homme*, elle se réfère certes à de nombreuses expériences, mais qui, à de rares exceptions, relèvent toutes de l'anatomie. Ainsi, Descartes

publie à la fin de son article (p. 176-179) le *De existentia animae* qui est une partie des *Cogitationes* de Hoghelande.

84. Les observations de Mersenne sur les métaux auxquelles Descartes fait allusion le 25 février 1630 concernent leur pesanteur et se rapportent à la question du son des cloches (AT I 122-123).

85. AT I 137.

86. AT XI 14.

compare deux fois l'action des liqueurs digestives de l'estomac à celle de la chaux vive ou de l'eau forte qui dissout plus aisément les métaux que la cire [87]. Mais ici encore, il s'agit de comparaisons et d'observations qui ne sont pas propres à Descartes et qui n'impliquent pas d'expérimentations nouvelles.

En fait, il est probable que la chimie n'était pas absente du projet initial mais que la partie du traité où il s'appuyait sur ses expériences de chimie ne figurait plus dans les manuscrits retrouvés et publiés après sa mort. On constate en effet que le résumé du *Monde* qu'il présente à ses lecteurs dans la cinquième partie du *Discours de la méthode* inclut des considérations chimiques qu'on ne retrouve pas dans l'ouvrage de 1633. Descartes évoque ainsi en 1637 la naissance des métaux dans les mines, la formation de tous les mixtes, mais aussi la nature et les propriétés du feu, sujets habituels des traités de chimie de l'époque. Il termine alors ce passage du *Discours de la méthode* en évoquant en ces termes la transformation des cendres en verre : « cete transmutation de cendres en verre me semblant estre aussy admirable qu'aucune autre qui se face en la nature, je pris particulierement plaisir a la decrire. » [88]. Il semble donc bien qu'il avait effectivement rédigé ces pages sur le feu où il se moque discrètement des alchimistes, mais aussi d'autres sur les sels et les eaux auxquelles il fait, dans la seconde partie du *Monde*, une allusion qui ne renvoie à aucun passage du traité tel que nous le connaissons et qui pourrait donc correspondre à l'évidente lacune qui sépare ses deux parties [89].

En effet, voulant expliquer le mécanisme de formation des sensations gustatives par le mouvement des « petits filets qui composent la moelle des nerfs de la langue », il attire l'attention de son lecteur sur le fait que ces nerfs « peuvent estre mûs en quatre diverses façons, par les parties des sels, des eaux aigres, des eaux communes, & des eaux de vie, dont je vous ay cy-dessus expliqué les grosseurs & les figures » [90]. Il n'y a aucun passage du *Monde* qui corresponde à une telle explication

87. AT XI 121, 163. Cette observation se retrouve dans la lettre de Descartes à Huygens d'août 1638 (AT II 351).

88. *Discours de la méthode* (AT VI 44-45).

89. AT XI 145-146. Alors que la première partie (*Traité de la lumière*) compte quinze chapitres, la seconde (*L'homme*) commençait par la mention « chapitre XVIII », selon Clerselier qui avait vu le manuscrit original. En fait, rien ne prouve que ce chapitre dix-huit soit nécessairement la suite des quinze chapitres du *Monde* tel que nous le connaissons ; il pourrait s'agir de fragments correspondant à deux ensembles différents. Mais cela n'enlève rien au fait que *L'homme* renvoie à des passages de la première partie qui semblent aujourd'hui avoir disparu.

90. AT XI 145.

qui semble cependant renvoyer à des travaux de laboratoire auxquels Descartes faisait allusion en 1632. Il explique en effet à Mersenne, dans une lettre du 5 avril 1632, que le traité qu'il lui promet depuis longtemps est presque terminé, mais qu'il a décidé d'y ouvrir le chemin à la connaissance des « formes substantielles » de quelques corps particuliers, ce qui l'a conduit, les jours précédents, « à faire diverses experiences, pour connoistre les differences essentielles qui sont entre les huiles, les esprits ou eaux de vie, les eaux communes, & les eaux fortes, les sels, &c. » [91]. Faute de connaître les textes où Descartes aurait utilisé les résultats de ses travaux de laboratoire, nous ne pouvons donc pas savoir quelles étaient au juste ces expériences de chimie auxquelles il se serait livré.

On retrouve cependant diverses allusions à la chimie dans les *Météores*, l'un des trois essais qui accompagnent le *Discours de la méthode* [92]. Certes, Descartes se montre dans ce texte davantage soucieux d'opposer aux commentaires scolastiques une sorte de traité météorologique mécaniste que de faire de la chimie, mais il invoque cependant plusieurs fois les expériences chimiques. Ainsi, pour convaincre son lecteur que la raréfaction et la congélation de l'eau résultent de l'action de la matière subtile qui dispose de plus ou moins de force pour plier les parties longues et unies qui composent l'eau et faciliter ainsi leur rangement, il invoque une double expérience. D'une part, on constate que l'eau chaude que l'on expose à l'air lorsqu'il gèle diminue de volume dans un premier temps, puis en augmente avant de se congeler ; d'autre part, « l'eau qu'on a tenuë longtems sur le feu se gele plutost que d'autre » . Descartes explique alors ces phénomènes en invoquant la résistance que le chaud et le froid provoquent à la force de pénétration de la matière subtile [93]. Il revient sur cette question de la

91. AT I 243.

92. Les ouvrages publiés à l'occasion du 350e anniversaire de la parution du *Discours de la méthode* et des *Essais*, n'accordent qu'une fort modeste place aux *Météores*, dont l'étude est d'ailleurs réduite, le plus souvent, à la question de l'arc-en-ciel. Voir Jean-Robert Armogathe, « L'arc-en-ciel dans les *Météores* », dans Nicolas Grimaldi et Jean-Luc Marion (éds.), *Le discours et sa méthode*, Paris, PUF, 1987, p. 145-162 ; Geneviève Rodis-Lewis, « L'accueil fait aux *Météores* », dans Henry Méchoulan (éd.), *Problématique et réception du* Discours de la méthode *et des* Essais, Paris, Vrin, 1988, p. 99-108 ; Allan Gabey, « Explanatory structures and models in Descartes' physics » *in* Giulia Belgioioso, Guido Cimino, Pierre Costabel, Giovanni Papuli (éds.), *Descartes: il metodo e i saggi*, Roma, Istituto della Enciclopedia Italiana, 1990, p. 273-286.

93. AT VI 238.

taille des parties de l'eau dans une lettre à Plempius du 3 octobre 1637 qui est en réalité une réponse aux objections de Liber Froidmont [94].

Plus loin, c'est l'exemple de l'utilisation de l'alambic par les « Alchemistes » pour extraire l'huile des plantes sèches que l'on a au préalable « abreuvées d'eau » qui est invoqué pour rendre compte du processus d'exhalaison des parties les plus grossières des corps durs, « en mesme façon que le vent, passant au travers d'une haye, emporte les feuilles ou les pailles, qui se trouvent entrelacées entre ses branches. » [95]. Mais on remarque que Descartes, comme gêné d'avoir ainsi évoqué une expérience de distillation comme illustration de ce qu'il avance, s'empresse de proposer une explication mécanique : la chaleur donne aux parties de l'eau une agitation telle qu'elles deviennent capables de chasser toutes les parties qui les entourent, comme la corde qui, attachée au sommet d'un pivot que l'on fait tourner verticalement en le frottant entre les mains, se tient à l'horizontale et chasse tout corps qui s'approcherait de l'espace qu'elle occupe ainsi [96].

On pourrait s'attendre à ce que les expériences de chimie soient invoquées en grand nombre dans le discours troisième des *Météores*, intitulé « Du sel », qui constitue une sorte de digression, puisque Descartes ne limite pas ici son propos à la question de la salure de la mer qui figure traditionnellement dans les traités de météorologie [97]. Pourtant, cette section est tout entière consacrée à une interprétation mécaniste des diverses propriétés du sel. On chercherait d'ailleurs en vain dans ce texte l'origine de l'explication mécaniste de la réaction des sels acides et des sels alcalis par l'action des pointes des premiers et des pores des second qui aura, comme nous le verrons au chapitre cinq, un grand succès dans la seconde moitié du XVIIe siècle, et que l'on présente souvent comme l'une des plus spectaculaires illustrations d'une chimie cartésienne. Tout au plus Descartes remarque-t-il que les parties du sel « ne pouvant estre pliées par la matière subtile qui les environne, elles doivent tousjours entrer de pointe dans les pores de la langue. » [98]. C'est donc le goût du sel qui est ainsi expliqué, et non pas

94. AT I 412-431, plus spécialement p. 422-423.

95. AT VI 241.

96. AT VI 242.

97. Jean-Robert Armogathe a placé en annexe de son article sur l'arc-en-ciel dans les *Météores* (voir note 92) un tableau synoptique de la table des matières du commentaire des météorologiques d'Aristote par les Conimbres, des *Meteorologicorum libri VI* de Froidmont et des *Météores* de Descartes. Mais il n'a pas relevé ce que ce tableau met en évidence : rien ne correspond, dans les deux autres ouvrages, à la section que Descartes consacre à la question du sel.

98. AT VI 250.

son action chimique. Un peu plus loin, c'est encore l'action de la matière subtile sur un mélange de sel et de glace pilée qui est invoquée pour rendre compte « du secret pour faire de la glace en esté, qui est l'un des plus beaux que sçachent les curieux » [99].

L'utilisation du terme de secret montre clairement dans quelle catégorie de savoirs Descartes range les connaissances chimiques qu'il invoque et qu'il explique. Les secrets qu'affectionnent les curieux appartiennent en effet à cette magie naturelle dont de nombreux ouvrages répandent les recettes à travers toute l'Europe. Il s'agit, dirions nous aujourd'hui, de science populaire et Descartes entend donner les raisons scientifiques de ces phénomènes qui amusent et émerveillent sans qu'on cherche d'ordinaire à en comprendre les véritables causes [100]. Quant aux acides, « cete eau extremement aygre & forte, qui peut soudre l'or, & que les Alchemistes nomment l'esprit ou l'huyle de sel », ce ne sont que des parties de sel qui n'ont pu monter dans l'alambic sous l'effet de la chaleur qu'en « se chocquant les unes contre les autres » ce qui fait que, de rondes et cylindriques qu'elles étaient, elles sont devenues plates et tranchantes. Il ne s'agit pas ici pour Descartes d'invoquer une expérience en vue de confirmer, ni même d'illustrer sa théorie, mais au contraire de se référer aux schémas mécanistes qu'il est en train d'exposer pour expliquer le processus chimique de la production d'acide à partir de sel. Ces remarques sur la formation des corpuscules de sel en pointes et lames tranchantes par les chocs et frottements qu'ils subissent seront reprises et systématisées dans la quatrième partie des *Principes de la philosophie*.

Une dernière allusion aux expériences de chimie est faite dans le discours sept, consacré à la foudre. « Il est certain, écrit alors Descartes, que non seulement une violente agitation, mais souvent aussy le seul meslange de deux divers cors est suffisant pour les embraser : comme on voit en versant de l'eau sur de la chaux, ou renfermant du foin avant qu'il soit sec, ou en une infinité d'autres exemples qui se rencontrent tous les jours en la Chymie. » [101]. La chimie n'est donc pour Descartes qu'un réservoir d'expériences curieuses dans lequel il peut puiser des illustrations de son propos. Jamais elle n'est considérée comme une science dont il s'agirait de vérifier la validité des principes.

La publication du *Discours de la méthode* et des *Essais* provoqua la réaction de Liber Froidmont, professeur de théologie et de philosophie à

99. AT VI 252.

100. Voir à ce sujet William Eamon, *Science and the secrets of nature. Books of secrets in medieval and early modern culture*, Princeton, Princeton University Press, 1994.

101. AT VI 322.

l'université de Louvain, auteur des *Meteorologicorum libri VI* parus à Anvers en 1627, auquel Descartes avait fait parvenir un exemplaire du *Discours de la méthode* et des *Essais* [102]. Nous ne connaissons que la réponse de Descartes aux objections scolastiques de Froidmont, envoyée le 3 octobre 1637 par l'intermédiaire de Plempius [103]. Descartes y défendait sa conception matérialiste des esprits animaux, sa théorie de la propagation des rayons lumineux et son interprétation corpusculariste d'un certain nombre de phénomènes physiques et chimiques, comme l'évaporation de l'huile et de l'eau. Il opposait alors la composition de l'eau en parties qui sont « comme des anguilles » à celle de l'huile dont les parties sont « comme des branches d'arbre » [104].

Parmi les autres réactions à la parution des *Essais* il faut noter, du côté des « chymistes », la parution à La Haye, en 1640, d'un opuscule de cinquante-cinq pages intitulé *Pentalogos* dont l'auteur se cachait derrière le pseudonyme de Mercure Cosmopolite [105]. Descartes semblait pourtant connaître son auteur, puisqu'il écrit à Mersenne, le 3 décembre 1640 qu'il s'agit « d'un chymiste Boëmien demeurant à La Haye » qu'il prend pour un fou (« si ceux des petites maisons faisaient des livres, ils n'auraient pas moins de lecteurs que les autres » [106]). Erik-Jan Bos a montré qu'il s'agissait en fait de Andreas Haverweschel von Habernfeld, médecin bohémien qui avait suivi le roi Frédéric I dans son exil à La Haye après sa défaite lors de la bataille de la Montagne blanche. Habernfeld, qui avait marqué son intérêt pour les Rose-Croix en 1614, avait participé à un complot ourdi depuis la Hollande contre le roi d'Angleterre Charles I. Mais il était surtout connu comme l'auteur

102. Voir Christophe Meinel, « Les *Meteores* de Froidmont et les *Meteores* de Descartes », dans Anne-Catherine Bernès, *Libert Froidmont et les résistances aux révolutions scientifiques*, Haccourt (Belgique), Association des vieilles familles de Haccourt, 1988, p. 105-129.

103. AT I 413-431. On trouve une traduction partielle de cette lettre dans les *Œuvres philosophiques* de Descartes publiées par Ferdinand Alquié, Paris, Classiques Garnier, 1988, vol. I, p. 785-796.

104. AT I 422-423.

105. Le titre complet de l'ouvrage est *Pentalogos in Libri cujusdam Gallico idiomate evulgati quatuor discursuum, De la Methode ; Dioptrique ; Meteorologique ; & Geometrique : Partem quae de Meteoris peregrinam quandam doctrinam exhibet, rationi & Naturae repugnantem, Academiarum & Universitatum Scholas omnes contemnentem, utpote errorum nutricalas*. L'auteur considérait que le fait que Descartes ait écrit en français signalait son ignorance.

106. AT III 249.

d'un *Bellum bohemium* paru à Leyde en 1645 dans lequel il marquait son attachement au rétablissement de l'indépendance de la Bohème [107].

Le *Pentalogos* se présente sous la forme d'un dialogue entre cinq personnages : le fils d'Hermès (sans doute l'auteur lui-même), un descendant d'Apollon, un naturaliste fanfaron (Descartes bien sûr), la Nature et Mercure. Contre la conception mécaniste de Descartes, assimilée à l'atomisme, Habernfeld, qui ne s'en prend de fait qu'aux *Météores*, oppose aux explications cartésiennes des phénomènes météorologiques la théorie alchimiste des trois principes et de l'Esprit du Monde. Il termine son ouvrage en appelant de ses vœux une prise de position des autorités universitaires contre Descartes, ce qui semble ne pas avoir laissé ce dernier indifférent puisque, malgré tout le mépris qu'il manifestait pour l'ouvrage et son auteur, il y fit allusion à plusieurs reprises dans sa correspondance, en le rapprochant du livre « infame et plein d'injures » qu'était l'*Admiranda Methodus* de Voetius, son adversaire dans la querelle d'Utrecht, dont l'ouvrage, disait-il à Mersenne, « ne vaut pas mieux la peine d'estre leu que ce Pentalogos que vous vistes il y a 2 ou 3 ans » [108]. Il fit d'ailleurs connaître son sentiment à Gilbert Voet lui-même dans son *Epistola ad celeberrimum virum D. Gisbertum Voetium* publiée à Amsterdam en 1643 :

> Il y a trois ans, lorsqu'on publia contre moi, à La Haye, un libelle anonyme, si faible de raisons, que le vôtre, tout supérieur qu'il est en méchanceté, ne peut lui être égalé pour la faiblesse et l'absurdité, beaucoup de gens, en France, en Angleterre et ailleurs, désirèrent d'abord le voir, et après l'avoir lu, ils furent dans l'indignation et dans l 'étonnement que, chez un peuple aussi poli, on pût tolérer tant de grossièreté et d'impertinence. Que vont-ils dire, aujourd'hui qu'outre la faiblesse des raisons et l'indignité des injures ils trouveront encore vos odieuses calomnies ? [109].

Descartes n'hésitait donc pas à faire le rapprochement entre les attaques d'un amateur d'alchimie contre sa physique et celles des théologiens contre sa métaphysique.

107. Voir Erik-Jan Bos « Andreas Haverweschel of Habernfeld alias Mercurius Cosmopolita: the hermetic response to Descartes », communication à *The annual conference of the British society for the history of philosophy*, 26-28 mars 2007, à paraître. Je remercie vivement monsieur Bos d'avoir bien voulu me communiquer le texte de sa communication.

108. Lettres à Mersenne du 7 décembre 1642 (AT III 598) et du 3 mars 1643 (AT III 643).

109. Je cite ici la traduction de Theo Verbeek dans René Descartes et Martin Schoock, *La querelle d'Utrecht*, Paris, Les impressions nouvelles, 1988, p. 397.

Nous sommes alors en présence d'une situation qui pourrait sembler paradoxale. D'une part Descartes fait, dans les années 1630, des expériences de chimie qui lui confèrent une certaine compétence en la matière. Mais en même temps, il ne semble pas y attacher lui-même une grande importance, puisqu'elles relèvent d'une pratique pour laquelle il n'a que dédain ou mépris. Ainsi, lorsqu'il annonce à Mersenne, le 5 avril 1632, s'être livré à diverses expériences sur les sels, les huiles et les esprits, il semble considérer qu'il se livre ainsi à des activités accessoires qui lui permettront de s'acquitter de sa dette (la rédaction du *Monde*, promis depuis longtemps) en en payant l'intérêt, c'est à dire en livrant des considérations chimiques qui ne constituent pas le principal de son travail. Comme il le dit aussi à ce moment, il s'agit d'ajouter « l'experience à la ratiocination » et non pas de fonder l'activité rationnelle sur le résultat d'expériences préalables [110] : le travail de la raison qui construit ses hypothèses constitue bien l'essentiel de l'activité scientifique.

C'est à la même époque que Descartes fait ses découvertes métaphysiques les plus fondamentales. C'est en effet dans la même lettre du 15 avril 1630 qu'il fait part à Mersenne de ses travaux sur la chimie et l'anatomie et qu'il lui présente pour la première fois sa célèbre thèse sur la création des vérités éternelles, sur laquelle il reviendra longuement dans les lettres suivantes et sans lesquelles la méthode qu'il utilisait déjà dans le *Monde* (mais nul n'en sait alors rien) et qu'il rendra publique en publiant les *Principes de la philosophie* serait incompréhensible. On pourrait bien sûr penser qu'il n'y a aucun rapport entre les deux thèses qu'il présente alors à Mersenne, si ce n'est qu'elles semblent avoir été établies en même temps. Car tandis que l'une (les vérités dépendent de Dieu et nous ne pouvons jamais être certains d'entrer dans ses vues) est fondamentale pour la compréhension du système cartésien, l'autre (il n'y a pas grand chose à attendre des expériences de la chimie) semble tout à fait secondaire. Pourtant, le fait qu'elles aient été formulées ensemble nous conduira, dans le quatrième chapitre, à admettre qu'elles sont liées par une relation plus étroite qu'il n'y paraît.

110. AT I 243.

DESCARTES DONNE DES LEÇONS DE CHIMIE

Par la suite, Descartes revient à plusieurs reprises sur les questions de chimie, à la demande de correspondants qui sollicitent son avis. L'examen de ces échanges va nous permettre de mieux évaluer la connaissance qu'avait Descartes des théories chimiques de son temps. Dans une lettre du mois d'août 1638, il répond à Constantin Huygens qui, le mois précédent lui avait raconté l'étrange expérience à laquelle se livrait un certain van der Straten (ou van der Scotten). Ce « philosophe extravagant », comme le nomme Huygens, faisait fondre dans la paume de la main, sans aucune brûlure, un diamant ou de l'or. Il s'agit là, encore une fois, de l'un de ces « secrets » dont les alchimistes amusent le public et qui ne provoquent habituellement que les sarcasmes de Descartes. Mais Huygens veut comprendre : peut-être ne s'agit là, comme le disent des jésuites, que d'une « invention avantageuse », c'est à dire d'un subterfuge de charlatan ; mais on pourrait aussi concevoir qu'il existe dans la nature quelque chose qui soit « capable à ouvrir si aisement les compositions plus solides & ferrées » et c'est sur ce point précis qu'il interroge Descartes [111]. Ce dernier ne se déclare pas surpris par une telle expérience, puisque l'on sait, dit-il, que les eaux fortes dissolvent les métaux, mais non pas la cire, qu'elles attaquent plus aisément le fer que le plomb et que « le vif argent resoud l'or, l'étain & le plomb, bien qu'il ne se puisse presque pas attacher aux autres metaux, & encore moins aux cors qui ne sont point metalliques. » [112]. Descartes propose bien sûr une interprétation mécaniste de ce phénomène dont les raisons, dit-il, « sont faciles à imaginer, pour ceux qui sçavent que tous les cors sont composez de petites parties diversement jointes, & de diverses grosseurs & figures. » Il suffit alors de remarquer que des coups de bâton brisent le verre, mais non la laine, alors que des ciseaux coupent cette dernière, mais non pas le premier.

Descartes semble ici confondre deux types d'opérations chimiques qui sont pour nous bien différentes : l'attaque des métaux par les acides et l'amalgame du mercure avec d'autres métaux. Une telle confusion est pourtant riche d'enseignement, puisqu'elle renvoie à un aspect essentiel des doctrines alchimiques : le caractère dissolvant du Mercure. Pour des hommes qui ne possèdent pas le concept moderne de réaction chimique, l'action d'un acide sur un métal, la dissolution d'un sel dans l'eau et l'amalgame de l'or avec le mercure constituent trois opérations de

111. Lettre de Huygens à Descartes du 30 juillet 1638 (AT II 284-285).
112. AT II 351.

même nature : ce sont des dissolutions. L'eau, l'acide et le mercure sont tous trois des dissolvants, des « menstrues », comme on dit alors pour désigner « un dissolvant humide, qui penetrant dans les plus inthimes parties d'un corps sec, sert à en tirer les extraits & teintures, & ce qu'il y a de plus subtil et essentiel. » [113]. La dissolution n'est donc pas la destruction d'un corps, mais sa réduction en ce qu'il contient d'essentiel. Plus le dissolvant est puissant, plus il permet de se rapprocher de la « matière première » des corps et d'extraire leurs principes constitutifs, à partir desquels la fabrication de la pierre philosophale pourra être réalisée. Une telle conception donnera lieu, dans la seconde moitié du XVIIe siècle, à d'importants développements sur l'alkahest, dissolvant universel dont Van Helmont avait esquissé la théorie [114], qu'il évoque dans une lettre à Mersenne de 1631 [115], mais que Descartes semble ignorer. Ce sont donc des opérations qui structurent la pensée alchimique depuis le moyen âge qui constituent ici l'arrière-plan théorique sur le fond duquel Descartes élabore ses reconstructions mécanistes.

L'information chimique de Descartes ne se limite cependant pas à une connaissance des bases de l'alchimie médiévale. Il fut également informé de certains développements plus récents de la chimie, comme le montre sa correspondance avec Mersenne pendant l'été 1640. Le minime lui fait alors parvenir certaines des lettres qu'il reçoit d'un médecin de Sens nommé Christophe de Villiers, avec lequel il fut en correspondance de 1633 à 1642. Ce sont d'abord les questions de musique qui sont au cœur des nombreux échanges entre les deux personnages, et c'est à partir d'une discussion sur le tempérament du musicien et la manière dont les quatre éléments constituent les quatre tempéraments que de Villiers en vient, dans une lettre du 13 mai 1634, à présenter à Mersenne un exposé sur les cinq principes que la distillation permet de tirer des plantes : l'esprit, le soufre ou huile, le sel, le phlegme et la terre [116]. De Villiers connaît donc les travaux de Joseph Du Chesne et de Jean Beguin, peut-être aussi ceux d'Etienne de Clave,

113. *Dictionnaire Universel* de Furetière, La Haye, 1690, art. « menstruë ».

114. Voir Bernard Joly, « L'alkahest, dissolvant universel, ou quand la théorie rend pensable une pratique impossible », *Revue d'histoire des sciences*, 49/2-3, 1996, p. 305-344.

115. Lettre de Van Helmont à Mersenne du 15 janvier 1631, *Correspondance du Père Marin Mersenne* publiée et annotée par Cornelis De Waard, Paris, Beauchesne, puis éditions du CNRS, 1932-1986, t. III, p. 33.

116. Lettre de Villiers à Mersenne du 13 mai 1634, *Correspondance de Mersenne*, t. IV, p. 124-125. Il ne semble pas que Mersenne ait communiqué cette lettre à Descartes, à la différence de celles de 1640.

qui ne sont pas encore publiés, mais dont il a entendu parler, puisqu'il fera plus tard allusion à l'affaire des thèses alchimiques contre Aristote de 1624 [117]. Mersenne, qui a déjà entretenu une longue correspondance avec Van Helmont en 1630 et 1631, puis avec Jean Rey à propos de l'augmentation de poids des métaux calcinés [118], ne manque pas de poser à son nouveau correspondant de nombreuses questions sur la chimie. C'est en 1640 que cette discipline devient l'un des principaux sujets de la correspondance mais, comme on va le voir, de Villiers s'est alors rallié à une théorie chimique bien différente de la doctrine élémentaire d'Etienne de Clave [119].

De Villiers s'intéresse alors à la question de l'union de l'âme et du corps et l'explique par une analogie avec la diffusion de la lumière à travers les pores de la matière diaphane du verre, analogie qu'il perfectionne en expliquant que la lumière de l'âme agit, non pas directement sur le corps ou sur la matière du cerveau, mais plus précisément sur les sels qui constituent les « esprits animaux erratiques » et qui jouent ainsi le même rôle que le verre : ils laissent passer la lumière mais modifient parfois sa trajectoire. De Villiers passe alors de la psychologie à la physiologie, en exposant comment l'embryon est le résultat de la fixation d'un esprit ou sel volatil, puis de la physiologie à la chimie en développant sa théorie du sel universel. Il est ainsi amené à critiquer les alchimistes qui font du Sel un principe distinct du Mercure et du Soufre : en fait, ces principes ne sont que les effets des opérations de distillation appliquées à une même substance, tantôt sel volatil et subtil (le Mercure), tantôt sel fixe et grossier (le Soufre). Revenant alors à la physiologie, de Villiers affirme que le sel fixe constitue les parties solides des corps vivants, tandis que le sel volatil est la substance de leurs humeurs et il peut conclure que ce n'est pas la glande *conarion*, mais bien le sel fixe, qui constitue dans le corps le véritable siège de l'âme.

Beaucoup de ces idées se trouvaient chez Paracelse, mais de Villiers s'est sans doute inspiré de l'*Idea medicinae* de Petrus Severinus de

117. Lettre de Villiers à Mersenne du 24 novembre 1640, *Correspondance de Mersenne* X 278.

118. Jean Rey avait publié des *Essays sur la recherche de la cause pour laquelle l'estain & le plomb augmentent de poids quand on les calcine*, Bazas, 1630. Cet ouvrage, qui est réputé avoir été ignoré de tous jusqu'à l'époque de Lavoisier, était pourtant bien connu de Mersenne.

119. De Villiers revient constamment sur la doctrine qu'il expose, mais dont les principaux développements se trouvent dans deux lettres de mai 1640 (*Correspondance de Mersenne* IX 339-350) et de juin 1640 (*Correspondance de Mersenne* IX 426-435).

1571, ainsi que de la *Philosophia pyrotechnica* de William Davisson parue en 1633 et rééditée en 1640, comme Lazare Meyssonnier le fait remarquer à Mersenne [120]. Davisson, dont la notoriété était grande et qui devint le premier démonstrateur de chimie du jardin Royal des Plantes en 1648, accordait une grande importance au sel, et en particulier au nitre dont il affirmait l'omniprésence dans la nature. John Read a fait remarquer que la question du sel était devenue chez lui une véritable obsession, au point qu'il rédigea en 1641 un ouvrage dans lequel il faisait du sel le lien privilégié entre Dieu et les hommes, mais aussi le roi et ses sujets, allant jusqu'à interpréter en ce sens la « loi salique » [121] !

S'engage de la fin 1639 à l'été 1640 une curieuse correspondance croisée, où Mersenne joue bien sûr un rôle central en mettant Descartes en contact avec de Villiers, mais aussi avec Meyssonnier, tandis qu'il suscite parallèlement l'avis de ce dernier sur les travaux de son collègue de Sens. Lazare Meyssonnier, médecin du roi et professeur de chirurgie à Lyon, avait écrit à Mersenne le 25 février 1639 pour lui envoyer la suite du manuscrit de son « Pentagone », c'est-à-dire du *Pentagonum philosophia medicum* qui paraîtra à Lyon en 1639 [122]. Un an plus tard, le 29 janvier 1640, Descartes indique à Mersenne que Meyssonnier lui a écrit et lui a envoyé son *Pentagonum*, puis il lui fait part de son sentiment en ces termes :

> Sa lettre le présente plus honnête homme que les titres du livre qu'il m'a envoyez, car il y mesle tant d'astrologie, de chiromancie et autres telles niaiseries que je n'en puis avoir bonne opinion [123].

120. Lettre de Meyssonnier à Mersenne du 31 mai 1640 (*Correspondance de Mersenne* IX 367). Meyssonnier dit « vostre Davisson », ce qui pourrait entendre que Mersenne avait quelque estime pour ce chimiste, à moins que Meyssonnier, qui est à Lyon, veuille simplement signaler ainsi que Mersenne et Davisson sont tous deux à Paris. Il semblerait que la réédition de l'ouvrage de Davisson en 1640 ait suscité quelque intérêt puisque Jean Brun, l'apothicaire qui était à l'origine des travaux de Jean Rey en 1630, le cite deux fois dans une lettre à Mersenne du 22 avril 1640 (*Correspondance de Mersenne* IX 279 et 281)

121. John Read, « William Davidson of Aberdeen, the first British professor of chemistry », *Ambix* IX, 1961, p. 70-101.

122. *Correspondance de Mersenne* VIII 331. Sur ce curieux ouvrage inspiré des thèmes de la kabbale chrétienne, voir François Secret et Jean-Pierre Laurant, « Pentagramme, Pentalpha et Pentacle à la Renaissance », *Revue de l'histoire des religions*, tome 180 n° 2 (1971), p. 113-133.

123. AT III 15. Voici le titre complet de l'ouvrage : *Pentagonum philosophico medicum sive ars nova reminiscentiae cum institutionibus philosophiae naturalis, et medicinae sublimioris et secretioris, theoricae, practicae, et clave hactenus desiderata omnium arcanorum naturalium Macrocosmi et Microcosmi traditorum vel scriptorum, a priscis sapientibus philosophis, medicis, mathematicis Hebraeis, Chaldaeis, Graecis,*

Le même jour, il répond à Meyssonnier par l'intermédiaire de Mersenne en n'abordant que la question de la glande pinéale (le *conarion*), qu'il considère comme le siège de l'âme, et sur son rôle dans la mémoire. Un nouvel échange en mars et avril 1640, toujours par l'intermédiaire de Mersenne, porte également sur cette question [124]. Dans une lettre à Mersenne d'avril 1640, de Villiers, qui a eu connaissance de cette correspondance, revient longuement sur la question de la localisation de l'âme dans le corps, critiquant la position des Arabes, de Galien et de Campanella, mais aussi de Descartes qu'il ne nomme pas [125]. Il considère que l'âme est un esprit subtil et très pénétrant, qu'il nommera bientôt esprit fixe, et compare ses opérations à celles par lesquelles une image se forme sur un miroir. Mersenne ayant transmis cette lettre à Meyssonnier et à Descartes, le premier répond le 31 mai 1640 en critiquant violemment la thèse du médecin de Sens sur le siège de l'âme au nom de la rigueur des démonstrations des géomètres, « avec nostre amy Monsieur Des Cartes » [126]. Meyssonnier affirme que de Villiers a sans doute beaucoup lu les livres d'anatomie et de chimie mais « qu'il n'a jamais beaucoup employé de temps à couper des corps ou à faire destiller des alambics » et qu'il tire ses idées « de la philosophie desraisonnable de Paracelse, duquel les reveries ont esté quintessentiées inutilement en d'autre galimatias par Severinus Danus, hors toute confirmation d'une experience sensible. » [127]. Par contre, il estime que de Villiers et Descartes ont tous les deux tort de supposer que le *conarion* est trop petit pour contenir tous les esprits animaux. Le médecin lyonnais laisse ainsi entendre qu'il identifie l'âme et les esprits sans se rendre compte, semble-t-il, que cela l'oppose absolument à Descartes.

Aussi n'est-il pas étonnant que ce dernier, lorsqu'il fait part à Mersenne de ses réactions aux lettres des deux médecins [128], ne semble pas faire beaucoup de différence entre leurs positions, puisqu'il critique d'abord les thèses de Meyssonnier en ces termes :

> Pour les discours qu'il fait du Sel Aërien, & de la difference qu'il met entre les Esprits Vitaux & Animaux, les comparant au Feu Elementaire & au Mercure

Latinis, Arabibus Cabalistis, Hermeticis, Platonicis, Peripateticis et neotericis selectioribus in hanc diem opus novum.

124. Lettre de Descartes à Mersenne du 1 avril 1640 (AT III 47). Voir aussi *Correspondance de Mersenne* IX 152.

125. *Correspondance de Mersenne* IX 290-291.

126. *Idem* IX 357-368.

127. *Idem* 359.

128. Lettre de Descartes à Mersenne du 30 juin 1640 (AT III 120-136).

> Aërien, ce sont des choses qui surpassent ma capacité, c'est à dire, entre nous, qui me semblent ne signifier rien d'intelligible, & n'estre bonnes que pour se faire admirer par les ignorans [129].

Quant à l'esprit fixe de Christophe de Villiers, cela ne lui « semble pas plus intelligible que s'il parloit d'une lumiere tenebreuse, ou d'une liqueur dure. » [130]. On s'aperçoit ici que Descartes ne traite pas de la même manière les questions de médecine et celles de chimie. Contre les conceptions physiologiques du médecin de Sens, il argumente avec soin pour montrer que le *conarion* a vocation à être « le principal siège de l'âme ». Il lui faut en effet corriger une théorie de l'union de l'âme et du corps qui pouvait paraître séduisante aux amateurs de médecine chimique et rappeler le rôle central qu'il accordait au *conarion.* Certes l'auteur d'un chapitre sur les sels dans les *Meteores* devait aussi donner son avis sur les surprenantes théories du sel que développaient les deux médecins, mais pourtant, sur les questions de chimie, Descartes se contente de moqueries et de critiques abruptes.

Dans la suite de la lettre du 30 juin 1640 Descartes, poursuivant ses leçons de chimie, corrige Mersenne et lui reproche d'avoir nommé principes des chimistes le Sel, l'Huile et le Soufre, mettant ainsi l'Huile au lieu du Mercure. Descartes a raison, et l'erreur de Mersenne n'était sans doute qu'un *lapsus calami.* Cette remarque est pour lui l'occasion de rappeler que ce ne sont là que des parties tirées des eaux qui ne diffèrent que par la diversité de leurs figures [131]. Ce faisant, Descartes ne se contente pas de proposer une nouvelle interprétation de ce qui différencie les trois principes chimiques les uns des autres ; il met également en cause le caractère élémentaire que les chimistes reconnaissent au mercure, au sel et au soufre en affirmant que ces corps peuvent encore être extraits du résidu de la distillation (*caput mortuum*) au terme de laquelle on avait cru les extraire de la matière végétale et les isoler. Il affirme en effet, six semaines plus tard, qu'il ne doute point que « le *caput mortuum* des chymistes ne se puisse entierement resoudre en sel, en eau, en huile & en matiere plus subtile, si on le broye & le digere avec quelques dissolvans qui soyent propres à cet effect. » [132]. Ainsi, cette terre qui reste dans le récipient à la fin des opérations de distillation et de filtrage n'est pas un élément, puisqu'on pourrait encore en tirer les

129. AT III 120. Il faut remarquer que Meyssonnier ne disait rien de semblable dans la lettre à laquelle Descartes est ici censé répondre.

130. AT III 124.

131. L'argument sera développé au paragraphe 63 de la quatrième partie des *Principes de la philosophie*, comme on le verra dans le prochain chapitre.

132. Lettre de Descartes à Mersenne du 15 septembre 1640 (AT III 180).

autres éléments. Descartes sera encore plus clair sur ce sujet six ans plus tard, dans la lettre à Cavendish sur laquelle nous reviendrons bientôt. Il écrit alors :

> Selon mon opinion, leur sel, leur souffre & leur mercure ne different pas plus entre eux que les quatre Elemens des Philosophes, ny gueres plus que l'eau ne differe de la glace, de l'ecume & de la neige ; car je pense que tous les corps sont faits d'une mesme matiere, & qu'il n'y a rien qui fasse de la diversité entr'eux, sinon que les petites parties de cette matiere qui composent les uns, ont d'autres figures, ou sont autrement arrangées, que celles qui composent les autres [133].

De Villiers, lui aussi, considérait que la distinction principielle que font les chimistes à l'occasion de la distillation n'est qu'une « fausse imagination » [134], allait jusqu'à estimer, dans sa lettre à Mersenne du 4 octobre 1640, que Descartes se rapprochait de sa conception des principes chimiques [135]. L'un et l'autre, il est vrai, considéraient que les soi-disant principes chimiques n'étaient que divers aspects de la même matière. Mais cette matière était pour de Villiers le sel, qu'il voyait partout :

> Et ce sel repasse si souvent par ma raison et mon sens quand, allant aux champs, je traverse les montaignes et vallées, je considère les torrens, je pense aux forests, aux plantes et aux eaues mesmes de la mer, que je l'y trouve toujours ou dissoult ou fixé et coagulé, mais bien plus, en tout ce que nous mangeons et beuvons. Et je n'en exclus pas mesme l'air que nous respirons, ny les eaues du ciel dans lesquels il est tres subtilement et rarement dissoult [136].

Bien sûr, Descartes est loin de partager de telles rêveries chimiques : leur refus de la théorie des trois principes les conduit vers des théories de la matière qui n'ont rien de commun. De Villiers s'en apercevait bien, finalement, lorsqu'il disait, dans une formulation confuse mais qui trahit le fond de sa pensée : « pour les figures qu'il veut faire passer

133. AT IV 570.

134. L'expression est de Descartes, dans sa lettre à Mersenne du 30 juillet 1640 (AT III 130), mais de Villiers ne dit pas autre chose.

135. Lettre de Villiers à Mersenne du 4 octobre 1640, *Correspondance de Mersenne* X 154 : « Mr des Cartes (...) me semble approcher du sentiment que j'ay des principes chymiques, quand il fait ces principes chymiques tous fluides avec l'eaue, avec laquelle ils sont incorporez. »

136. *Idem* 150-151. Dans sa lettre à Mersenne du 7 juillet 1640 (*Correspondance de Mersenne*, t. IX, p. 472-473), il affirmait déjà l'omniprésence du sel dans toute la diversité de la nature, « materiâ salis suppositâ, tanquam materia prima ». A la même époque, Pierre Jean Fabre n'hésitait pas à écrire dans son *Panchymicum*, Toulouse, 1646, tome I, p. 42 : « Materiae primae nomine, Salem voluit indicare Aristoteles ».

pour formes, ou du moins pour noter la distinction des choses, je trouve qu'il y a bien a penser, quoy que peut estre ce soit le plus court. »[137]. De Villers, comme les chimistes paracelsiens dont il s'inspire, ne peut penser l'existence d'un objet matériel sans supposer une forme spirituelle qui le spécifie et qui tient d'ailleurs davantage de l'idée platonicienne que de la forme aristotélicienne. Mais pour Descartes, précisément, point n'est besoin de formes pour distinguer les choses, mais seulement un arrangement des figures. Aussi répond-il sèchement à son interlocuteur, dans la lettre à Mersenne du 28 octobre 1640 : le médecin de Sens prouve que les corps se font les uns des autres, mais non pas à partir du sel qui n'est qu'un corps de la même matière que les autres, matière à laquelle il n'est pas nécessaire d'ajouter des formes substantielles. Finalement, aux yeux de Descartes, la chimie qu'on lui présente n'est qu'une variante de la philosophie aristotélicienne à laquelle elle prétend s'opposer[138].

Descartes avait écrit deux lettres à Cavendish en 1645 sur des questions de physiologie. Dans celle qu'il lui envoie le 23 novembre 1646, il consacre plusieurs pages aux questions de chimie[139]. Selon un procédé qui est maintenant devenu chez lui traditionnel, il commence par une critique des alchimistes, qui reprend deux thèmes souvent développés : leurs mots compliqués cachent leur ignorance et leurs trois principes ne diffèrent pas entre eux. Une troisième critique apparaît : « ce qu'ils disent de la résurrection des fleurs par leur sel, n'est qu'une imagination sans fondement. »[140]. Les expériences de palingénésie, d'origine paracelsienne et vulgarisées dès la fin du XVIe siècle dans les œuvres de Joseph Du Chesne et de Blaise de Vigenère, constituaient l'une des curiosités de la chimie de ce temps et l'on pourrait être surpris de l'apparition tardive de ce thème dans les textes cartésiens, alors que Mersenne avait obtenu dès 1625 d'un alchimiste rouennais la recette de ce procédé fabuleux[141]. Mersenne demande bien sûr l'opinion de Christophe de Villiers sur cette question et obtient le 7 juillet 1640 une réponse nuancée qui ne provoque pas de réaction de la part de

137. *Correspondance de Mersenne* X 154.

138. De Villiers écrivait, toujours le 4 octobre 1640 : « Voilà une philosophie nouvelle, mais la plus sensible qui soit, et plus raisonnable, qui enseigne la transmutation des elemens d'Aristote par leur qualitez symbolique. » (*Idem* 152).

139. AT IV 568-577.

140. AT IV 570.

141. Lettre de Lefebvre à Mersenne du 14 décembre 1625, *Correspondance de Mersenne* I 323. Sur les expériences de palingénésie, voir Jacques Marx, « Alchimie et palingénésie », *Isis*, n° 213, 1971, 62/3, p. 275-289 ; François Secret, « Palingenesis, alchemy and metempsychosis in renaissance medicine », *Ambix*, vol. 26/2, 1979, p. 81-92.

Descartes [142]. Mais ici, il s'agit pour Descartes de répondre aux questions du marquis de Newcastle, qui réside alors à Paris. Son compatriote Kenelm Digby, qui avait également passé plusieurs années d'exil à Paris au début des années 1640, affirma par la suite que Davisson l'avait fait assister à Paris à une expérience de palingénésie [143]. Il est probable que William Cavendish fréquentait, lui aussi, les laboratoires chimiques et qu'il suivait les cours privés que donnaient alors Davisson et bien d'autres chimistes, ce qui provoqua chez lui une perplexité qu'il exprimait dans la lettre à laquelle répond Descartes.

Une fois écartées les divagations des « chymistes », Descartes s'efforce de répondre aux questions de son correspondant à propos de la génération des pierres et de la nature du vif-argent. Sur ces deux questions, sa démarche est la même : il ne sait « rien de particulier » sur les pierres, il n'a pas fait toutes les expériences nécessaires à la connaissance du vif-argent, mais cela, finalement, importe peu puisque la théorie de la matière qu'il a développée dans les *Principes de la philosophie*, et que Cavendish pourra bientôt lire en français, lui permet de fournir une explication mécanique aussi bien de la génération des pierres dans les fontaines que des diverses propriétés du vif-argent. Les échanges qu'il avait pu avoir avec les « chymistes », qu'il s'agisse de ceux de son entourage ou des médecins avec lesquels Mersenne l'avait mis en contact, semblent donc l'avoir définitivement convaincu qu'il n'y avait rien de bon à attendre des travaux des chimistes contemporains pour comprendre la constitution de la matière et que les considérations sur la taille, la forme et le mouvement des différentes parties de la matière constituaient le seul discours qu'il soit alors possible de tenir sur les objets de la chimie.

CONCLUSION

> L'information scientifique de Descartes par rapport au mouvement des idées de son temps est bonne, mais toujours incomplète, et ce qui caractérise à propre-

142. *Ibid.*, t. IX, p. 475.

143. Le témoignage de Kenelm Digby, qui figure dans *A discourse concerning the vegetation of plants*, Londres, 1660, est rapporté par François Secret (op. cit. note 139), p. 89.

> ment parler son génie est son aptitude à situer les débats aux racines mêmes des problèmes cruciaux [144].

Sans doute ce que Pierre Costabel affirmait à propos des mathématiques et de la physique vaut-il également pour la chimie. On pourrait en effet considérer que la tendance qu'avait alors la chimie à se constituer en une philosophie naturelle capable à elle seule de remplacer celle de la scolastique pouvait apparaître comme relevant d'une ambition démesurée et que la réduction mécanique des objets de la chimie constituait une manière radicale de rendre vaine une telle prétention, en supprimant toute possibilité pour la chimie d'apparaître elle-même fondatrice des savoirs scientifiques. Mais il s'agissait là d'une démarche philosophique plutôt que scientifique, puisque l'enjeu en était le choix par Descartes de sa métaphysique, et non pas la résolution d'un problème interne à la chimie. De ce point de vue, on pourrait tout aussi bien dire qu'en refusant les chemins de la philosophie chimique, Descartes tournait le dos, non seulement à la chimie telle que la pratiquaient ses contemporains, mais aussi à toute chimie possible à son époque. Ainsi, les réponses qu'il apportait aux problèmes de la chimie semblaient inadaptées, dans la mesure où les considérations mécaniques laissaient de côté les questions qui se posent sur les propriétés substantielles des éléments et des principes chimiques, ainsi que sur la manière dont ces derniers entrent dans la composition des corps mixtes.

Cette inadéquation de la philosophie cartésienne avec les questions chimiques de son temps fut sans doute renforcée par l'insuffisance de son information. En partie parce qu'il vivait éloigné de la France, en partie parce que cela ne l'intéressait pas, il n'aperçut pas les nouvelles théories élémentaires qui s'étaient développées dans les travaux de Du Chesne, Beguin ou de Clave et qui offraient à la chimie la possibilité d'une réflexion critique sur les principes et les éléments. Ainsi, dans les *Principes de la philosophie*, et jusque dans ses derniers écrits, Descartes ne parlera jamais que des « trois principes des chymistes », sans jamais évoquer, ni l'utilisation, pourtant de plus en plus fréquente, du terme d'élément à la place de celui de principe, ni les théories de la matière qui affirment l'existence de cinq éléments. C'est une chimie dont la doctrine se serait figée à la fin du XVIe siècle que semble critiquer Descartes, comme s'il n'avait pas voulu ou pas pu entendre parler de ce qui se fit par la suite. Pourtant, à la même époque, Charles Sorel, qui n'est pourtant pas plus chimiste que Descartes, développe longuement et

144. Pierre Costabel, *Démarches originales de Descartes savant*, Paris, Vrin, 1982, p. 12.

à plusieurs reprises dans *La science universelle* la théorie des cinq principes ou éléments, bien qu'il considère personnellement que les corps ne sont composés que de deux matières, la terre et l'eau [145].

Enfin, rien n'indique que Descartes ait été informé des travaux de Van Helmont. Certes, l'*Ortus medicinae* ne fut publiée qu'en 1648, quatre ans après sa mort, mais, nous l'avons vu, Mersenne connaissait certains aspects des travaux du chimiste flamand par la correspondance qu'il avait eue avec lui au début des années 1630. Il semble cependant que les doctrines chimiques et médicales de Van Helmont, isolé et réduit au silence pendant les longues années de son procès, aient été ignorées des chimistes de son temps, jusqu'à la parution de ses œuvres. Ainsi, on ne décèle aucune présence des idées du chimiste Flamand dans les ouvrage de Pierre Jean Fabre avant 1650 et il n'existe avant cette date aucun ouvrage sur l'alkahest, cet extraordinaire dissolvant universel qui occupait une place importante dans l'œuvre de Van Helmont [146]. De la même manière, on imagine tout le parti que de Villiers aurait pu tirer de la doctrine du *magnale* s'il l'avait connue. Dans ces conditions, Descartes n'aurait fait que partager l'ignorance de ses contemporains.

Mais on peut aussi supposer que Descartes en savait bien plus qu'il ne disait et qu'il aimait cacher les lectures qu'il avait faites. Faut-il croire qu'il ne chercha jamais à se procurer l'*Idea medicinae* de Petrus Severinus, dont Mersenne et de Villiers parlaient souvent, ou qu'il ne manifesta aucune curiosité pour l'œuvre alchimique de l'oncle de son ami Cornelis van Hoghelande ? Après tout, le nom de Paracelse n'apparaît jamais sous la plume de Descartes, ce qui ne signifie certainement pas qu'il n'ait point connu des aspects importants de sa doctrine. Tous les commentateurs l'ont souligné, Descartes voulait donner l'image d'un homme qui sort toute la philosophie de son propre bon sens. Aussi ne faisait-il que rarement référence à ces cours de philosophie scolastique dont toute son œuvre est une tentative de réfutation. A plus forte raison, il n'avait rien gagner à nommer ces alchimistes dont la philosophie se prétendait nouvelle et venait concurrencer celle qu'il entendait diffuser.

Descartes s'est donc engagé dans une voie singulière, très différente de celle des chimistes de son temps. A-t-il pour autant créé une nouvelle

145. Charles Sorel, *La science universelle où la vraye philosophie plus estenduë que la vulgaire, et reduite en un ordre naturel selon la plus certaine liaison des sciences particulières et des arts*, Paris, 1644, troisième édition Paris, 1647, vol. II, p. 217-221.

146. Voir Bernard Joly, « La réception de la pensée de Van Helmont dans l'œuvre de Pierre Jean Fabre », dans Z.R.W.M. von Martels (éd.), *Alchemy Revisited, proceeding of the international conference on the history of alchemy at the university of Groningen, 17-19 april 1989*, Leyd, Brill, 1990, p. 206-214.

chimie ? Il nous faut maintenant, avant de pouvoir répondre à cette question, examiner les textes de la quatrième partie des *Principes de la philosophie* où se trouvent les principaux développements cartésiens concernant les objets de la chimie.

CHAPITRE III

LA RÉDUCTION MÉCANISTE DES OBJETS DE LA CHIMIE

C'est dans *Le Monde* que Descartes avait prévu de rendre publique sa conception des objets de la chimie en l'intégrant dans l'ensemble de son exposé sans qu'elle y constitue pour autant un développement autonome et séparé. Son projet était en effet « d'expliquer tous les phénomènes de la nature, c'est à dire toute la Physique » [1], et c'est dans cet ensemble qu'il avait l'intention de placer le résultat des recherches en chimie et en anatomie auxquelles il fait allusion dans la lettre à Mersenne du 15 avril 1630 [2]. Ce projet ne vit pas le jour et la version de l'ouvrage qui fut publiée après sa mort, à partir de manuscrits retrouvés dans ses papiers, ne contient guère de développements chimiques. C'est que l'ouvrage posthume que nous connaissons sous le titre *Le Monde* n'est sans doute qu'une partie de ce que Descartes avait envisagé de faire publier en 1633, à moins que ce ne soit précisément la partie alors destinée à la publication d'un ensemble plus vaste qu'il avait finalement décidé de ne rendre public que bien plus tard. Il est probable, en effet, que le manuscrit que Descartes décida de soustraire à l'édition en 1633 ne correspondait pas à ce « long discours » à la composition duquel il estimait en 1630 devoir consacrer toute sa vie [3]. Ce qu'il voulait alors publier n'était qu'une sorte d'abrégé centré sur la question de la lumière et il estimait devoir consacrer le reste de son existence à la préparation du traité de physique où sa conception du monde serait totalement exposée. Ainsi, à Constantin Huygens qui n'a guère été satisfait par le

1. Lettre de Descartes à Mersenne du 13 novembre 1629 (AT I 70).
2. AT I 137.
3. Lettre de Descartes à Mersenne du 4 novembre 1630 (AT I 176) et du 25 novembre 1630 (AT I 179).

résumé du *Discours de la méthode* et qui le presse de faire enfin paraître l'ouvrage dans son intégralité, il répond : « je ne voy encore aucune esperance que je puisse donner de longtems mon Monde au monde. » [4], ou encore : « mon Monde est un de ces fruits qu'on doit laisser meurir sur l'arbre, & qui ne peuvent trop tard estre cueillis. » [5]. On le voit, le projet de publication du *Monde* ne s'arrêtait pas, dans l'esprit de Descartes, à sa tentative avortée de 1633. Certes, il hésitait. Lorsque Huygens lui écrit : « enfin, vous mourrez ; & apres ceste mort, ce monde verra le Monde » [6], il répond n'avoir juré de rien, ajoutant : « j'ay dessein, tant en cela qu'en toute autre chose, de le régler selon les occurrences, & de suivre, autant que je pourray, les conseils les plus seurs & les plus tranquilles. » [7].

Vers le début des années 1640, Descartes estime que le moment est enfin venu de publier son *Monde*. On sait que les querelles qui suivirent la publication des *Meditationes de prima philosophiae* l'ont décidé à présenter dans un ouvrage unique sa physique et les fondements métaphysiques qui la rendaient possible. C'est bien sûr à Huygens, qui le pressait depuis plusieurs années de faire paraître le traité, qu'il annonce la bonne nouvelle, après avoir appris à son correspondant qu'il vient de recevoir les « écrits des jésuites », c'est à dire les septièmes objections du Père Bourdin. Il ajoute alors :

> Peut-estre que ces guerres scholastiques seront cause que mon Monde se fera bientost voir au jour, & je croy que ce seroit des a present, sinon que je veux auparavant luy faire aprendre a parler latin ; & je le feray nommer summa Philosophiae, afin qu'il s'introduise plus aysement en la conversation des gens de l'eschole, qui maintenant le persecutent & taschent a l'etouffer avant sa naissance [8].

Les *Principia philosophiae*, qu'il avait envisagé un moment d'intituler *Summa philosophiae*, constituent donc, dans l'esprit de Descartes, la publication même du *Monde* ; non pas sans doute dans la version publiée après sa mort, mais dans une version améliorée, amplifiée et précédée d'une reprise de la métaphysique des *Méditations*. Alors qu'il avait un temps envisagé d'écrire une réfutation d'un traité de philosophie naturelle des jésuites [9], il s'est finalement décidé à les contrer en écrivant sa propre somme philosophique, manifestant ainsi sa préférence

4. Lettre de Descartes à Huygens du 9 mars 1638 (AT II 662).
5. Lettre de Descartes à Huygens du 16 juin 1639 (AT II 553).
6. Lettre de Huygens à Descartes du 28 mai 1639 (AT II 550).
7. Lettre de Descartes à Huygens du 19 juin 1639 (AT II 552).
8. Lettre de Descartes à Huygens du 31 janvier 1642 (AT III 523).
9. Lettre de Descartes à Mersenne du 19 janvier 1642 (AT III 481).

pour l'amour de la vérité plutôt que pour la polémique [10]. Les *Principes de la philosophie* se présentent donc comme un cours de philosophie capable de remplacer dans les écoles ceux que diffusent les jésuites ; et puisque les enseignements scolastiques évoquaient souvent des questions de chimie dans leurs commentaires des traités aristotéliciens, Descartes, à son tour, y intégrera ses réflexions chimiques. Les travaux chimiques des années 1620, dont nous n'avions retrouvé que bien peu de traces dans les *Météores* au chapitre précédent, ne furent donc pas perdus : les développements annoncés brièvement dans le *Discours de la méthode* se retrouvent finalement dans la quatrième partie des *Principes de la philosophie* qui constituent ainsi le lieu par excellence où il est question de chimie dans l'œuvre de Descartes, comme il l'indiqua à plusieurs reprises à ses interlocuteurs [11].

Qu'on ne s'attende cependant pas à trouver dans ce texte un traité de chimie en bonne et due forme, qui viendrait proposer de nouvelles recettes et apporter de nouveaux perfectionnements à la doctrine des éléments et des principes sur laquelle se fondait alors cette science. La reconstruction de la chimie en tant que science autonome eût été en contradiction avec la démarche cartésienne de reconstruction de la philosophie et de la science sur des principes entièrement nouveaux, ce qui excluait notamment les principes paracelsiens et par conséquent toute la chimie puisque cette dernière semblait ne pas pouvoir exister sans eux. Descartes, qui dans ses œuvres publiées n'avait jusque là critiqué l'alchimie qu'en des termes très vagues, n'affirme explicitement le caractère erroné des principes de la chimie, et par conséquent la vanité d'une telle science, qu'en 1647, dans la célèbre *Lettre-préface* de l'édition française des *Principes de la philosophie.* Il y constate que l'influence de la pensée d'Aristote s'est fait sentir jusque chez ses adversaires et les a empêchés de découvrir les vrais principes, au point que les philosophes des derniers siècles « ont tous supposé pour Principe quelque chose qu'ils n'ont point parfaitement connuë », comme par exemple « ce qu'on nomme pesanteur » [12]. Il ajoute alors :

10. Lettre de Descartes à Mersenne du 22 décembre 1641 (AT III 564).

11 . C'est à la version française de l'ouvrage, parue en 1647 et publiée dans le volume IX-2 de l'édition Adam et Tannery que renvoie cette étude. On sait que la traduction de l'abbé Picot comporte de notables écarts et ajouts par rapport à l'édition latine de 1644. Nous signalerons ces différences lorsqu'elles jouent un rôle dans le commentaire.

12. AT IX-2 7-8.

> On peut dire le même du vuide & des atomes, & du chaud & du froid, du sec, de l'humide, & du sel, du souffre, du mercure, & de toutes les choses semblables que quelques-uns ont supposées pour leur Principes [13].

Descartes n'énumère pas ici neuf principes différents, mais bien trois systèmes principiels : l'atomisme démocritéen, la physique aristotélicienne des quatre qualités et la doctrine des *tria prima* de Paracelse qui est pour lui, nous l'avons déjà vu, la doctrine chimique par excellence. Or, poursuit Descartes :

> toutes les conclusions qu'on déduit d'un Principe qui n'est pas evident ne peuvent aussi estre evidentes, encore qu'elles en seroient deduites evidemment : d'où il suit que tous les raisonnemens qu'ils ont appuyez sur de tels Principes, n'ont pû leur donner la connoissance certaine d'aucune chose, ny par consequent les faire avancer d'un pas en la recherche de la Sagesse [14].

Cette remarque sans appel s'applique rigoureusement à la chimie qui, comme l'atomisme épicurien, ne peut pas trouver sa place dans la pensée de Descartes ; elle constitue en effet à ses yeux, non pas une science particulière, mais une philosophie qui prétend, bien à tort, atteindre la sagesse. Pour autant, Descartes devra-t-il renoncer à traiter des objets dont s'occupe spécifiquement la chimie ? Comment ses lecteurs, qui n'ignorent sans doute pas que la mode est aux médecines chimiques ou aux métaphysiques du sel, pourraient-ils admettre que la science cartésienne reste silencieuse sur la distillation et les produits qu'elle fait apparaître, ou encore sur la nature et les propriétés du feu ? Face à ces difficultés, Descartes adopte, sans le dire, à propos de l'alchimie paracelsienne l'attitude qu'il rend publique à la fin des *Principes* à propos de l'atomisme démocritéen (quatrième partie, art. 202). Certes, Démocrite fut le premier à affirmer que les corps que nous apercevons sont constitués de petits corps inaccessibles aux sens, dont le mélange constitue les corps visibles et auxquels il faut attribuer diverses figures, grandeurs et mouvements. Mais le fait d'avoir admis cela – et personne ne l'a jamais rejeté – n'implique pas l'adhésion au système de Démocrite fondé sur la reconnaissance des deux principes que sont les atomes et le vide. De la même manière, Descartes semble avoir admis que le rejet de la « chymie » en tant que système fondé sur les trois principes paracelsiens ne devait pas conduire à refuser l'existence des divers corps dotés des propriétés que les alchimistes attribuent aux principes.

13. AT IX-2 8.
14. *Ibid.*

Nous retrouverons donc au fil des articles de la quatrième partie des *Principes* du vif-argent, des huiles, des sels et des esprits. Mais il s'agira alors de montrer comment il est possible de rendre compte de la nature et des propriétés de ces corps dans le cadre des lois de la nature telles qu'elles ont été établies précédemment. Descartes va donc s'arrêter longuement à l'étude des objets chimiques, au point que la quatrième partie est la plus longue du traité, tant en pagination qu'en nombre d'articles, même si les objets de la chimie ne l'occupent pas tout entière [15]. Mais en même temps, l'ensemble des articles chimiques s'intègre complètement dans le développement du discours cartésien, au point qu'il n'est pas aisé d'en délimiter très exactement le commencement et la fin, entre les articles consacrés à la formation des couches souterraines de la terre (jusqu'à l'article 44) et ceux où Descartes développe sa théorie de l'aimant (à partir de l'article 133). A l'intérieur de ces quatre vingt neuf articles, c'est plus particulièrement dans les articles 57 à 79, puis 117 à 123, que nous retrouverons l'étude des objets chimiques, à l'occasion de l'examen de la nature de la terre et du feu. Une telle disposition manifeste le souci de Descartes d'intégrer ses travaux chimiques dans le cadre plus général de sa physique et de s'appuyer sur les conclusions des deux parties précédentes. Il sera donc nécessaire, avant d'entreprendre l'étude de ces articles chimiques de résumer l'ensemble de ce qui précède et de rappeler les principales lois de la nature à partir desquelles peuvent être établies les propriétés des différents corps que l'on trouve dans la Terre.

UNE APPROCHE COSMOGONIQUE DE LA CHIMIE

La plupart des commentateurs ont fait remarquer le changement radical de méthode qui oppose les deux premières parties des *Principes de la philosophie* aux deux dernières. Les deux premières parties se déploient sur le mode de la démonstration et ne traitent d'aucun des objets qui composent effectivement le monde, tandis que les deux dernières fondent l'étude de ces objets sur des hypothèses. Certes, Descartes déclare dans la *Lettre-préface* que la première partie contient « les Principes de la connoissance, qui est ce qu'on peut nommer la première Philosophie ou bien la Metaphysique », tandis que « les trois

15. La première partie fait 37 pages (dans l'édition Adam et Tannery) et 76 articles ; le seconde 39 pages et 64 articles ; la troisième 98 pages et 157 articles ; la quatrième 125 pages et 207 articles.

autres parties contiennent tout ce qu'il y a de plus général en la Physique, à sçavoir l'explication des premieres loix ou des Principes de la Nature, (...) »[16]. Une telle distinction semble en effet bien correspondre à l'objectif qu'il vise en publiant les *Principes* qui est de mettre en évidence, mieux qu'il ne l'a fait dans les *Méditations*, le rôle fondateur de la métaphysique pour la physique. Mais cela ne signifie pas que les lois de la physique soient déduites de la métaphysique comme d'un savoir qui leur serait extérieur, comme si la physique se situait tout entière en dehors de cette dernière. S'il est vrai, comme Descartes l'écrivait à Mersenne à propos des *Méditations*, que cette métaphysique « contient tous les Principes » de la physique, alors il faut admettre que les principes de la physique sont métaphysiques et que l'on ne peut pas considérer que, dans les *Principes*, l'exposition de la physique ne commence que lorsque le travail de la métaphysique est terminé[17].

A cette distinction trompeuse il convient donc d'en substituer une autre, que Descartes laisse entendre dans la suite du texte de la *Lettre-préface* :

> (...) & la façon dont les Cieux, les Estoiles fixes, les Planetes, les Cometes , & généralement tout l'univers est composé ; puis en particulier, la nature de cette terre, & de l'air, de l'eau, du feu, de l'aymant, (...) & de toutes les qualitez que l'on remarque en ces corps, comme le sont la lumiere, la chaleur, la pesanteur et semblables[18].

Nous devons donc comprendre que pour Descartes, les trois autres parties contiennent, d'une part « ce qu'il y a de plus général en la physique », et cela renvoie à la physique métaphysique de la seconde partie, d'autre part « la façon dont (...) généralement l'univers est composé », c'est à dire la troisième partie, ainsi que « en particulier, la nature de cette terre (...) », ce qui constitue le contenu de la quatrième partie. Les titres mêmes que Descartes a choisi pour les différentes parties de l'ouvrage confirment cette lecture. La première partie traite « des principes de la connaissance humaine » et la seconde « des principes des choses matérielles ». Nous sommes donc bien dans le domaine de la méta-

16. AT IX-2 16. Je donne la suite de ce textes quelques lignes plus bas.

17. Sur cette importante question de la dimension métaphysique de la physique cartésienne, voir notamment Desmond Clarke, « Physique et métaphysique chez Descartes », *Archives de philosophie*, 43/3, 1980, p. 465-486 ; Frédéric de Buzon et Vincent Carraud, *Descartes et les « Principia » II. Corps et mouvement*, Paris, PUF, 1994 ; Daniel Garber, *La physique métaphysique de Descartes*, Paris, PUF, 1999 ; mais aussi les travaux rassemblés dans *Descartes : Principia philosophiae (1644-1994)*, sous la direction de Jean-Robert Armogathe et Giulia Belgioioso, Naples, Vivarium, 1996.

18. AT IX-2 16.

physique, science des principes et Descartes, dans cette première moitié de son ouvrage, peut déployer son discours dans l'ordre de la certitude, car tout relève de la démonstration. Par contre, il n'est plus question de principes dans les deux dernières parties (« du monde visible » et « de la Terre »), car il ne s'agit plus désormais d'établir les principes de la connaissance et de l'existence de tout monde possible, mais de rendre compte des objets que nous voyons dans ce monde réel en construisant, de manière hypothétique, le processus de leur constitution. A la science des principes de la nature succède une histoire naturelle, et c'est dans le cadre incertain de cette dernière que viendront se situer les objets de la chimie.

Des principes aux hypothèses sur la formation du monde

Plutôt qu'un abrégé des *Méditations*, comme Descartes le prétendait dans une lettre à Chanut de 1649 [19], la première partie des *Principes* en constitue une réécriture conforme aux nouveaux objectifs qu'il se donne. A la place du « je » des *Méditations*, c'est un « nous » qui est désormais le sujet d'un discours qui n'est plus à la recherche de la vérité, mais qui expose le plus dogmatiquement possible les résultats de cette recherche. On retrouve bien sûr les principales étapes de l'argumentation, le passage du doute à l'affirmation de l'existence de « ce qui pense » (art. 7) avec son corollaire, la connaissance plus claire de l'âme que du corps (art. 11), la démonstration de l'existence de Dieu (art. 14) et de ses attributs (art. 22), Descartes insistant alors sur le fait qu'il ne faut pas rechercher quelles sont « les fins que Dieu s'est proposé en creant le monde » mais seulement tacher de trouver « par la faculté de raisonner qu'il a mise en nous, comment celles que nous apercevons par l'entremise de nos sens ont pû estre produites » (art. 28). Suit l'exposé des rapports de l'entendement et de la volonté, puis de l'usage du libre-arbitre (art. 37), qui débouche sur l'examen de la connaissance que nous pouvons avoir de la substance (art. 51) et des universaux (art. 59). La première partie se termine par l'analyse des causes de nos erreurs et par un abrégé en forme d'inventaire des notions qui sont en nous et dont nous pouvons être certains, parmi lesquelles, « outre les notions que nous avons de Dieu et de nostre pensée », nous trouvons les vérités éternelles (« comme par exemple que le neant ne peut estre l'autheur de quoy que ce soit ») mais aussi « l'idée d'une nature corporelle ou estenduë » ainsi que « des sentimens qui causent en

19. Lettre de Descartes à Chanut du 26 février 1649 (AT V 291).

nous certaines dispositions comme la douleur, les couleurs, etc. » (art. 75) La possibilité de tenir un discours scientifique portant sur la diversité des objets qui constituent le monde n'est, pour le moment, pas évoquée et cette incertitude aura d'importantes conséquences sur le statut de la chimie.

La seconde partie commence par établir que nous savons de « science certaine » que des corps existent hors de nous (art. 1), que leur nature est l'extension seule (art. 4), qu'il n'y a aucun vide (art. 16) et que la matière est divisible à l'infini (art. 20-21). Remarquons que l'argument cartésien sur ce dernier point consiste à invoquer, non pas une propriété qui découlerait de la substance étendue, mais simplement la toute puissance divine, qui ne peut pas se priver de diviser une parcelle de matière qui serait indivisible par un pouvoir humain. De la même science certaine relève la démonstration qu'il n'existe qu'une seule matière (art. 22), dont les variétés ne dépendent que du mouvement de ses parties (art. 23), et que Dieu, première cause de tout mouvement, en conserve toujours une égale quantité dans l'univers (art. 36). Tout est désormais réuni pour que Descartes puisse exposer au lecteur les trois lois de la nature qui sont les causes secondes de tout mouvement (art. 37-42) [20], puis les sept règles du choc des corps (art. 46-52). Nous savons que ces règles sont en partie inexactes, mais cela importe peu ici. Il faut simplement remarquer que ces principes de la physique, qui sont les seuls, ne sont bien sûr pas déduits des données de l'expérience, puisque les sens ne nous enseignent pas la nature des choses (art. 3), mais du seul travail de la pensée considérant les « divisions, figures et mouvements » de la matière (art. 64) [21].

Le ton change dans la troisième partie. Il s'agit désormais de savoir si, de ces principes dont on ne peut douter, nous pouvons déduire l'explication de tous les phénomènes, « c'est à dire, ajoute la version française, des effets qui sont en la nature, & que nous appercevons par l'entremise de nos sens » (art. 1). Le problème de Descartes n'est pas celui d'une insuffisance, mais d'un excès : les principes qui ont été établis dans les deux premières parties sont « si amples qu'on en peut déduire beaucoup plus de choses que nous n'en voyons dans le monde, & mesmes beaucoup plus que nous n'en sçaurions parcourir de la pensée » (art. 4). Il s'agit donc de faire un inventaire des phénomènes à expliquer (art. 4-42), puis d'examiner si ces phénomènes peuvent

20. Descartes présente alors le principe d'inertie et de la conservation de la quantité de mouvement.

21. Sur l'ensemble de cette seconde partie, voir Frédéric de Buzon et Vincent Carraud, *Descartes et les Principia II* (o. c. note 17).

découler, comme effets, des principes considérés comme leurs causes. Descartes estime donc pouvoir déduire des principes un certain nombre de conséquences logiques dont il fera constater par la suite à ses lecteurs qu'elles sont conformes aux phénomènes observés.

Cette conformité ne suffit certes pas à affirmer que le chemin qui mène des principes aux phénomènes, tel que la suite de la doctrine le décrira, est le bon. D'autres cheminements, tout aussi logiques, transitant par d'autres principes intermédiaires que ceux qui seront proposés à titre d'hypothèses, sont également possibles. Et parmi toutes ces manières dont les premières lois de la nature pourraient produire la multiplicité des phénomènes observés, il ne nous est pas possible de déterminer quelle est la bonne, puisque, la volonté de Dieu dépassant infiniment notre entendement, il nous est à tout jamais impossible de savoir quelle est la voie effectivement choisie par Dieu. Certes, et Descartes le rappelle aussitôt (art. 43), Dieu ne peut nous tromper, mais ce qui est vrai, c'est simplement que la relation de cause à effet ainsi établie est possible. Voilà pourquoi, craignant alors d'être « trop hardi », Descartes invite son lecteur à ne prendre ce qu'il écrira que « pour une hypothèse, laquelle est peut estre fort éloignée de la verité » (art. 44).

Le jeu des hypothèses se déploie alors en deux temps. D'abord (art. 46), Descartes met en scène la création par Dieu des tourbillons (c'est la première occurrence du terme, que Descartes n'avait pas utilisé dans *Le Monde*), mise en mouvement circulaire des parties égales en lesquelles il a divisé la matière. A ce « peu de supposition », Descartes donne alors le statut de nouveau principe, auquel il va appliquer les lois de la nature établies dans la seconde partie (art. 47). C'est alors qu'il raconte comment, par le frottement des parties, se constituent les trois sortes de matière dont il avait déjà supposé l'existence dans *Le Monde* et qu'il appelle formes de la matière ou éléments du monde visible. La première forme, qui est celle du Soleil et des étoiles, c'est à dire des corps lumineux, est la raclure séparée des autres parties de la matière lors de leur frottement ; la seconde, faite de parties « rondes & fort petites », est l'élément transparent des Cieux tandis que la troisième, plus grossière et aux formes irrégulières, est la forme de la matière de la Terre, des planètes et des comètes, bref des corps opaques (art. 52).

Les trois éléments de Descartes n'ont bien sûr rien de commun avec les quatre éléments de la tradition aristotélicienne puisque les différences sensibles qui les distinguent relèvent de leurs propriétés optiques (ils sont lumineux, transparents ou opaques) et non pas des traditionnelles qualités sensibles que sont le chaud, le froid, le sec et l'humide. Descartes donne ainsi aux problèmes de la nature et de la propagation de la lumière une place déterminante dans la définition des différentes configurations de la matière [22]. Mais, tout autant qu'aux éléments de la scolastique, c'est aux principes paracelsiens qu'il s'oppose ici, jusque dans les titres de l'article cinquante deux, en évoquant dans le texte latin les « tria hujus mundi elementa » qui évoquent les « tria prima » que sont le Mercure, le Soufre et le Sel, puis en retenant pour la traduction française l'expression « trois principaux elemens », faisant ainsi allusion au caractère principiel de la triade paracelsienne. Mais parce que les éléments cartésiens ne sont que trois dispositions différentes de la même matière, ils ne possèdent pas d'autre distinction que celle de leur taille et de leur forme, ce qui exclut toute référence aux propriétés substantielles qui caractérisent les éléments-principes de la chimie dont le cadre théorique se trouve ainsi d'emblée rejeté.

Les articles de la quatrième partie concernant les questions de chimie vont devoir tirer les conséquences de cette nouvelle définition de l'élément, qui met radicalement en cause l'ensemble des discours chimiques qui s'étaient jusqu'alors tenus et qui rend cependant possible une explication des phénomènes chimiques qui soit indépendante des doctrines antérieures. Mais avant d'en arriver là, Descartes poursuit dans la troisième partie l'explication du mouvement des planètes et des étoiles à partir des hypothèses qu'il vient de forger. Ce n'est qu'après avoir ainsi rendu compte de la génération possible des astres et de leurs propriétés mécaniques qu'il en vient à appliquer à la Terre et à tout ce qu'elle contient les mêmes raisonnements : c'est l'objet de la quatrième partie.

Cette partie commence par le rappel du caractère hypothétique des descriptions proposées pour rendre compte de toutes les choses que contient la nature. Descartes procède alors par emboîtement successif de trois histoires naturelles. La troisième partie des *Principes de la philosophie* avait raconté la formation des planètes et des étoiles dans les tourbillons de la matière du ciel. La quatrième partie commence par un second récit, qui est celui de la formation de la Terre au moment de la destruction du tourbillon auquel elle appartenait et de sa descente vers le Soleil : c'est le passage de la cosmologie à la géologie. Un troisième récit vient alors raconter comment les différents corps se sont formés dans la croûte terrestre et à la surface de la Terre, assurant ainsi le passage de la géologie à la chimie. Tandis que le second récit, qui correspond aux articles 1 à 13 de la quatrième partie des *Principes*, met en scène la

22. Voir à ce sujet Simone Martinet, « Rôle du problème de la lumière dans la construction de la science cartésienne », *XVIIe siècle*, n° 136, 34/3, 1982, p. 285-309.

formation des trois régions de la Terre, le troisième raconte, des articles 14 à 44, le processus de formation des différents corps que contient la Terre. Ce dernier récit introduit à l'étude de la nature des corps que l'on trouve sur la Terre, ceux que l'on nomme traditionnellement les quatre éléments, mais aussi l'aimant. Il s'agit des articles 45 à 187, qui constituent l'essentiel de la quatrième partie des *Principes*. C'est à l'intérieur de ce vaste développement, dont les explications peuvent sembler fastidieuses en raison du caractère répétitif du recours aux explications mécaniques, que se situe l'examen des propriétés des principaux corps chimiques comme le mercure, les acides et les huiles, mais aussi les différents sels, le soufre et le bitume, ainsi que les métaux. En faisant ainsi dépendre l'étude des corps chimiques de celle de leur formation géologique, Descartes fait de la nature le principal laboratoire où s'élaborent les corps chimiques, le recours aux expériences des « chymistes » se trouvant ainsi limité à quelques cas particuliers, comme celui de la distillation, dans laquelle on reconnaît cependant une simple réitération des processus naturels.

On trouvera en annexe 1 une présentation du plan détaillé de la quatrième partie des *Principes de la philosophie*. Dans la lecture ici proposée de ce texte, on s'attachera surtout à mettre en évidence la manière dont Descartes passe d'une série d'hypothèses à une autre, c'est à dire des hypothèses sur la formation des différents corps à celles concernant la structure mécanique et le mouvement interne qui permettent à leur tour de rendre compte des propriétés sensibles de ces corps. Un tel procédé implique une théorie de la perception, puisqu'il faudra expliquer pourquoi ce que nous voyons des corps s'explique par des caractéristiques de ces corps que nous ne voyons jamais : nous sentons de la lumière et de la chaleur là où il n'y a que des figures et du mouvement. Mais finalement cette théorie de la perception, que Descartes présente dans les derniers articles des *Principes*, et sans laquelle, de son propre aveu, on ne pourrait bien comprendre ses explications [23], renvoie à la métaphysique de la physique. Nous y reviendrons dans le chapitre suivant.

Des actions de la matière à la formation des corps terrestres

Située au centre de l'un des tourbillons qui composent l'univers, la Terre possède une région centrale constituée de parties du premier élément semblables, quoique moins subtiles, à celles qui composent le

23. Lettre de Descartes à Chanut du 26 février 1649 (AT V 291-292).

Soleil et dont le mouvement produit la lumière et la chaleur [24]. A l'image des taches dont on observe la formation à la surface du Soleil, des parties plus petites et plus serrées du premier élément ont constitué une seconde région, solide et opaque, qui enserre la région centrale et la sépare de la troisième région qui s'est formée à l'extérieur de la Terre, la seule dont nous puissions visiter les objets [25]. Cette troisième région, composée de petites parties du troisième élément, est imprégnée des petites boules du second élément dont les parties tourbillonnent autour de la Terre.

La stabilité de ce système est mise en péril par la destruction du tourbillon de la Terre et son absorption par celui du Soleil. Il semble bien, cependant, que les deux régions centrales ne subissent guère l'influence de cette situation nouvelle, tandis qu'au contraire la région extérieure va entrer dans un processus de complexification dont Descartes commence par indiquer les agents, qui sont au nombre de quatre (art. 14-15). Descartes préfère parler d'actions, plutôt que de causes, évitant ainsi toute confusion avec les causes aristotéliciennes. Les processus qu'il va décrire consistent en effet en des transformations mécaniques, par modification de l'agencement des parties et par mouvement des divers corpuscules, mais jamais en des changements de formes, c'est à dire en des modifications substantielles qui viendraient affecter une matière indéterminée [26]. La première de ces actions est le mouvement de la matière du ciel, qui se meut autour de la Terre et se mêle aux parties du troisième élément. Dans la version française des *Principes*, Descartes appelle aussi « matière subtile » ce mélange de corpuscules du premier et du second élément [27].

24. J'écris bien sûr « Terre » lorsqu'il s'agit de la planète et « terre » lorsqu'il s'agit de l'élément. Dans le contexte de la géologie cartésienne, il ne sera pourtant pas toujours facile de respecter cette distinction orthographique traditionnelle, puisque l'on peut aussi bien dire que les métaux se forment dans les parties intérieures de la Terre ou dans la terre inférieure, qui est l'une des sortes de corps qui constituent la Terre.

25. Descartes accorde une grande importance à ce processus de formation de zones solides à la surface de la matière fluide des astres. La découverte des taches solaires vers 1610 par Fabricius, Kepler et Galilée constitue, avec celle des satellites de Jupiter, un argument en faveur du « nouveau système du monde » en ce qu'il semble montrer que le « monde supralunaire » est soumis à des changements semblables à ceux du « monde sublunaire ».

26. Descartes parle cependant de la forme (*forma*) de l'air ou du feu. Mais, comme on le verra bientôt, le terme désigne alors une certaine disposition de la matière et ne renvoie donc pas à la notion scolastique de forme substantielle.

27. On verra dans le prochain chapitre les raisons qui ont conduit Descartes à introduire cette notion pour mieux montrer à quel point la conception qu'il s'en fait est éloignée de celle des chimistes.

Ce mouvement de la matière du ciel produit trois effets. Tout d'abord, il rend transparents les corps dont les parties sont suffisamment petites et distantes l'une de l'autre pour que les parties du second élément puissent s'y frayer des chemins en ligne droite et favoriser ainsi l'action des rayons lumineux (art. 16-17) [28]. Cette matière provoque aussi la purification des liquides, selon deux manières différentes. Elle peut mettre de l'ordre dans l'arrangement des parties des corps différents dont le mélange constitue le liquide : l'ajustement des parties les unes par rapport aux autres rend l'ensemble homogène. Mais lorsque certaines parties sont de taille ou de forme trop différentes de celles des autres pour être ainsi arrangées, la matière du ciel les sépare et les rassemble à l'extérieur du liquide où elles forment un nouveau corps. Se trouve ainsi expliquée la formation du tartre sur les parois des tonneaux de vin, processus qui correspond à une purification du vin (art. 18). Quant au troisième effet de la matière du ciel, c'est d'arrondir les gouttes des liquides, selon le même processus que celui qui a arrondi le Soleil, la Terre ou la Lune (art. 19).

La seconde action qui transforme la matière de la troisième région de la Terre est la pesanteur (art. 20-27). Il ne s'agit pas pour Descartes de dire que la pesanteur est une cause, mais au contraire de rendre compte de l'action des parties de la matière qui produit ce que nous appelons la pesanteur. Cette dernière n'est en effet rien d'autre que l'effet de la pression de la matière subtile qui se meut autour de la Terre et qui, poussant ainsi toutes les parties de sa superficie vers son centre, contrecarre la force centrifuge provoquée par la rotation terrestre. Si cette dernière agissait seule, elle projetterait tous les corps terrestres en l'air, et l'on dirait alors qu'ils sont légers. La lumière est la troisième action qui modifie la partie supérieure de la Terre en provoquant, par la pression qu'exercent ses rayons, de constants déplacements de celles des parties du troisième élément qu'elle touche directement sans avoir été au préalable arrêtée par d'autres (art. 28). Il se produit donc par endroits une agitation de la matière « plus grande que de coutume », qui peut d'ailleurs persister après le passage des parties qui l'ont provoquée. Telle est la quatrième action par laquelle les corps sont produits, celle de la chaleur, que nous ressentons dans la mesure où elle produit un mouvement des nerfs de la main. Comme cette agitation des figures irrégulières de la matière des corps terrestres requiert l'occupation d'un

28. Il faut rappeler que pour Descartes la lumière n'est pas une substance matérielle spécifique mais une action, en l'occurrence la pression que les particules de matière subtile exercent instantanément l'unes sur l'autre, perpendiculairement à leur déplacement tourbillonnaire, sous l'effet de la force centrifuge (voir *Principes* II, art. 55-64).

plus grand espace que leur immobilité, on comprend que la chaleur s'accompagne d'un mouvement de dilatation de ces corps (art. 29-31).

Il est désormais possible d'examiner quelles sont les conséquences de ces diverses actions qui divisent successivement la matière en plusieurs corps. Les subdivisions qu'opère ici Descartes se compliquent un peu, dans la mesure où il se livre successivement à trois types de distinctions dont les résultats ne se recouvrent pas parfaitement. Adoptant tout d'abord un point de vue simplement géométrique, il constate que les parties du troisième élément qui composent la partie superficielle de la Terre peuvent se classer en trois genres selon leurs différentes figures (art. 33) :

– Le premier genre est formé des parties dont les figures sont « empêchantes », dans la mesure où leurs extrémités se terminent comme des branches. On verra par la suite que de nombreuses propriétés physiques ou chimiques des corps seront expliquées par l'entrelacement des branches de parties distinctes, ou encore par leur capacité à retenir d'autres parties, comme une haie qui retient les fétus de paille emportés par le vent.

– Le second genre est constitué de parties plus massives, quelquefois rondes ou carrées, mais qui ont le plus souvent la figure de pierres non taillées.

– Le troisième genre regroupe les parties « longues & menuës ainsi que des joncs ou des bastons ». De telles parties, se glissant aisément entre les autres, pourront également en être facilement tirées. Ce sont, on le verra bientôt, les propriétés des fluides, et notamment leur capacité à être obtenus par distillation, qui sont ainsi suggérées. Mais pour le moment, Descartes n'en dit rien.

Parallèlement à cette distinction qui ne fait intervenir que des considérations concernant la configuration des parties de la matière, Descartes divise la région supérieure de la Terre (la seule, rappelons-le, qui soit à la portée de nos investigations empiriques), en quatre corps dont la différenciation résulte d'une évolution géologique. Ce n'est donc plus du point de vue de leur organisation dans l'espace, mais de leur apparition successive dans le temps que ces quatre corps peuvent être distingués les uns des autres, au point que Descartes, qui considère que la séparation des deux premiers corps ne demande que « fort peu de temps », s'interroge cependant sur le nombre d'années nécessaire à la différenciation de l'eau et du sel, selon un processus que nous allons bientôt rencontrer (art. 39). Les parties supérieures de la Terre se subdivisent d'abord en deux groupes dont l'un, solide, dur et opaque, constitue une croûte terrestre où se trouvent notamment les métaux, tandis que l'autre, liquide, transparent et raréfié, se trouve au dessus de lui ; on verra bientôt qu'il s'agit de l'air (art. 32). Dans les schémas gravés qui accompagnent son texte, Descartes désigne le premier par la lettre C et le second par B [29]. Dans les corps C et B se trouvent primitivement des corps appartenant aux trois genres de figures que nous avons précédemment distingués [30]. Mais, compte tenu de la facilité avec laquelle, en raison même de leur forme, les corps du troisième genre se faufilent entre ceux des deux autres genres, ils sortent des corps C et B sous l'action de la matière du ciel et se rassemblent pour former un troisième corps, nommé D, qui occupe une place intermédiaire entre les corps C et B et qui, à la différence de ces derniers, n'est formé que d'un seul genre de parties (art. 34-35).

Descartes ajoute cependant une remarque dont l'importance pourrait échapper si l'on ne devinait pas, dès ce moment, que ce troisième corps de la Terre supérieure sera bientôt identifié avec l'eau. En effet, que toutes les parties de ce corps soient composées d'un même genre n'empêche pas que ce genre soit subdivisé en deux espèces, toujours grâce à un critère d'ordre géométrico-mécanique. Tandis que les plus grosses de ces parties fort glissantes sont restées droites, les plus petites, ont été pliées et repliées par l'action de la matière du ciel, acquérant ainsi une flexibilité et une souplesse qui fait défaut aux autres (art. 36). Ce processus permettra d'expliquer que certaines parties de l'eau sont en réalité des particules de sel, plus rigides que celles de l'eau douce. C'est ainsi toute une théorie de la formation du sel et de la circulation de l'eau à travers la terre qui sera bientôt rendue possible par une telle hypothèse. Reste à expliquer la formation d'un quatrième corps entre les deux fluides que sont les corps B et D. Ce nouveau corps, nommé E, est formé des parties irrégulières qui sortent de B et D et qui s'entrelacent solidement comme les branches d'un arbre, formant ainsi une croûte terrestre supérieure, quoique fragile. La chaleur du Soleil va en effet provoquer l'apparition par endroit d'un nouveau corps F, semblable au corps B, aérien et trop léger pour supporter la voûte du corps E qui va se fissurer, puis s'effondrer (art. 39-43).

29. On peut se reporter à l'annexe 2 où ces gravures sont reproduites avec un bref commentaire.

30. On remarquera cependant que Descartes présente la première division des corps C et B (art. 32) avant d'expliquer la distinction entre les trois genres de figure (art. 33), dans la mesure où cette seconde distinction ne lui est nécessaire que pour rendre compte de la formation du troisième corps (D) à partir des deux premiers (art. 34-35).

Des corps terrestres aux éléments

Sans doute le lecteur aurait-il quelque peine à suivre ce scénario complexe s'il n'était aidé par les gravures qui retracent chacune de ces étapes, et notamment les planches qui, dans l'édition latine, accompagnent les articles 32 et suivants (planche XIV de l'édition française). Descartes y a fait figurer par quartier les quatre étapes de la formation des corps B, C, D et E sur une seule gravure qui se lit dans le sens de rotation des aiguilles d'une montre, laissant ainsi entendre que ces quatre parties correspondent bien à la suite chronologique de quatre moments de la formation de la Terre. Quant à la phase ultime où la couche E se fissure, puis se fracture, elle est représentée par les deux gravures qui accompagnent l'article 42 de la version latine (planches XV/1 et XV/2 de la version française). Pourtant, malgré la relative clarté de ces gravures, on pourrait encore se demander à quoi correspond cette histoire géologique si l'on n'avait pas deviné ce que Descartes ne précise qu'à l'article 44 : les corps B & F ne sont autre chose que de l'air, D est de l'eau, C une croûte de terre intérieure d'où viennent les métaux et E une croûte de terre extérieure « composée de pierres, d'argile, de sable & de limon ». « Si nous pensons » qu'il en est ainsi, poursuit Descartes, c'est le processus de formation des montagnes, des plaines et des mers qui vient d'être présenté. Mais précisément, « si nous pensons », restriction dont il faut examiner importance.

Remarquons tout d'abord que ce rapprochement n'a rien de nécessaire. Le processus de formation décrit par Descartes possède une cohérence interne et ne fait apparemment pas intervenir d'autres raisons que celles qu'un entendement déduit des propriétés mécaniques de la matière qui ont été initialement posées. Aucun motif tiré de l'expérience n'intervient pour infléchir le cours de l'exposé ; cependant, les remarques concernant les deux espèces du troisième corps seraient sans intérêt, et ne seraient peut-être pas venues à l'esprit de l'auteur, si elles ne permettaient pas ensuite de rendre compte des modalités de la présence du sel dans l'eau. Mais, même si les données empiriques ont parfois suggéré certains cheminements à l'imagination scientifique, il demeure que les chaînes de raisonnement ne doivent rien à l'observation de la nature des corps que nous percevons. Nous sommes ici confrontés à l'aspect le plus déconcertant du statut de la science cartésienne, sur lequel nous reviendrons en détail dans le prochain chapitre.

On constatera ensuite que cette pensée d'un rapprochement entre les quatre corps dont la physique cartésienne vient de présenter la genèse et les éléments ne peut pas être menée à son terme. C'est ici que nous rencontrons la troisième subdivision annoncée tout à l'heure. En effet, aux deux distinctions fondées sur un point de vue figuratif, puis géologique, Descartes joint bientôt la distinction traditionnelle des quatre éléments que sont l'air, l'eau, la terre et le feu. C'est en effet en respectant cette division traditionnelle qu'il construit la suite de son exposé, comme il l'indique lui-même lorsque celui-ci est terminé :

> Jusques icy j'ay tasché d'expliquer la nature & toutes les principales proprietez de l'air, de l'eau, des terres, & du feu, pource que ce sont les corps qui se trouvent le plus generalement partout en cette region sublunaire que nous habitons, de laquelle on les nomme les quatre elemens [31].

Pourtant, les quatre corps de la partie supérieure de la Terre ne correspondent pas exactement aux quatre éléments puisque d'une part deux de ces corps sont de la terre et que d'autre part ils n'incluent pas le feu. On pourrait donc penser que Descartes embrouille singulièrement la situation en se sentant obligé de suivre le schéma traditionnel des cours scolastiques qu'il veut remplacer, alors que la doctrine qu'il élabore s'en distingue fondamentalement sur deux points. Tout d'abord, Descartes avait pris soin, dès la troisième partie des *Principes*, de récupérer le terme « élément » pour désigner les trois formes que prend la matière (art. 52 de la troisième partie), évitant ainsi toute confusion de son système aussi bien avec la doctrine aristotélicienne des quatre éléments qu'avec la théorie paracelsienne des trois principes. L'eau, l'air, la terre et le feu ne sauraient donc être appelés éléments dans la science cartésienne puisque, comme le montre leur rapprochement avec les quatre corps, ils correspondent soit à des assemblages qui résultent d'une histoire, soit à des états temporaires de la matière ; ils n'ont donc rien d'élémentaire.

Le système cartésien se distingue également de la théorie élémentaire traditionnelle par le fait que le feu et l'air n'y ont pas le même statut que l'eau et la terre. Alors que ces derniers sont des compositions de parties qui diffèrent selon diverses figures, le feu et l'air ne sont que la « forme » que prennent certaines parties du troisième élément lorsqu'elles sont emportées par le flux des parties du premier ou du second [32]. Ainsi, alors que les « éléments » de l'eau et de la terre

31. Art. 133 (AT IX-2 271). Le latin dit, beaucoup plus sobrement : « Hactenus naturas aëris, aquae, terrae, & ignis, quae hujus globi, quem incolimus, elementa vulgo censentur, simulque praecipuas eorum vires & qualitates explicare conatus sum. » (AT VIII 275)

32. On a déjà remarqué les problèmes liés à l'emploi du mot forme (*forma*), dans la mesure où il pouvait conduire à un rapprochement abusif avec le vocabulaire aristotélicien. En fait, Descartes distingue, d'une part la « figure » de chacune des parties de la matière, d'autre part la configuration de l'ensemble qu'elles « forment ». Un corps prend la forme

disposent dans la nature d'une relative stabilité et que rien ne conduit naturellement à leur suppression, le feu et l'air correspondent plutôt à des états temporaires de la matière qui disparaissent lorsque la cause qui leur a donné forme cesse de produire ses effets. Le feu, en particulier, a constamment besoin d'être alimenté : son temps est compté puisqu'il n'est qu'une forme passagère prise par la matière dans certaines circonstances particulières, et non pas une disposition équilibrée et durable de certaines de ses parties. Alors que le discours alchimique en était venu à surdéterminer le feu en ajoutant à ses propriétés élémentaires des attributs principiels, la doctrine cartésienne du feu réduit au contraire celui-ci à n'être qu'un effet du mouvement de la matière. On verra cependant que cela n'empêchera pas Descartes de s'arrêter longuement sur ses propriétés physico-chimiques.

L'EXPLICATION MÉCANISTE DES OBJETS DE LA CHIMIE

Avec l'article 45 de la quatrième partie des *Principia* s'effectue le passage de la géologie à la chimie : il ne s'agit plus désormais de savoir comment les différents corps ont été produits, mais d'indiquer leur nature, en s'appuyant sur les informations que le récit de leur genèse a permis d'obtenir. Qu'on ne s'y trompe cependant pas : si Descartes aborde ici l'examen des objets de la chimie, il n'entend pourtant pas développer un discours spécifiquement chimique. Sa méthode rompt en effet totalement avec celle qui permettait la construction de tels discours dans les traités d'alchimie ou de chimie de l'époque. Non pas tant en raison du recours à un récit de la génération des corps : les textes alchimiques commencent eux aussi par une sorte d'histoire de la constitution des métaux et des autres corps mixtes selon laquelle des principes ou esprits venant du ciel déposent leurs semences dans les parties souterraines de la Terre où se forment les minéraux et où germinent les métaux. Mais de tels discours, qui invoquent des principes tels que l'Humide radical ou le Feu principiel, reposent sur une substantialisation des propriétés de la matière : il s'agit de retrouver dans les opérations de la chimie la mise en œuvre des principes et le

de l'air ou du feu lorsque l'organisation spatiale de ses parties est modifiée sans que cela affecte pour autant la figure de chacune de ses parties. C'est ce qui se produit dans la dilatation. Descartes semble donc bien penser que, selon les circonstances, la même matière peut exister en divers états, sans aller cependant jusqu'à construire un concept d'état de la matière.

déploiement de leurs propriétés substantielles [33]. Ayant réduit les processus génératifs à des activités purement mécaniques, Descartes fait l'économie de toute analogie avec la génération des vivants et détruit le concept même de principe chimique. Mais il s'interdit par là même une organisation de son discours qui reposerait sur l'examen successif des propriétés de chacun de ces principes, ou sur la manière dont ils produisent leurs effets dans les différents règnes de la nature. On ne retrouvera donc ici aucun des plans qui structurent habituellement les traités alchimiques ou les « cours de chymie » du XVIIe siècle.

En rattachant l'étude des objets de la chimie à une histoire de la formation de la Terre, Descartes restreint en effet la portée de son discours au seul champ des minéraux, alors que la chimie de son temps accorde une grande importance à l'étude des substances d'origine végétale et animale. La distinction traditionnelle des trois règnes de la nature offre souvent aux « cours de chymie » un plan que Descartes ne peut pas reprendre à son compte. Il reconnaît d'ailleurs vers la fin de la quatrième partie des *Principes de la philosophie* (art. 188) que son traité aurait dû comporter une cinquième partie concernant les animaux et les plantes ainsi qu'une sixième sur l'homme, auxquelles il a renoncé faute de connaissances et d'expériences suffisantes. Mais, compte tenu de ce que nous savons par ailleurs de ses travaux sur ces questions, rien ne permet de penser qu'il ait jamais envisagé le développement d'une chimie des corps d'origine végétale et animale. Bien plus, on verra bientôt qu'il ne fait guère de différence entre la distillation du vin ou du blé et la sublimation des sels ou du mercure.

Ne pouvant pas disposer des plans habituels des cours de chimie, Descartes s'en tient à une classification selon les quatre éléments qui était plutôt en usage dans les traités scolastiques de physique ou les commentaires de traités aristotéliciens comme le *De generatione et corruptione*. De ce fait, des questions qui tombent habituellement en dehors du champ traditionnel de la chimie, comme celles du flux et du reflux de la mer, de la circulation des eaux souterraines ou de la formation de la foudre et des étoiles filantes trouveront leur place dans les développements cartésiens. Bien plus, Descartes ne répartit pas l'étude des objets chimiques sous la rubrique des quatre éléments. Ce n'est pas dans la section consacrée à l'air qu'il parlera des esprits, ni dans celle

33. On a vu dans le premier chapitre que lorsque Etienne de Clave, dans *La nouvelle lumière philosophique*, remplace les trois principes paracelsiens par cinq éléments chimiques, il ne renonce pas pour autant à qualifier les différents corps par les propriétés substantielles des éléments comme la fluidité, la friabilité, la congélabilité ou l'inflammabilité.

consacrée à l'eau qu'il traitera des fluides et des sels. L'essentiel de ses observations chimiques sont en réalité regroupées sous les deux rubriques de la terre et du feu. Et comme ce dernier n'est pas un corps, mais plutôt une activité, cela revient à dire que les objets de la chimie ne sont que diverses terres dont l'aspect est modifié par l'action du feu.

L'examen de la nature de l'air est l'occasion d'exposer le mécanisme de la condensation et de la raréfaction qui avait déjà été abordé dans la seconde partie de l'ouvrage (art. 6). L'air ne se définit pas par la taille ou la figure des parties du troisième élément qui le composent, mais plutôt par la forme qu'elles revêtent lorsqu'elles sont emportées par le mouvement des parties du second élément (art. 45). L'air n'est donc que le nom que l'on donne à la matière lorsqu'elle est raréfiée, et si cela semble plus facile avec les plus petites parties de la matière du troisième élément, on verra par la suite que même les corps composés de grosses particules, comme le vif-argent, peuvent être raréfiés. Chacune des parties de la matière qui prend la forme de l'air a besoin d'être entourée d'un espace d'autant plus grand que le mouvement dans lequel elle a été entraînée est vif, c'est à dire que la chaleur est élevée. La réduction de cet espace par la contrainte que l'on exerce lorsqu'on comprime l'air ne supprime pas pour autant le flux de matière subtile qui remplit cet espace et qui confère aux parties de l'air leur agitation. Par conséquent, ces parties « se frappent ou se poussent les unes les autres en se remuant » et restituent lors de la dilatation une force égale à celle qu'on a utilisée pour les comprimer (art. 47). Se trouve ainsi illustrée la thèse qui était développée à l'article 6 de la seconde partie des *Principes* : la raréfaction ne contredit pas l'affirmation de l'identité entre matière et étendue puisque ce qui est modifié dans la dilatation, ce n'est pas l'étendue occupée par le corps, mais seulement celle qui est nécessaire à son mouvement. Cette seconde étendue n'est pas celle du corps lui-même, mais de ses interstices qui se remplissent d'une quantité plus ou moins importante de matière subtile ; il est donc inutile d'invoquer les notions d'espace sans matière (le vide) ou de matière sans espace (l'atome) [34].

Descartes ne s'étend pas longuement sur la nature de l'eau, puisqu'il en déjà parlé en exposant la composition du corps D. On remarquera

34. Sur les difficultés de la position cartésienne voir Murray Lewis Miles, « Condensation and rarefaction in Descartes' analysis of matter », *Nature and system*, 5 (1983), p. 169-180. Voir également la critique par Bachelard de ce qu'il appelle « la métaphysique de l'éponge » dans *La formation de l'esprit scientifique*, Paris, Vrin, 1938/1989, p. 78-79 et la remise en cause de la critique de Bachelard par Pierre Costabel, *Démarche originale de Descartes savant*, Paris, Vrin, 1982, p. 182-ssq.

simplement que pour lui, l'eau naturelle est l'eau de mer, dont l'eau douce et le sel ne sont que des parties. On ne s'étonne donc pas qu'il renvoie ici aux *Météores*, où, comme nous l'avons vu, il consacrait en effet plusieurs pages au sel. Descartes situe son exposé dans le cadre de l'approche scolastique de ces questions qui ajoutait à la question de la salure de la mer, posée par Aristote, celle de la cause des marées, qu'il ne posait pas [35]. Ayant renvoyé son lecteur aux *Météores*, il consacre donc huit articles (49-56) à expliquer que les marées sont dues aux perturbations que provoque la présence de la Lune dans le tourbillon qui entoure la Terre. L'explication cartésienne se distingue des nombreuses théories de son temps en ce qu'il propose d'expliquer le flux et le reflux de la mer par une pression, et non par une attraction de la Lune. Mais elle n'en demeure pas moins fidèle à l'hypothèse lunaire qui semblait devoir s'imposer depuis les célèbres observations de Posidonius. De ce point de vue, la thèse cartésienne nous apparaît moins déconcertante que les étranges supputations de Kepler sur la respiration d'un animal sous-marin ou même que l'étonnante théorie des oscillations du mouvement terrestre que présente Galilée dans la quatrième journée du *Dialogue sur les deux grands systèmes du monde* [36].

C'est donc à propos de la terre que Descartes explique la composition et les propriétés des corps chimiques qu'il va classer en trois catégories, le vif-argent, les acides et les huiles, auxquelles s'ajoutent les sels et les métaux. Descartes sépare le moment de la production des différents corps chimiques de celui de leur remontée jusque dans les mines et les couches superficielles de la terre où nous les trouvons. Dans un premier temps, il explique comment ces corps se forment dans la Terre inférieure (C) sous l'effet de la chaleur (art. 57-63). L'étude de la formation des sels dans les parties supérieures de la Terre grâce à la circulation souterraine de l'eau de mer (art. 64-69), qui constitue le second moment de l'exposé cartésien, fournit le modèle qui permettra d'expliquer comment les corps qui se sont formés dans les parties inférieures de la Terre remontent jusqu'à proximité de sa surface par le véhicule des vapeurs, des esprits et des exhalaisons (art. 70-76).

35. Aristote, *Météorologiques*, 354b-359b. En 354a, Aristote s'interroge sur la cause des courants marins, mais non pas des marées.

36. Voir à ce sujet Eric J. Aiton, « Galileo's theory of the tides », *Annals of science*, vol. 10, 1954, p. 44-57 ; Federico Bonelli et Lucio Russo, « The origins of moder astronomical theories of tides : Chrisogono, de Dominis and their sources », *The British Journal for the History of Science*, vol. 29/4, 1996, n° 103, p. 385-401 ; Bernard Joly, « Présences stoïciennes dans les théories des marées aux XVIe et XVIIe siècles », *Revue d'histoire des sciences* tome 61-2, 2008, p. 287-311.

La formation des corps à l'intérieur de la Terre

Pour rendre compte de la formation des divers corps chimiques et des propriétés qui résultent de leurs processus de formation, Descartes décrit des opérations assez complexes qui s'appuient sur l'ensemble du dispositif géologique qu'il a mis en place dans les articles précédents. Ces derniers ont montré que l'évolution de la Terre a abouti à la formation de deux croûtes terrestres, l'une inférieure (C), l'autre supérieure (E), séparées l'une de l'autre par une couche d'eau (D) et des poches d'air (F). Suite à la légèreté de ces dernières, la croûte extérieure (E) s'est rompue en plusieurs points et, de ce fait, certaines de ses parties sont en contact avec la croûte inférieure (C). Cette terre inférieure est composée de parties dont les figures sont grosses et irrégulières, ce qui permet la formation d'interstices favorisant la circulation de toute sorte d'autres corps, qu'il s'agisse de la matière subtile du premier et du second élément ou des particules d'air et d'eau qui entourent la terre. Les parties du second élément ne pouvant, en raison de leur taille, circuler aisément en tous sens autour des parties du corps C, vont exercent sur elles une pression vers le centre de la Terre qui leur confère leur pesanteur. Mais elles vont aussi provoquer leur ébranlement, favorisant ainsi la pénétration dans ses interstices des parties de la matière du premier élément dont l'une des fonctions consiste précisément à combler les intervalles de la matière de sorte qu'il n'y ait pas de vide.

Mais ce n'est pas tout : des parties d'air et d'eau (et donc de sel et d'eau douce), entraînées par le mouvement de la matière du premier et du second élément, parviennent également à circuler dans ces intervalles et pénètrent ainsi jusque dans les parties les plus profondes de la terre inférieure. Elles vont subir des transformations au cours de cette traversée, et c'est donc sous une forme modifiée qu'elles vont se déposer dans les zones les plus profondes de la terre. Mais elles vont aussi détacher certaines parties de ces zones et les entraîner avec elles lorsqu'elles remonteront vers la surface. La perméabilité du corps C, qui permet une circulation descendante et ascendante des parties de l'eau et de l'air, joue donc un rôle essentiel dans la composition des corps chimiques : c'est en effet grâce à elle que ces corps, dont la formation s'effectue dans cette partie la plus profonde de la terre inférieure qui est totalement inaccessible aux hommes, peuvent cependant remonter jusqu'aux couches superficielles où nous les trouvons (art. 57). La Terre apparaît ainsi comme un vaste laboratoire où se fabriquent les corps chimiques. Certes les théories alchimiques ne disaient pas autre chose, mais elles présentaient une explication radicalement différente, faisant intervenir l'Esprit du Monde et les semences métalliques.

Il reste cependant à comprendre pourquoi c'est dans les parties les plus profondes de la terre que s'effectue cette formation des corps chimiques. C'est ici qu'intervient le rôle de la chaleur. Comme il a été expliqué précédemment, (art. 29-31), la chaleur n'est rien d'autre qu'un effet de l'agitation des plus petites parties des corps terrestres par la matière du ciel. Cette matière, qui provient du Soleil, est tellement subtile qu'elle peut pénétrer jusque dans la couche inférieure de la terre (le corps C) qui reçoit également, à travers l'enveloppe M dont les parties sont inégalement serrées, des particules de la matière du premier élément qui constitue le centre de la Terre et qui subsiste depuis l'époque lointaine où la Terre était un astre semblable au Soleil. C'est l'effet conjugué de ces deux chaleurs d'origine extérieure et intérieure qui provoque les ébranlements des parties du corps C d'ou vont naître les corps chimiques. Pour rendre compte des différences que l'on observe entre ces corps, il suffit de rappeler que les diverses fissures du corps C laissent passer plus ou moins de matière subtile : l'action de la chaleur ne s'exerce donc pas de la même manière en tous les points de la terre inférieure (art. 59).

Ces principes étant établis, il est possible d'expliquer la formation de trois sortes de corps, le vif-argent, les sucs corrosifs et la matière huileuse, qui vont venir s'ajouter à ceux qui sont formés des diverses parties du corps C, et notamment les métaux. Le modèle le plus simple est fourni par la formation du vif-argent (c'est à dire du mercure) grâce au rassemblement des parties unies et glissantes du corps D (et donc de l'eau) qui ont pénétré profondément dans le corps C mais qui y ont acquis une pesanteur et une opacité qui les distingue de l'eau. Il faut alors, pour comprendre les raisons de la pesanteur et de l'absence de transparence de cette liqueur qu'est le vif-argent, se référer aux explications que Descartes a données précédemment des diverses actions de la matière subtile qui compose le ciel. Ainsi, l'article 23 ayant établi que la pesanteur d'un corps est d'autant plus grande que la matière du second élément circule moins aisément entre ses parties, nous comprenons que le vif-argent, dont les parties sont très serrées, est plus pesant que l'eau. Et puisque la transparence d'un corps liquide vient de la facilité avec laquelle la matière du second élément qui circule entre ses parties peut arranger ces dernières de telle sorte qu'elles puissent laisser passer les rayons de la lumière en ligne droite, on comprend que le vif-argent dont les parties sont grosses et très serrées l'une contre l'autre, ne facilite pas le travail de rangement de la matière du second élément, comme il est expliqué à l'article 16. On peut donc supposer que les parties qui constituent le vif-argent existaient déjà dans l'eau, mêlées à d'autres parties plus petites et à celles, plus rigides, qui composent le sel ; c'est leur rassemblement en un ensemble homogène qui constitue le corps qui présente les propriétés du vif-argent.

Le vif-argent est le produit d'une sorte de filtrage des parties les plus grosses de l'eau qui se sont infiltrées dans la couche inférieure de la terre (C) et ont traversé ses intervalles sans subir de déformation. Ce sont au contraire ces déformations qui permettent d'expliquer la constitution des deux autres corps selon deux processus mécaniques différents. Il convient en effet de penser, précise Descartes, que de nombreuses parties du corps C ont des branches entrelacées et dont les intervalles varient sous l'effet de la chaleur, comme le font les branches des arbres secoués par le vent (art. 60). Martelées par leur passage dans ces interstices mobiles, les parties rondes et raides de l'eau qui constituent le sel « s'y aiguisent & polissent en telle sorte que, devenant tranchantes & pointues, elles prennent la forme de certains sucs aigres et corrosifs. » (art. 61) Mais celles de ces parties rondes qui sont moins dures, au lieu d'être ainsi laminées, seront plutôt déchiquetées et se diviseront en branches flexibles, qui auront tendance à se lier les unes aux autres, formant ainsi la matière huileuse (art. 62).

Ce ne sont pas deux corps chimiques qui sont ainsi produits, mais plutôt deux catégories de corps, dont les propriétés distinctives, telles qu'elles sont observées par les chimistes, renvoient à des structures géométriques elles-mêmes déterminées par les actions mécaniques qu'elles ont subies. Les sucs corrosifs détruisent les autres corps en raison de leurs parties tranchantes, tandis que les huiles adhèrent aux autres corps et provoquent leur coagulation par le moyen de leurs branches qui s'accrochent à ces corps. Ces deux genres de corps ne se spécifieront en des corps chimiques différents que lors de leur remontée vers les parties supérieures de la Terre (le corps E) où ils se mélangeront à d'autres. C'est donc un processus de fabrication en trois temps que présente ainsi Descartes : d'abord se forment le corrosif et le huileux en général, puis s'effectue la remontée de ces deux types de corps, suivie de leur mélange avec d'autres qui fait apparaître les divers corps que nous connaissons : vitriol et alun, par exemple, pour ceux du premier genre, soufre, bitume et toutes sortes d'huiles pour ceux du second genre.

On pourrait penser que c'est dans un esprit de conciliation que Descartes, à l'article 63, rapproche des principes des « chymistes » les trois sortes de corps dont il vient d'expliquer la formation, de la même manière qu'il déclarera à l'article 200 ne s'être servi, pour rendre raison des choses matérielles, que des principes qui ont été admis par Aristote et tous les autres philosophes, allant alors jusqu'à déclarer, contre toute évidence, que « cette philosophie n'est point nouvelle, mais la plus ancienne & la plus vulgaire qui puisse estre. » Le rapprochement des trois corps cartésiens avec les trois principes de la chimie paracelsienne semblerait alors n'être que verbal, dans la mesure où, précisément, le mercure, le soufre et le sel ne sont pas pour Descartes des principes, mais tout au plus des catégories d'objets. Ils possèdent des propriétés mécaniques, et non pas des vertus substantielles qu'ils communiqueraient aux corps dont ils permettraient la naissance. Bien plus, le rôle que Descartes leur reconnaît dans la composition des métaux est totalement différent de celui que le mercure et le soufre y jouent dans les traités de l'alchimie médiévale. Non seulement les principes, qui ne possèdent pas de puissance séminale, n'ont aucune activité générative mais il ne leur reste même pas, dans la chimie cartésienne, un rôle de composant métallique puisque, comme on va bientôt le voir, les métaux se rapprochent pour Descartes de ce que nous appellerions des corps simples.

Pourtant, la référence aux trois principes des « chymistes » ne peut pas être réduite à une simple habileté de Descartes. Il faut en effet remarquer qu'il est loin d'utiliser toutes les ressources du dispositif complexe de formation des corps chimiques qu'il a mis en place. On pourrait en effet imaginer bien d'autres processus mécaniques que ceux qu'il a décrits : les bâtonnets bien lisses dont l'eau est formée pourraient être courbés, disloqués, réduits en fine poussière, coupés en carrés ; pourquoi ne pas imaginer une conjonction de ces diverses actions, qui donneraient du vif-argent corrosif, des sucs aigres et huileux ou des huiles tranchantes et pointues ? On voit bien que Descartes s'en est tenu au processus de formation de trois sortes de corps parce qu'il a d'abord admis implicitement qu'il n'en existe que trois : il ne lui appartient pas d'en faire apparaître davantage que la tradition alchimique n'en a établis. De ce point de vue, la référence aux principes paracelsiens n'est plus une simple concession verbale ; elle est plutôt la reconnaissance de l'importance du travail des alchimistes, dont il ne s'agit pas de mettre en cause l'inventaire des types de produits chimiques qu'ils ont établi, mais seulement la théorie générale à l'intérieur de laquelle ils interprètent le résultat de leurs travaux.

La formation des sels par la circulation de l'eau

Jusque maintenant, Descartes n'a fait qu'expliquer la formation des grandes catégories de corps chimiques au plus profond de la Terre. Il s'agit désormais de montrer comment s'effectue la remontée de ces corps jusque dans les mines qui n'occupent que la partie la plus superficielle de la croûte terrestre. Après l'étude de ce qu'il appelle la terre intérieure, Descartes en vient donc à la présentation des processus qui caractérisent la terre extérieure et qui se ramènent essentiellement à des circulations de liquides. On ne peut qu'être frappé par l'importance que joue ici l'analogie entre la circulation de l'eau dans la Terre et celle du sang dans le corps, que Descartes présente explicitement à la fin de l'article 65. Le rapprochement entre les mouvements du sang dans les veines et celui des eaux souterraines est indépendant de la découverte de la circulation du sang, qui n'a fait que renforcer la pertinence de l'analogie. Sénèque, puis Pline, utilisent cette image pour tenter d'expliquer le mouvement des marées, lorsque ces dernières sont supposées constituer la partie visible et extérieure d'un processus qui se complète par une circulation souterraine des eaux [37]. Quant à l'idée d'une telle circulation, elle est déjà évoquée par Platon [38], puis reprise par les géographes d'inspiration stoïcienne qui se fondent alors sur l'idée selon laquelle le Monde est un animal [39]. Contrairement à ce que l'on a souvent et un peu hâtivement affirmé, l'idée, que l'on retrouve jusque chez Kepler [40], ne correspond pas à une interprétation vitaliste de la nature, puisque, au contraire, elle repose sur la conviction qu'il n'existe pas de différence essentielle entre le règne du vivant et le règne minéral : un même souffle (*animus* ou *pneuma*) traverse et met en mouvement tout l'univers, sans que cela signifie que soient attribuées à ce dernier les fonctions qui caractérisent plus spécifiquement les animaux.

Bien entendu, Descartes renouvelle entièrement l'interprétation de ce thème, puisque les « esprits » ne sont pour lui que de fines particules de matière. Si l'évocation de la circulation du sang a pour fonction de marquer l'unité des lois de la nature, et en cela l'analogie joue chez lui le même rôle que dans les philosophies de la nature auxquelles il s'oppose, c'est qu'il s'agit de montrer que tout relève de la mécanique. C'est bien parce que le fonctionnement de vivant ne requiert pas d'autres principes et d'autres lois que ceux qui ont été établis dans les *Principes* qu'il est possible d'effectuer un tel rapprochement. D'ailleurs,

37. Pline, *Histoire naturelle*, II, 99, 221, Paris, Belles Lettres, 1950, t. II, p. 98 ; Sénèque, *Questions naturelles*, III, 14, 3-15, Paris, Belles Lettres, 1961, t. I, p. 129.

38. Platon, *Phédon*, 111c-113c.

39. Par exemple, Strabon, *Géographie*, I, 3, § 8. Sur ce sujet, voir Bernard Joly, « Présences stoïciennes dans les théories des marées aux XVIe et XVIIe siècles » (o. c.. note 36).

40. Kepler, *Harmonices mundi*, Linz, 1619, livre IV, chap. VII (*Gesammelte Werke*, vol. VI, p. 270).

la circulation des eaux à travers la terre n'évoque pas seulement la circulation du sang. Elle constitue également la mise en scène d'un processus distillatoire qui implique que la nature tout entière soit considérée comme un vaste alambic. Ici encore, on est frappé par le caractère traditionnel des images qu'utilise Descartes, même s'il se montre alors plus discret et se garde bien d'attirer l'attention de son lecteur sur le modèle distillatoire qu'il met en scène.

Ce qu'il y a d'original dans la théorie cartésienne de la circulation de l'eau, c'est que la vapeur circule plus facilement dans la terre que dans l'air. Descartes refuse en effet d'accorder à la vapeur et à ces autres corps que nous appellerions aujourd'hui des gaz le statut ambigu que ses contemporains se plaisaient à leur reconnaître : il ne s'agit ni de corps immatériels, ni de matière incorporelle, ni même de ces corps intermédiaires auxquels la marquise Du Châtelet rattachera encore le feu en 1737 [41], mais tout simplement « des petites parties de l'eau séparées l'une de l'autre » par l'action de la chaleur (art. 64). Ces particules matérielles ont besoin d'appuis pour s'élever et la matière de la terre, plus solide que celle de l'air, rendra leur ascension plus élevée. Descartes, qui ne dit rien des nuages et de la pluie, prête au contraire la plus grande attention aux cheminements souterrains de la vapeur à l'intérieur des montagnes où, l'agitation de ses particules diminuant, la vapeur se transforme à nouveau en eau et cherche pour s'écouler des orifices plus vastes que les étroits pores de la terre par lesquels elle est montée. Les fissures de la terre sur les flans montagneux constituent alors autant de sources d'où l'eau s'écoule vers la mer dont elle provient.

Bien entendu, au cours de ces cheminements, l'eau de mer se débarrasse de ses particules les moins flexibles et les plus grosses, qui constituent le sel, et l'on ne s'étonnera pas de retrouver souvent ce dernier dans les montagnes (art. 68). De la même manière, les pores de la terre sont parfois tellement étroits qu'ils modifient au passage les parties du sel, formant ainsi des sels particuliers tels que le salpêtre ou le sel ammoniac (art. 69). Descartes ne dit ici rien de plus sur ce qui différencie ces sels et l'on comprend que Leibniz ait pu considérer, quelques années plus tard, que ce que Descartes disait des sels faisait pitié [42]. On voit ici, peut-être mieux que nulle part ailleurs, que Descartes n'entend pas faire œuvre de chimiste et que son but n'est pas de présenter à ses lecteurs

41. Madame Du Châtelet, *Dissertation sur la nature et la propagation du feu*, Paris, 1744.

42. Gerhardt IV 302.

des explications complètes sur tous les corps chimiques, mais seulement de leur montrer qu'il est possible de rendre compte de leurs propriétés grâce aux hypothèses mécaniques sur lesquelles se fonde sa physique et que rend possible sa métaphysique.

La remontée des corps par le véhicule des fumées

Descartes, comme tous ses contemporains, manque d'un terme pour désigner ce que nous appelons les gaz, c'est à dire l'état de la matière lorsqu'elle est raréfiée. Certes, le terme vient d'être inventé par Jean-Baptiste Van Helmont, qui l'utilise d'abord pour désigner la vapeur d'eau [43], mais surtout le « gaz sylvestre », cet esprit sauvage qui s'échappe facilement des récipients, qui s'obtient à partir de la combustion du charbon, mais aussi dans les fermentations végétales ou animales et qui semble correspondre à notre gaz carbonique [44]. Il évoque aussi un « gaz de sel » obtenu par un mélange d'eau forte et du sel marin (sans doute ce que nous appelons l'acide chlorhydrique) [45]. Enfin, il considère que la flamme est la combustion d'un gaz [46]. Mais, on l'a déjà vu, l'*Ortus medicinae* ne paraît qu'en 1648 et l'emploi du terme reste rare jusqu'au XVIIIe siècle, la plupart des auteurs préférant parler des « airs » plutôt que des gaz. Surtout, l'étude des gaz ne peut pas progresser, tant que manquent les appareils permettant de les produire, de les isoler, de les stocker et de les analyser, toutes choses qui ne se développeront qu'au XVIIIe siècle [47]. Descartes avait appelé « air » la matière du troisième élément lorsqu'elle est raréfiée, et c'est bien de cela dont il s'agit ici. Mais l'air est un état de la matière que tout corps peut adopter. Descartes a donc besoin ici d'un terme nouveau et il emploie celui de « fumée » pour désigner les vapeurs d'eau ou de mercure, les « esprits » et les « exhalaisons », termes qui étaient souvent pris l'un pour l'autre mais entre lesquels Descartes va introduire des distinctions très précises.

Descartes sait bien que la vapeur d'eau est encore de l'eau, et sa théorie mécanique propose une explication simple et claire du proces-

43. Van Helmont, *Gas aquae*, in *Ortus medicinae*, Amsterdam, 1648, p. 74 a.

44. *Complexionum atque mistionum elementalium figmentum*, in *Ortus medicinae*, p. 106-108.

45. *Ibid.*, p. 109 b.

46. *Vacuum naturae*, in *Ortus medicinae*, p. 84 b.

47. Voir Guido Giglioni, « Per una storia del termine *Gas* da Van Helmont a Lavoisier : costanza e variazione del significato », *Annali della Facolta di lettere e filosofia della Universita di Macerata*, XXV-XXVI, 1992-1993, p. 431-468.

sus : sous l'effet d'une intensification du flux des parties très subtiles du premier et du second élément, les parties de l'eau se séparent l'une de l'autre et se laissent emporter par le mouvement de la matière subtile dont leurs formes rondes et lisses favorisent la circulation. Ainsi libérées de la pression unilatérale de la matière du second élément qui leur conférait leur pesanteur, ces parties déliées de l'eau peuvent aisément s'élever, rien ne venant plus contrecarrer la force centrifuge de la rotation de la Terre. Ce schéma était sous-jacent aux explications des articles précédents sur la circulation souterraine des eaux et la formation du sel par accumulation. Descartes entreprend désormais de l'appliquer à tous les corps qui sont susceptibles d'être raréfiés, c'est à dire dont les particules ont des figures et une taille telles qu'elles peuvent aisément être emportées par le flux de la matière subtile. Et de la même manière que la vapeur, lorsqu'elle est entraînée par cette matière subtile, dispose d'assez de force pour entraîner avec elle pendant une partie de son ascension les parties plus rigides du sel, les autres fumées pourront entraîner avec elles des parties plus grossières de la terre inférieure et les hisser jusque dans les mines où elles seront arrêtées par les pores trop étroits de la terre supérieure, mais où l'industrie de l'homme pourra venir les extraire, prenant ainsi le relais de l'action de la nature.

Descartes ne dit pas grand chose sur les activités minières d'extraction des métaux, se contentant d'indiquer à ses lecteurs qu'il n'ignore pas les techniques de recherche des gisement miniers et allant jusqu'à suggérer une explication mécanique de la localisation des mines (art. 73-74). Mais il n'a pas la prétention de rivaliser avec les traités consacrés à l'industrie minière qui fleurissent à l'époque, depuis le succès du *De re metallica* de Georg Agricola paru à Bâle en 1555. Son objectif est simplement de présenter une théorie mécanique de la formation des métaux et de l'ensemble des minéraux. Il doit pour cela tenir compte de deux traditions dont les leçons se sont souvent entremêlées. Il s'agit tout d'abord de la théorie des exhalaisons, telle qu'Aristote l'a développée à la fin du troisième livre des *Météorologiques* [48]. Les exhalaisons souterraines de la terre sont de deux sortes : sèche ou fumeuse, elle produit les minéraux ; vaporeuse ou humide, elle est la cause des métaux, qui résultent de la congélation de cette vapeur sous l'effet de la compression de la terre où elle est emprisonnée. Aristote ne dit rien de ce qui différencie les métaux, mais les commentateurs ont supposé qu'il fallait y voir des effets de variations de

48. Aristote, *Météorologiques*, 378a 15-178b 5.

température, et surtout du mélange d'un peu de terre avec l'exhalaison humide.

Face à la pauvreté du schéma aristotélicien, les doctrines alchimiques de la formation des métaux ont pu se développer facilement chez les auteurs du moyen âge. Le mercure et le soufre, qui furent sans doute d'abord considérés comme les deux ingrédients de tout métal selon des proportions variables, ont rapidement acquis le statut de principes : ils n'étaient plus seulement des éléments dont le mélange produisait les métaux, mais des réalités substantielles porteuses de qualités essentielles qu'ils apportaient aux métaux lorsqu'ils les faisaient naître dans les veines des mines. Dans un tel schéma, les exhalaisons sont remplacées par des circulations d'esprits séminaux qui apportent à la terre les principes mercuriels et sulfureux qui engendrent les métaux. Nous avons déjà vu que Descartes était soucieux, dans les *Principes de la philosophie*, de ne pas heurter de front les doctrines qu'il veut remplacer par sa théorie mécaniste. Il va donc reprendre le vocabulaire des deux doctrines concurrentes et certains aspects de leurs théories, tout en leur donnant une signification différente qui débouche finalement sur une doctrine radicalement nouvelle.

La première nouveauté du système de Descartes consiste à distinguer avec soin quatre types de fumées (ou exhalaisons au sens le plus général) qu'il fait correspondre aux trois sortes de corps qu'il avait distingués précédemment, auxquels il ajoute ici l'eau qui sert de modèle pour l'ensemble. Ainsi, de la même manière que l'eau raréfiée produit de la vapeur, la raréfaction des sucs corrosifs produit des esprits, celles des huiles des exhalaisons au sens strict et celle du vif-argent une vapeur qui ne porte pas de nom distinctif. Il faut que les trois sortes de corps qui se sont formés dans les couches inférieures du corps C se raréfient pour que, libérés de la pesanteur, ils puissent remonter vers l'extérieur à travers les pores de la terre et produire, par leur mélange et leur condensation, les divers corps chimiques que nous observons. Mais la manière d'agir de ces trois fumées n'est pas la même. Les esprit jouent le rôle principal dans la formation des pierres, et d'une manière générale des corps les plus durs qui seront transparents (comme le diamant, l'agate ou le cristal) si ces esprits se sont congelés dans des cavités où ils ne se mélangent pas à d'autres corps, mais qui seront opaques si cette congélation se produit dans des pores de la terre (art. 71). De leur côté, les exhalaisons huileuses ont besoin d'être unies aux esprits pour acquérir des branches par lesquelles elles s'accrochent à d'autre corps, composant alors notamment les divers corps inflammables comme le soufre, le bitume ou la naphte (art. 77).

L'évocation de ces corps qui s'enflamment facilement et promptement permet à Descartes de présenter ses hypothèses sur la cause des tremblements de Terre et les éruptions volcaniques, ce qui offrira une transition vers l'étude de la nature et des propriétés du feu. Mais il faut auparavant examiner la théorie de la formation des métaux qu'il a esquissée à propos des vapeurs de vif-argent qui constituent la troisième sorte de fumée. C'est sans doute ici que l'exposé cartésien est le plus original par rapport aux doctrines de son temps. On pourrait tout d'abord croire que Descartes effectue une synthèse des théories aristotéliciennes et alchimiques, puisqu'il identifie l'exhalaison humide aux vapeurs de vif-argent. Mais cela débouche en réalité sur une théorie qui s'oppose aux deux doctrines puisque le vif-argent n'apparaît pas comme un composant des métaux, mais seulement en tant que véhicule : ses vapeurs font en effet remonter les parties des métaux depuis les couches inférieures vers les couches supérieures de la terre, rôle qui semble d'ailleurs se limiter au cas de l'or, de l'argent et du plomb, puisque le cuivre, le fer et l'antimoine sont extraits des profondeurs de la terre par les esprits et les exhalaisons (au sens strict) (art. 72). Descartes ne donne aucune explication à ce sujet, et l'on peut tout au plus remarquer que les métaux véhiculés par le mercure sont plus « mous » que les autres (très malléables et faible point de fusion).

Descartes fait ainsi l'économie d'une théorie de la formation des métaux dans les mines, puisque les particules métalliques que l'on y trouve ne sont que des parties du corps C qui ont été détachées par les sucs corrosifs, enrobées de parties huileuses et remontées vers la surface de la terre par les mouvements des vapeurs de vif-argent (art. 63). Ce qui signifie que pour lui, les métaux sont des corps simples, ou du moins homéomères, pour reprendre le vocabulaire aristotélicien. Ils sont en effet formés de l'assemblage de parties identiques du corps C et ne diffèrent l'un de l'autre que par des différences de figure et de taille de leurs parties constitutives. Quant aux modifications qu'ils peuvent subir en remontant vers les mines, elles débouchent sur la constitution de corps que nous considérons comme des minerais métalliques, à l'image de ce vermillon cité par Descartes, nom courant du cinabre, (sulfure de mercure, HgS) qui est son minerai. Par contre, les autres minéraux sont pour Descartes des corps mixtes. Ainsi, alors qu'il affirme que des parties du corps C « pro diversis suis magnitudinibus ac figuris, diversa metalla constituunt » (art. 63), il affirme au contraire que « ex diversis eorum [les vapeurs, esprits, exhalaisons et autres] misturis omnia fossilia componuntur » (art. 70). Ainsi, les métaux sont « constitués », c'est à dire que leur formation n'est qu'un arrangement de parties semblables, tandis que les « fossiles » (les minerais) sont composés de corps différents [49].

Descartes serait donc l'un des rares auteurs du XVIIe siècle à considérer que les métaux ne sont pas des corps mixtes. Une telle affirmation l'aurait nécessairement conduit à bouleverser la chimie métallique, s'il avait entrepris de la développer. Mais surtout, c'est la possibilité même de la transmutation des métaux qui se trouve ainsi radicalement mise en cause, puisque cette dernière n'est concevable qu'à la condition d'admettre que la composition chimique d'un métal peut être modifiée par ce dissolvant régénérateur qu'est la pierre philosophale. Mais on a vu au chapitre précédent que Descartes n'a jamais rejeté la possibilité de la transmutation métallique et sa théorie de la formation des métaux est plutôt conçue comme une réfutation de la doctrine des alchimistes que comme une mise en cause des pratiques transmutatoires. On remarquera enfin que ce qui est refusé aux métaux est immédiatement accordé aux autres minéraux, puisque la théorie de la formation à partir du mercure, du soufre et du sel est utilisée pour rendre compte de la formation des « fossiles ».

UNE THÉORIE DU FEU

Si le plan que suit Descartes semble constituer une concession à la doctrine aristotélicienne des quatre éléments, par contre ce qu'il dit du feu, qui devrait constituer l'un d'entre eux, montre clairement que les *Principes de la philosophie* se déploient dans un contexte théorique radicalement différent. L'eau et la terre sont des corps, c'est à dire qu'ils sont constitués d'un ensemble de parties de taille et de figure diverses, susceptibles d'avoir divers mouvements, d'agir sur les corps avec lesquels ils sont en contact ou de subir leur action, le tout pouvant être expliqué selon les lois de la physique exposées dans la seconde et la troisième partie des *Principes*. Il n'en va pas de même pour le feu, qui n'est pas un corps, mais la manifestation d'une activité. Cela ne contredit pas l'article 11 de la seconde partie des *Principes*, où Descartes affirme que « le feu quoy qu'il soit tres-leger, ne laisse pas d'être un corps. » Il ne s'agit pas alors d'affirmer que le feu est constitué de corpuscules spécifiques, mais seulement d'insister sur le caractère entièrement corporel

49. La traduction française des *Principes de la philosophie* efface cette distinction en utilisant dans les deux cas le verbe « composer ».

du feu, malgré sa très grande subtilité. De même, lorsque, dans *Le Monde*, Descartes semblait faire du feu un corps parmi d'autres, il ne s'agissait que de mettre en évidence la nature purement corporelle du feu qui n'est rien d'autre que le mouvement des petites parties du bois [50].

Nous ne sommes donc pas en présence, avec le feu, d'un nouveau corps, ni même d'une nouvelle sorte de corps, mais seulement d'une « forme » nouvelle que peuvent revêtir tous les corps dans certaines conditions qu'il s'agit de préciser (art. 80) :

> Toutes les petites parties des corps terrestres, de quelque grosseur ou figure qu'elles soient, prennent la forme du feu, lors qu'elles sont separées l'une de l'autre, & tellement environnées de la matière du premier element, qu'elles doivent suivre son cours [51].

Certes, il en était de même avec l'air, qui est un flux de parties du troisième élément emportées par des parties du second. De ce point de vue, l'air et le feu sont deux états de la matière qui ne différeraient que par le fait que le premier convient plutôt aux petites parties, aisément mises en mouvement par la matière du Ciel, tandis qu'il faudrait toute la rapidité des fines particules du premier mouvement pour mettre en branle les plus grosses parties du troisième qui vont constituer l'aliment du feu. Cette différence apparemment secondaire est pourtant essentielle : la grande agitation du feu constitue en effet sa principale caractéristique et c'est elle qui va permettre de rendre compte de tous les effets produits par le feu. Mais avant d'examiner ces effets (art. 117-132), Descartes étudie les moyens de produire le feu (art. 84-94), puis de le conserver (art. 95-116).

Descartes commence par rendre compte du processus qui permet d'allumer le feu selon les techniques les plus répandues : par le frottement de corps durs ou par l'utilisation de miroirs convexes (art. 84-86). La production du feu avec un fusil constitue un modèle à partir duquel est mise en évidence la raison commune à des procédés qui semblent bien différents : le frottement de parties dures les unes contre les autres rétrécit les pores de la matière, en fait sortir les parties du second élément, puis fait partir en pirouettant les parties rompues du corps dur dans la violente agitation du premier élément. Il faut en effet, pour qu'un feu se déclare, que trois conditions soit réunies : des parties du troisième élément doivent être détachées les unes des autres, la matière du second élément qui les entoure et les sépare de celle du pre-

50. AT XI 7.
51. AT IX-2 243.

mier doit être repoussée, la matière du premier doit être vivement agitée. Ces trois conditions sont réunies dans le frottement du fusil. Mais toute l'habileté de Descartes consiste à montrer que ce phénomène physique observable en cache un autre, invisible à nos yeux et qui est la véritable cause du passage de la matière à l'état de feu : l'action mécanique de frottement rétrécit les pores de la matière du troisième élément, ce qui à la fois en chasse les parties du second, trop grosses pour y demeurer, et accélère le mouvement de celles du premier.

En plaçant à ce niveau le mécanisme de déclenchement du feu, Descartes se donne les moyens d'expliquer des phénomènes apparemment sans rapport les uns avec les autres, si ce n'est qu'ils se caractérisent par une apparition spontanée de flammes, de lumière ou de chaleur : la foudre et les éclairs, les étoiles filantes et divers phénomènes de luminescence, ou encore des phénomènes chimiques comme la fermentation et l'échauffement de la chaux vive. Dans tous ces cas, il suffit de mettre en évidence le mécanisme qui provoque le rétrécissement des pores de la matière pour rendre compte de l'apparition du feu. Ainsi il suffit d'admettre que le dessèchement du foin provoque le rétrécissement des fibres où circulent les sucs et les esprits pour comprendre qu'un tel rétrécissement provoque l'accélération du mouvement de ces derniers qui se traduit par un échauffement et parfois même un embrasement (art. 92).

Se trouve ainsi expliqué de façon purement mécanique le phénomène de la fermentation qui jouait à l'époque de Descartes un rôle important dans les doctrines médicales aussi bien que chimiques. La très large signification que Descartes apporte à ce terme est tout à fait conforme à l'usage de son temps. La fermentation ne concerne pas seulement les substances végétales, comme le vin, mais désigne aussi les effervescences qui se produisent lorsque des eaux-fortes sont en contact avec des métaux. Ainsi, dans une célèbre lettre au médecin Plempius du 15 février 1638, dans laquelle il défend contre l'opinion des galénistes sa propre conception de la circulation sanguine et des mouvements du cœur, il invoque le grand nombre d'exemples qu'apporte la chimie pour expliquer le processus d'échauffement du sang dans le cœur, sur le modèle de la fermentation de la pâte du pain, ou encore du vin ou de la bière [52]. Et il est remarquable que lorsque que Descartes évoque la chaleur dégagée lors de l'attaque d'un métal par un acide – c'est cette opération qu'avec les chimistes de son temps il appelle une fermentation –, c'est pour affirmer que ce processus doit

52. AT I 530-531.

être rapproché de celui qui provoque la chaleur du cœur. C'est ce qu'il explique à Cavendish en avril 1645 :

> Il me semble que toute la chaleur des animaux consiste en ce qu'ils ont dans le cœur une espece de feu, qui est sans lumiere, semblable à celuy qui s'excite dans l'eau-forte, lors qu'on met dedans assez grande quantité de poudre d'acier, & à celui de toutes les fermentations [53].

Descartes rend ainsi inutiles l'ancienne théorie d'une chaleur vitale ou innée, puisqu'il explique le processus physiologique de la chaleur animale en le réduisant à une opération chimique elle-même réduite à une opération mécanique. Mais il enlève aussi toute consistance aux théories alchimiques du ferment philosophique qui conduisaient à interpréter la croissance de l'or que provoque la pierre philosophale sur le modèle des fermentations utilisées dans diverses préparations alimentaires, lors de la fabrication de la bière ou du pain. La fermentation cartésienne présente en effet la particularité de s'effectuer sans ferment, même s'il évoque parfois la présence de ce dernier, puisque le phénomène est expliqué par une modification mécanique de la structure du corps qui s'échauffe, sans qu'il soit nécessaire d'invoquer les propriétés cachées d'une substance mystérieuse qui serait le ferment universel de la nature.

Le feu est aux yeux de Descartes un état instable de la matière, en raison même du processus complexe qui lui donne naissance. C'est ce que montre l'exemple de la flamme d'une chandelle. Le phénomène de la flamme est provoqué par le vif mouvement ascendant dans lequel les parties détachées de la matière du troisième élément qui compose la cire sont entraînées par la matière du premier élément. Mais cette dernière tend à toujours monter plus haut en raison de sa légèreté (qui n'est, rappelons-le, que l'expression de la force centrifuge provoquée par la rotation de la Terre), cédant ainsi la place aux autres parties de matière qui entourent la flamme (l'air et les parties du second élément) et qui viennent alors « l'étouffer » ; entendons simplement que si les parties de cire ne sont plus entourées de la matière du premier élément, elles entrent dans un autre mouvement que celui qui se manifestait sous la forme du feu : c'est la fumée [54]. La flamme ne pourra donc être

53. AT IV 189.

54. Descartes inverse ici l'ordre de la causalité indiqué par Aristote dans le *De generatione et corruptione* (331b 25) : « la flamme est le feu par excellence, mais la flamme est de la fumée qui brûle, et la fumée est constituée d'air et de terre ». Descartes accepte le dernier membre de phrase, mais pour lui la flamme n'est pas la combustion de la fumée et cette dernière serait plutôt une flamme qui ne brûle plus.

entretenue qu'à la condition que les parties de la cire réussissent à suivre le cours du premier élément et constituent ainsi un flux ascendant qui ne cesse d'écarter les autres matières, ce qui implique que de nouvelles parties se détachent sans cesse pour occuper la place libérée par celles qui se sont « envolées » (art. 95-97), jusqu'au moment où, à leur tour, elles cessent d'avoir la forme du feu et se transforment en fumée. La combustion d'un corps est donc pour Descartes le processus par lequel ses parties se transforment en fumée, c'est à dire passent d'un état où elles étaient condensées (solides) à un autre où elles sont « raréfiées » ou détendues, prenant alors la forme de l'air, ce que nous appellerions aujourd'hui l'état gazeux de la matière.

Arrivé à ce point de l'interprétation de la flamme d'une chandelle, on pourrait croire que l'air est un obstacle à sa combustion, alors que l'expérience semble nous montrer le contraire. Descartes complète donc le schéma qu'il vient de tracer en expliquant qu'un mouvement circulaire de l'air autour de la flamme est nécessaire à son alimentation : les parties d'air chassées du dessus de la flamme par la fumée qui s'y forme redescendent jusqu'à la racine de la mèche et remontent dans la flamme qu'elles contribuent à entretenir en participant au mouvement ascendant des parties de cire qu'elles facilitent. L'entretien du feu nécessite donc une double cause : d'une part la présence de l'air qui favorise de l'intérieur le mouvement de la flamme, d'autre part une matière qui alimente cette flamme en lui fournissant sans cesse de nouvelles parties. La combustibilité d'un corps est donc un effet de la facilité avec laquelle certaines de ses parties pourront se détacher pour entrer, en compagnie des particules d'air, dans le flux de la matière du premier élément. Ces réflexions sur l'aliment du feu auront des prolongements jusque dans les travaux de Boerhaave sur le feu dans la première moitié du XVIIIe siècle [55].

On voit bien, dans cette analyse de la combustion, à quel point l'explication cartésienne est éloignée de l'esprit de la chimie. Une lecture trop rapide du texte cartésien pourrait nous faire croire que, pour lui, c'est le mélange de l'air et de la matière combustible qui provoque la combustion en donnant naissance à un corps mixte (air+cire) qui serait la matière combustible. Telle serait l'explication chimique : par leur mélange, deux corps en produisent un nouveau qui possède des propriétés propres à la nouvelle substance ainsi constituée. Descartes

55. Hermann Boerhaave, *Elementa chemiae*, Leyde, 1732. Dans le *De igne*, qui constitue une partie importante de l'ouvrage, Boerhaave affirme notamment que l'alcool ou l'huile qui alimentent le feu ne sont pas convertis en feu par la combustion, mais seulement rendus plus subtils.

n'entre pas dans de telles considérations puisque pour lui les mélanges ne sont que des compositions géométriques, des modifications de la figure et de la taille des parties de la matière qui entraînent des modifications de la direction ou de la rapidité de ses mouvements. D'ailleurs, l'air n'est pas plus un corps que le feu, puisqu'il s'agit dans les deux cas, nous l'avons déjà vu, de la forme que prennent des parties du troisième élément lorsqu'elles sont entraînées par celles du second ou du premier. Il n'est point nécessaire de supposer des combinaisons de substances là où tous les phénomènes se ramènent à des modifications de figures, de tailles et de mouvements.

Après les combustions lentes, Descartes étudie les combustions rapides, en particulier celle de la poudre à canon. Ici encore, ce n'est pas en chimiste que Descartes aborde la question. En effet, s'il évoque alors la fabrication de ce produit à partir du soufre, du salpêtre et du charbon, ce n'est pas pour apprécier l'efficacité de ces vieilles recettes, et encore moins proposer quelques modifications, mais seulement pour présenter l'interprétation mécaniste du phénomène de l'explosion. Certes, il invoque une expérience chimique lorsqu'il s'agit de mettre en évidence la forme particulière du salpêtre qui permet de comprendre comment se produit une explosion. Lors de l'évaporation de l'eau dans laquelle on l'avait dissout, on voit que le salpêtre, à la différence du sel commun, descend au fond ou s'attache aux côtés du récipient, ce qui indique, selon Descartes, que les parties dont il et composé ont un bout plus pesant que l'autre qui est pointu. De ce fait, lors de leur mise en mouvement, les parties de salpêtre tournoient en formant un cercle dont leur gros bout forme le centre, chassant alors tout ce qui les entoure avec force et provoquant une brutale dilatation de l'ensemble de la matière où ils se trouvent. Tel est, pour l'essentiel, le mécanisme de l'explosion (art. 110-113).

Ayant indiqué quelle était la nature du feu et les processus de combustion qui permettent de le conserver, Descartes en vient à examiner ses autres effets, proposant alors notamment une sorte de petit traité de la distillation. D'une manière générale, le feu agit comme un dissolvant, comme le précise l'article 117 : « on connoist assez pourquoy il luit, & échauffe, & dissout en plusieurs parties tous les corps qui luy servent de nourriture. » Il détache d'abord les parties les plus petites et glissantes des corps, puis celles qui sont branchues et qui s'accrochent aux parois des cheminées où elles forment la suie, tandis que les plus grosses composent les cendres. Cependant cette fonction générale de dissolution produit ses effets de diverses manières, selon la structure des corps et la manière dont le feu leur est appliqué. Deux grandes catégories d'actions sont répertoriées : les corps composés de parties égales ou semblables sont liquéfiés par le feu (art. 118), tandis que ceux dont les parties sont inégales sont solidifiés (art. 119). Descartes ne donne guère de précisions sur la liquéfaction, dont nous pouvons cependant penser qu'elle concerne les métaux, puisque nous avons vu qu'ils étaient composés de parties semblables. Il semble d'ailleurs que ce soit bien aux métaux que songe Descartes lorsqu'il remarque, à l'article 123, que certains corps fondent lorsqu'ils sont chauffés également alors qu'ils se calcinent lorsque la flamme agit directement sur eux, provoquant ainsi des mouvements différents de leurs parties superficielles et de leurs parties intérieures. Cette pulvérisation de certains corps se distingue de la réduction en cendres, en ce que dans cette dernière ne se trouvent que les résidus des corps dont de nombreuses parties ont été détachées par le feu, tandis que dans la calcination, les parties du corps n'ont perdu que ce qui servait à les lier ensemble, mais sont encore toutes présentes. De ce point de vue, Descartes esquisse ici un modèle de la calcination qui ne correspond à aucune des théories que développera le XVIIIe siècle : ni déphlogistification puisque cette dernière fait de la « chaux » une cendre métallique qui n'est qu'un résidu, ni oxydation puisque le métal est alors alourdi des molécules d'oxygène.

Mais Descartes s'intéresse surtout aux diverses modalités de la dessiccation des corps, qu'il présente comme l'autre versant de leur distillation. L'alambic, en effet, sépare d'un corps composé de parties inégales celles de ses parties qui sont « longues, pliantes & glissantes » et qui, de ce fait, appartiennent à la catégorie des corps liquides ou « eaux ». On obtient donc d'un côté un corps parfaitement sec et dur, de l'autre des eaux que Descartes répartit en cinq catégories, par ordre croissant de la grosseur supposée des parties ainsi extraites : les eaux de vie, les eaux douces tirées des plantes, les eaux fortes qui se tirent des sels, celles qui ne sortent pas de l'alambic sous forme aérienne, mais se fixent en sublimés sur ses parois et enfin les huiles, qu'une simple distillation ne suffit pas à extraire, mais qu'il faut au préalable mettre en suspension dans de l'eau commune (art. 120-121). Cette présentation des résultats de la distillation pourrait faire penser que Descartes utilise ici des travaux comme ceux de Du Chesne, Beguin ou de Clave que nous avons examinés dans le premier chapitre. En effet, alors que le texte latin des *Principes* ne nommait les « chymistes » qu'à propos des « chymicorum vasis » dans lesquels sont extraits les « aquas ardentes sive spiritus », la traduction française, qui parle alors de « l'alambic » et des « eaux de vie », ajoute au début de l'article 120 une importante précision : que l'action du feu fasse apparaître plusieurs genres de corps, c'est ce qu'on « experimente fort clairement par la Chymie ». Pourtant, les cinq corps que Descartes identifie dans ce passage ne correspondent pas aux cinq principes ou éléments que les « cours de chymie » de l'époque mettaient en évidence et qu'il semble ignorer. Certes, nous retrouvons les esprits et les huiles ; sans doute les sublimés qui se fixent aux parois pourraient-ils correspondre au sel et « l'eau douce et insipide » à l'eau élémentaire. Mais Descartes ajoute des eaux fortes (*acidae*) qui font double emploi avec les huiles des chimistes, tandis qu'il ne dit rien de la terre (le *caput mortuum*) qui reste dans le récipient.

En réalité, Descartes fait ici de l'expérience de la distillation un usage très différent de celui des chimistes dont il invoque les expériences. Les cinq corps que la distillation permet de mettre en évidence étaient chez ces derniers la manifestation empirique des cinq principes ou éléments qui constituent toute matière et la valeur théorique de l'expérience se fondait sur le fait que ces éléments semblaient pouvoir être tirés du même corps, quel qu'il soit : la distillation du bois n'était alors que le modèle d'un processus supposé pouvoir être appliqué à n'importe quel corps, pourvu que la puissance du feu soit capable d'en provoquer « l'anatomie ». Chez Descartes, au contraire, les différentes « eaux » sont obtenues par la distillation de corps différents : les esprits à partir du vin ou du blé, les eaux douces à partir des plantes, les eaux fortes des sels, les sublimés du mercure et les huiles des « corps durs et secs ». Dans ces conditions, les produits tirés de la distillation ne sont pas des éléments appartenant universellement à tous les mixtes mais seulement le résultat d'opérations menées sur certains corps particuliers. Il s'agit de mettre en évidence l'universalité d'un processus, mais non pas d'une composition élémentaire ou principielle des corps mixtes. Plutôt que des « cours de chymie » invoquant les cinq principes, les sources de Descartes seraient plutôt constituées ici des nombreux traités de distillation qui furent publiés aux XVIe et XVIIe siècles, comme le célèbre *De distillationibus* de Della Porta publié à Rome en 1608 et réédité l'année suivante à Strasbourg [56].

Dans la lettre à Mersenne du 30 juillet 1640 que nous examinions au chapitre précédent, Descartes, après avoir corrigé son correspondant sur le nom des trois principes, poursuivait en ces termes :

56. L'édition de Strasbourg a été rééditée et traduite en français, Paris, J. C. Bailly éditeur, 1984.

> Or ces Principes ne sont rien qu'une fausse imagination, fondée sur ce qu'en leurs distillations, ils tirent des eaux, qui sont toutes les parties plus glissantes & pliantes des cors dont ils les tirent, & ils les rapportent au Mercure. Ils en tirent aussi des huiles, dont les parties sont en forme de branches, assez deliées & pliantes pour pouvoir estre separées, & ils les rapportent au Soufre ; et ils raportent au Sel les parties plus deliées de ce qui reste, qui se peuvent méler & comme incorporer avec l'eau ; puis enfin les parties plus grossieres, qui demeurent, sont leur *Caput mortuum*, ou *Terra damnata*, qu'ils ne content que comme une chose inutile [57].

En développant ainsi, au fur et à mesure qu'il présentait les résultats de la distillation, l'interprétation mécaniste qu'il reprendra à l'article 63 de la quatrième partie des *Principes*, il ruinait toute possibilité de leur accorder un statut principiel.

On voit ainsi le rôle que Descartes fait jouer aux expériences des chimistes. Elles lui fournissent à la fois des données empiriques, dont il s'agit de montrer qu'elles cadrent bien avec la conception mécanique de la matière, et le modèle d'un mouvement naturel des corps sous l'effet de la chaleur, mais elles ne sont jamais interprétées comme des preuves ni même des indices de la pertinence des théories de la philosophie chimique. Pourtant, la distillation garde chez lui le statut d'expérience privilégiée qu'elle avait chez les alchimistes, dans la mesure où elle constitue une réitération des opérations naturelles. Si la distillation permet d'extraire des corps certaines des « eaux » qui les composent, c'est que la nature a fabriqué ces corps en utilisant des procédés comparables à ceux que mettent en œuvre les chimistes. L'ensemble des processus de formation des corps chimiques, tels qu'ils sont décrits dans les *Principes*, se ramène en effet à des circulations, des extractions et des sublimations, et les opérations de la chimie ne font jamais que retrouver des corps qui existaient séparément dans la terre avant d'avoir été composés dans les mixtes. Elles ne font que défaire ce que la nature avait fait en utilisant les mêmes procédés et l'expérience de la distillation, loin de constituer un argument en faveur des doctrines chimiques traditionnelles, se présente au contraire dans toute sa simplicité lorsqu'elle est interprétée dans le cadre d'une théorie mécanique qui en restitue le caractère essentiellement naturel.

La dernière action du feu qu'étudie Descartes est la production du verre. On comprend que Descartes, qui accorde une grande importance aux questions d'optique, et qui terminait la *Dioptrique* par des considérations sur les propriétés de différents appareils optiques et la manière

57. AT III 130-131.

de tailler les verres, ait eu ici le souci d'utiliser ses hypothèses mécaniques pour rendre compte de la nature du verre et de ses différentes propriétés. Cet exposé vient nécessairement à la fin du discours sur le feu, puisque le verre se fabrique à partir des cendres qu'un feu ardent agite de telle sorte que les pointes des angles des parties constitutives de ces cendres s'émoussent, permettant à ces parties de « se couler de biais les unes sur les autres » (art. 124). De ce fait, il subsiste fort peu de parties du second élément lorsque deux parties de verre se rapprochent en coulissant l'une vers l'autre (art. 125). La très grande proximité des parties du verre qui en résulte permet d'expliquer sa dureté (art. 127), tandis que le fait que ses aspérités n'aient pas été entièrement supprimées explique à la fois qu'il soit cassant (art. 128) et qu'il soit transparent : sa porosité facilite la circulation des parties du second élément (art. 130).

Conclusion

Les analyses qui viennent d'être développées sont loin d'épuiser l'examen et l'interprétation du contenu de la quatrième partie des *Principes de la philosophie*. Nous nous étions donné comme but d'y repérer le déploiement d'une étude cartésienne des objets de la chimie, ce qui nous a conduit à privilégier une analyse interne du texte. Sans doute aimerait-on savoir quelles furent les sources du travail de Descartes, afin de mieux cerner où réside précisément l'originalité de son entreprise. Dans ce domaine comme dans les autres, Descartes indique rarement les lectures qu'il a faites. On en est donc réduit à esquisser des hypothèses. Bien sûr, l'idée d'une formation souterraine des différents métaux et minéraux est une banalité depuis l'antiquité. Tout au plus pourrait-on remarquer que le développement du paracelsisme permet d'envisager de nouvelles hypothèses, comme celle de la semence métallique que vulgarise l'*Idea medicina* de Petrus Severinus, ce qui permet d'affiner l'explication des processus souterrains de formation. Comme on l'a vu dans le premier chapitre, c'est ce que fait Etienne de Clave dans les *Paradoxes ou traittez des pierres et pierreries*, ouvrage paru en 1635 dont s'inspire Gassendi et que Descartes aurait pu lire.

Cependant, même si de Clave inscrit ses hypothèses dans le cadre d'une philosophie naturelle corpuscularistе, on ne trouve pas chez lui la réduction mécaniste des objets de la chimie qui caractérise l'entreprise cartésienne. En fait, s'il fallait à tout prix trouver un modèle dont Descartes ait pu s'inspirer, c'est tout simplement du côté du *Timée* de Platon qu'il conviendrait de se tourner. Le célèbre ouvrage platonicien offre en effet un récit très détaillé de la formation des différents corps minéraux qui joint à la fois des procédés de type chimique, puisqu'il est question des multiples mélanges qu'opère le démiurge, et de type géométrique, puisque c'est à partir d'un assemblage de triangles que se constituent les différents polyèdres dont sont formés les éléments. Bien plus, Descartes semble avoir donné aux développements cosmologiques et chimiques des *Principes* le même le statut épistémologique que Platon accorde aux thèses de *Timée* sur la formation des corps : le *Timée* présente un « mythe vraisemblable » (59d), tandis que, nous le verrons bientôt, la troisième et la quatrième partie des *Principes* doivent se lire « comme un roman ». On remarquera cependant que Descartes, qui ne cite bien sûr pas davantage le *Timée* que d'autres ouvrages, n'exploite pas toutes les possibilités offertes par le texte de Platon, puisqu'il ne revient pas, dans les *Principes*, sur la forme cristalline de certains corps qu'il avait évoquée dans les *Météores* [58]. En fait, à la différences de Kepler[59] ou Davisson [60], Descartes n'accorde guère d'importance à la régularité des figures géométriques des différents corps . Ainsi, la cristallographie qui s'esquisse dans l'œuvre d'Anselme De Boodt ne trouve chez lui aucun écho [61].

Nous avons constaté que Descartes inscrivait les développements de la quatrième partie des *Principes de la philosophie* à l'intérieur d'un discours qui déborde largement le cadre de la chimie et relève tout autant de la géologie. Bien plus, c'est toute la physique de Descartes, dans ses relations avec sa métaphysique, qui est invoquée dans cette dernière partie des *Principes*, et nous reviendrons sur cet aspect du texte dans le prochain chapitre. Au delà de l'article 132 où nous avons décidé d'arrêter notre lecture, le texte de Descartes se poursuit en abordant deux questions que nous ne pouvons ici qu'évoquer rapidement, mais qui mériteraient chacune un travail spécifique : il s'agit de la question de l'aimant (art. 133-187) et des derniers articles dans lesquels il examine les rapports entre les connaissances qu'il vient d'établir et celles que nous obtenons par l'entremise de nos sens. C'est le statut de la science

58. AT VI 297-308.

59. Kepler, *Strena, seu de nive sexangula*, Francfort, 1611. Voir la traduction critique de Robert Halleux, *L'étrenne ou la neige sexangulaire*, Paris, Vrin/CNRS, 1975.

60. William Davisson, *Eléments de la philosophie de l'art du feu*, Paris, 1651. Voir Jean-Pierre Brach, « Deux exemples de symbolisme géométrique dans des textes alchimiques du XVIIe siècle », op. cit. note 41 du chap. 1.

61. Anselme Boèce de Boodt, *Gemmarum et lapidum Historia*, Hanau, 1609. Voir Robert Halleux, « L'œuvre minéralogique d'Anselme de Boodt (1550-1632) », *Histoire et nature* n° 14, 1979, p. 63-78.

cartésienne qui est alors en question, comme nous le verrons dans le prochain chapitre.

La question de l'aimant constituait un sujet d'étude nouveau et fascinant pour les hommes de son époque. En particulier, la parution du *De magnete* de William Gilbert en 1600 avait apporté de nouvelles connaissances sur ce sujet de prédilection des amateurs de qualités occultes. Descartes a emprunté au *De magnete* un grand nombre des observations qu'il développe ici et Gilbert est d'ailleurs l'un des rares auteurs qu'il cite (art. 168). Mersenne s'intéresse à la question, tout comme Athanase Kircher, dont le *De magnete* paraît en 1641 [62]. Le sujet fascine, parce qu'il semble mettre en évidence une mystérieuse action à distance, dont certains croient retrouver les effets dans tous les phénomènes naturels et notamment dans l'*unguentum armarium* auquel, nous l'avons vu, s'était intéressé Van Helmont. Il était donc important pour Descartes d'en proposer une interprétation strictement mécanique qui réduise la portée du phénomène et qui rende inutile le recours à l'hypothèse de l'action à distance. « Je tiens que c'est une extravagance de vouloir expliquer toute la physique par l'aymant », écrit-il à Mersenne en 1640 [63]. C'est au contraire une explication de l'aimant par la physique que Descartes présente ici dans un véritable traité de l'aimant, avec une table des matières détaillée quoique incomplète à l'article 145. S'appuyant sur la théorie des parties cannelées de la matière qu'il avait exposée dans la troisième partie des *Principes* (art. 90), mais aussi sur une théorie de la structure du fer et des transformations que la métallurgie y apporte lors de la fabrication et de la trempe de l'acier, Descartes propose de séduisantes interprétations des principales propriétés de l'aimant, mais aussi de ce que l'on appellerait aujourd'hui le champ magnétique de la Terre et la déclinaison magnétique.

Au fil de la quatrième partie, Descartes affirme souvent qu'il ne veut parler des corps qu'en général. C'est ainsi qu'il évoque constamment les différentes « sortes » de corps, qu'il déclare à l'article 133 n'avoir voulu s'occuper que des « corps qui se trouvent le plus generalement partout en cette region sublunaire que nous habitons » ou encore, à l'article 184, que son dessein n'est pas « d'expliquer icy la nature d'aucun corps particulier ». Une telle démarche se justifie par la méthode même que Descartes utilise, fondée sur la déduction hypothétique à partir des principes établis dans les parties précédentes de l'ouvrage, et non pas sur la

62. Mersenne avait établi un dénombrement des propriétés de l'aimant dont Descartes eut connaissance. Voir à ce sujet l'appendice II du tome VIII de la *Correspondance de Mersenne*, Paris, Editions du CNRS, 1963.

63. Lettre à Mersenne du 29 janvier 1640 (AT III 8).

prise en considération des données sensibles. Il s'agit de « penser » des processus, indépendamment de toute observation expérimentale. Une telle conception aurait pu conduire Descartes à se désintéresser complètement de la chimie, puisque cette dernière ne saurait se développer sans s'appuyer sur les propriétés singulières des corps, telles qu'elles se manifestent dans les expériences de laboratoire.

On a vu qu'en réalité Descartes ne s'en tient pas à cette position de principe qui aurait dû le détourner de l'étude des corps chimiques, puisque ces derniers ne nous sont jamais connus qu'à travers l'expérience singulière où ils manifestent leurs propriétés : il va plus loin que la simple présentation des propriétés générales des corps et s'aventure plus d'une fois sur le terrain des études chimiques concernant des corps particuliers. A diverses reprises, il se réfère aux expériences des chimistes de son temps et désigne alors divers produits auxquels il attribue les propriétés de la matière dont il est alors question, sans pour autant s'engager dans l'étude de nouveaux corps chimiques, ou dans la recherche de propriétés nouvelles pour ceux qui sont déjà connus. C'est que, s'il vise d'abord à construire un cours qui puisse remplacer ceux des scolastiques, il n'oublie pas qu'il doit aussi occuper le terrain que tiennent les « chimistes » et que la seule manière de s'opposer à leur philosophie chimique est de montrer que les objets qu'ils étudient peuvent être réduits à des objets de la physique mécanique. Il en vient alors à esquisser une sorte de nomenclature chimique, dans la mesure où il montre que les corps chimiques que l'on connaît peuvent se ranger dans diverses catégories en fonction de leurs propriétés mécaniques.

Il reste alors à se demander pourquoi Descartes n'a pas cherché à rassembler les diverses articles qu'il consacre à l'étude des objets de la chimie en un ensemble spécifique et cohérent, comme il le fit pour l'optique, la mécanique ou la physiologie. Bien sûr, aucune science ne peut, chez Descartes, acquérir une autonomie épistémologique et exhiber des principes spécifiques qui seraient indépendants des lois mécaniques de la physique. Mais cela n'empêche pas la constitution de savoirs centrés sur un ensemble d'objets particuliers, pour lesquels des principes de portée régionale sont alors invoqués. Ainsi est-il possible de développer une science spécialement consacrée aux phénomènes de la lumière et de la vision, ou au fonctionnement des animaux. Descartes a jugé qu'il n'en allait pas de même pour les objets de la chimie, malgré l'importance des études qui leur étaient consacrées dans la quatrième partie des *Principia*. La recherche des raisons d'un tel choix constituera l'objet du prochain chapitre.

CHAPITRE IV

LE REFUS CARTÉSIEN D'UNE SCIENCE CHIMIQUE

Descartes, qui se méfiait de la chimie et des alchimistes, s'intéressait pourtant à la chimie, puisqu'il lui a consacré de nombreux articles des *Principes de la philosophie*. Mais cet intérêt était limité, puisque l'on chercherait en vain dans son œuvre la constitution d'une science chimique. C'est de cette situation doublement paradoxale qu'il nous faut désormais rendre compte. On commencera par le bilan de ce que Descartes a retenu du travail des chimistes et qu'il a intégré dans son œuvre. Nous rechercherons ensuite les raisons de ses réticences à l'égard de la chimie. S'agit-il d'un refus de l'hermétisme ? Il faudrait alors supposer que la « chymie » du XVIIe siècle puisse être identifiée à une philosophie occulte, mais on a déjà vu les ambiguïtés de cette conception réductrice de l'alchimie classique. Nous pourrions penser que les doctrines chimiques, telles que Descartes pouvait les connaître, étaient incompatibles avec la philosophie mécaniste qu'il entendait développer, encore que la « philosophie chimique » ait intégré dès le moyen âge une dimension corpusculaire de la matière. En fait, quelle que soit la répugnance que Descartes pouvait ressentir à l'égard des amateurs de « sciences curieuses », il ne refusa jamais d'examiner les objets qu'ils étudiaient. Mais en même temps, tout en accueillant généreusement les objets de la chimie dans ses *Principes*, il refusa toujours d'en organiser l'étude de telle sorte qu'ils constituent une science chimique. Plutôt que d'expliquer une telle attitude en invoquant des motifs relevant de la biographie, nous rechercherons des raisons qui tiennent à la fois à la méthode de la chimie, fondée sur l'analyse des corps au laboratoire, et à la nature des objets qu'elle étudie, qui se présentent toujours à travers des propriétés sensibles que les doctrines chimiques ont tendance à substantialiser. Dans ces conditions, la science chimique est apparue à Descartes comme le modèle même d'une science impossible. S'il ne pouvait éviter d'étudier ses objets, c'était à la condition de les soustraire à la chimie et de les intégrer dans le cadre de la physique mécaniste. Finalement, c'est vers l'examen du statut épistémologique et ontologique de la science dans la métaphysique cartésienne que nous conduira l'étude de la réduction mécaniste des objets de la chimie dans la science cartésienne.

CE QUE DESCARTES RETIENT DES TRAVAUX DES « CHYMISTES »

Descartes n'a jamais nié l'intérêt du travail effectué par les « chymistes » dans leur laboratoire. Indépendamment des théories erronées auxquelles ils se réfèrent, ils ont mis en évidence les propriétés d'un certain nombre de corps et les modalités des opérations permettant de les extraire ou de les fabriquer. Descartes connaît les difficultés des travaux de laboratoire, auxquels il semble surtout s'être livré jusqu'au début des années 1630 sans pour autant y renoncer totalement par la suite. On pourrait même penser qu'à la suite des remarques sur les corps chimiques développées dans les *Principes*, il fut poussé par certains de ses amis à reprendre le chemin du laboratoire. Ainsi, à Pollot qui lui avait envoyé quatre bouteilles contenant divers produits à examiner, Descartes répond, dans une lettre du 18 mai 1645, que l'une semble contenir une « liqueur tirée par distillation », que la seconde ne contient sans doute que de l'eau pure, alors que la troisième contient de l'eau forte tirée du salpêtre et la quatrième une eau forte « tirée du sel commun, de l'alun & du vitriol » ; quant à la poudre rouge que l'on observe au fond de l'un de ces récipients, Descartes déclare ne pas avoir eu le temps d'examiner si c'était du fer, de la pierre d'aimant, du plomb ou du mercure [1]. Il faut avoir pratiqué la chimie en laboratoire, et que cela soit connu de ses proches, pour pouvoir faire une telle réponse. Pourtant, on l'a vu dès l'introduction, Descartes a toujours considéré que ses tentatives expérimentales étaient insuffisantes [2]. Ainsi, commentant l'observation qu'il avait faite sur la forme hexagonale de certains grêlons tombés à Amsterdam en 1635, il écrit à Chanut en 1646 :

1. AT IV 205-206.

2. Lettre à Huygens du 4 août 1645 (AT IV 260 et 780) ; lettre à Cavendish du 23 novembre 1646 (AT 571-572).

> Si toutes les experiences dont j'ay besoin pour le reste de ma Physique me pouvoient ainsi tomber des nuës, et qu'il ne me fallust que des yeux pour les connoître, je me promettrois de l'achever en peu de temps ; mais pource qu'il faut aussi des mains pour les faire, et que je n'en ay point qui y soient propres, je pers entierement l'envie d'y travailler davantage [3].

De ce point de vue, on pourrait soutenir que Descartes ne fut guère chimiste : rien n'indique, à lire les articles de la quatrième partie des *Principes de la philosophie*, qu'il se soit livré à des travaux personnels pour vérifier les propriétés d'un corps ou le processus d'une réaction chimique. Les expériences de chimie qu'il évoque renvoient toujours à des pratiques et à des résultats connus de tous à son époque En chimie, Descartes n'a rien découvert, il n'a pas inventé de nouveau produit ni présenté de nouvelle recette, il n'a pas mis en évidence les propriétés jusque là inconnues d'un sel ou proposé une nouvelle manière de sublimer les corps. Pourtant, le fait de n'avoir pas eu l'occasion, la possibilité ou le goût d'expérimenter autant qu'il eût été souhaitable ne l'a pas conduit à négliger la chimie. Ne pouvant s'appuyer sur ses propres observations, il aurait donc fait confiance à celles des autres, malgré les réticences qu'il éprouvait à l'égard de ce qu'il n'avait pas vérifié par lui-même [4]. En effet, on chercherait en vain dans les *Principes* une critique des résultats obtenus en laboratoire ou une mise en cause des propriétés empiriques des corps, telles qu'elles sont rapportées par les chimistes. Descartes ne croit certes pas que les travaux des chimistes puissent contribuer aux progrès de la physique et qu'ils permettent de mieux connaître ce qu'est la matière dont sont faits les divers corps ; il admet cependant volontiers que leurs observations rendent compte de manière satisfaisante des propriétés sensibles des divers corps qu'ils ont étudiés et dont il s'agit maintenant de donner les raisons par l'interprétation mécaniste. Acceptant avec confiance les résultats expérimentaux qu'ils ont obtenus, il reste totalement dépendant de l'état d'une science chimique qu'il ne semble pas avoir contribué à faire progresser.

Cette soumission aux acquis, mais aussi aux erreurs, de la science chimique de son temps se retrouve notamment à propos de la nomen-

3. Lettre de Descartes à Chanut du 6 mars 1646 (AT IV 377-378).

4. Dans une lettre à Mersenne du 11 mars 1640, se demandant si l'effet d'une balle de mousquet est plus fort à un pied de l'arme ou à quinze pas, il écrit : « c'est à l'experience à determiner si cette difference est sensible, & je doute fort de toutes celles que je n'ay pas faites moy-mesme » (AT III 38). Mais le lendemain, ayant appris qu'un de ses amis s'est blessé à la main en taillant des verres, il écrit à Huygens : « je veux tirer de la vanité de ce que la main des meilleurs ouvriers ne peut attaindre où mon raisonnement est parvenu » (AT III 747).

clature chimique que Huygens lui proposait de réformer [5]. Certes, Descartes conteste une théorie qui conduit à voir trois principes chimiques dans les trois corps que sont le mercure, le soufre et le sel (*Principes de la philosophie*, quatrième partie, art. 63). Mais on a vu que cette critique de la doctrine ne l'avait pas conduit à mettre en cause la distinction entre trois sortes de corps. Ce n'est pas la subdivision tripartite qu'il rejette, mais seulement l'interprétation traditionnelle qui en est faite, à laquelle il oppose sa propre explication. Aussi ne se demande-t-il jamais s'il est légitime de ramener les corps chimiques à ces trois seules catégories, son seul souci étant de proposer des critères purement mécaniques qui puissent garantir cette répartition des corps en trois rubriques sans avoir recours à la doctrine des alchimistes.

Finalement, Descartes semble ne s'être écarté des idées chimiques de son temps que sur la nature du feu, qui n'est pour lui qu'une certaine forme de la matière, et sur la question des métaux, qu'il considère comme des corps simples, à la différence de ses contemporains. Il convient cependant de distinguer ici deux niveaux du discours cartésien. Son explication de la formation des métaux est totalement différente de celle que proposent habituellement les chimistes, puisqu'elle est fondée sur l'interprétation mécaniste de la constitution de tous les corps qu'il entend précisément substituer aux doctrines chimiques traditionnelles. C'est à ce niveau d'explication que les métaux apparaissent comme des corps simples. Mais lorsqu'il s'agit des propriétés des corps métalliques, Descartes n'apporte rien de nouveau, ne tirant aucune conséquence de la théorie originale qu'il a développée sur cette question. Bien plus, il cherche à justifier les liens privilégiés que le vif-argent entretient avec l'or, l'argent et le plomb (*Principes*, quatrième partie, art. 72) ; c'est bien sûr à l'amalgamation qu'il fait ainsi allusion, procédé qui permet de séparer l'or ou l'argent des autres métaux auxquels ils sont mêlés dans un minerai par leur amalgame avec le mercure ; mais cette opération apparaissait nécessairement, vers le milieu du XVIIe siècle, comme la reconnaissance d'une sympathie du mercure et des métaux plus spécialement concernés par la transmutation et par conséquent comme une manière d'admettre le rôle privilégié du mercure dans les activités transmutatoires. L'explication mécaniste de la formation des métaux est donc destinée à justifier les pratiques et les observations empiriques les plus traditionnelles, et non pas à les mettre en cause.

Mais c'est surtout à propos de la distillation que Descartes marque sa dépendance à l'égard de la chimie de son temps. Dans de nombreux

5. AT IV 244 et 779.

traités d'alchimie ou « cours de chymie » de l'époque, la « chymie » est souvent définie comme l'art de séparer le pur de l'impur. On suppose alors que le terme « spagyrie », qui désigne plus spécialement le travail de l'alchimiste au laboratoire, vient des mots grecs *span* (arracher, extraire) et *ageirein* (assembler) et l'on évoque volontiers la nécessaire « anatomie » des corps sans laquelle aucune opération chimique ne serait possible. Certes, l'idée qu'il faille ouvrir les corps pour libérer la vertu essentielle qu'ils contiennent peut apparaître comme le résultat d'une naïve application au travail de laboratoire d'une métaphysique de la substance qui ferait peu de cas de l'hylémorphisme aristotélicien selon lequel n'existent que des composés, la séparation de la matière et de la forme ne pouvant être qu'une opération de la pensée. Mais il faut aussi tenir compte de la réflexion qui s'est développée à partir du XIVe siècle autour de la notion de quintessence, notamment avec la publication du *De quinte essentia* de Jean de Rupescissa. Ce sont précisément les progrès de la distillation et la possibilité d'obtenir de l'*aqua vitae*, appelée alcool par Paracelse, qui ont généralisé l'idée selon laquelle chaque corps possède en lui une essence dotée de propriétés spécifiques qui ne peuvent produire leurs effets qu'à la condition qu'elle soit extraite des éléments passifs qui l'enveloppent comme un vêtement dont il faut le dépouiller ou une coquille qu'il faut briser. Quelle que soit l'importance des autres opérations de la chimie, comme la putréfaction, la fermentation ou la calcination, la distillation apparaît comme l'opération chimique par excellence, et cela d'autant plus qu'elle semble reproduire en laboratoire des processus qui se déploient dans la nature.

Descartes n'a certes pas adhéré à cette idéologie de la quintessence favorisée par le développement d'une « philosophia occulta » qui voulait manifester au grand jour les secrets que la Nature garde jalousement cachés et qui transformait chaque chimiste en un Actéon épiant la nudité de Diane. Mais il a reconnu l'importance de la distillation en tant que processus universellement répandu dans la nature, permettant d'expliquer aussi bien la formation des esprits animaux à partir des plus fines particules du sang que celle des divers corps remontant des profondeurs de la Terre jusqu'à sa surface par le moyen de leur raréfaction, puis de leur solidification. Bien plus, en proposant des images qui relèvent du filtrage et du tamisage selon la taille et la figure des parties de la matière, Descartes a donné au processus de la distillation une explication qui faisait défaut dans une doctrine affirmant la possibilité d'extraire les substances essentielles sans indiquer le mécanisme d'une telle opération. De ce point de vue, l'interprétation mécaniste des opérations de la chimie, loin de récuser les pratiques des alchimistes, confirme au contraire la pertinence de leurs observations : s'il est vrai que la matière est formée de parties dont les unes ont des formes leur permettant de glisser facilement, tandis que les autres restent accrochées par leurs aspérités et leurs ramifications, s'il est vrai que le feu n'est qu'un flux de parties matérielles emportées par l'accélération du mouvement d'une matière très subtile, alors on comprend mieux pourquoi et comment les esprits, les eaux, les huiles et les sels peuvent être successivement arrachés à l'agglomérat de parties terrestres qu'ils contribuaient à former. Mais en même temps, la distillation n'est plus la mise en scène des doctrines chimiques traditionnelles, mais seulement la manifestation de certaines propriétés sensibles de la matière : elle ne permet pas de connaître les véritables propriétés de la matière, puisque cette connaissance est réservée à la pensée qui se représente des mécanismes invisibles.

Les réticences de Descartes à l'égard de la chimie

Mais précisément, dira-t-on, l'entreprise de Descartes avait pour but de rendre clair ce qui était obscur, de donner les raisons de ce qui semblait ne pas en avoir. Deux types d'ouvrages dominaient la production chimique à l'époque de Descartes. Les traités d'alchimie, souvent peu soucieux d'exactitude expérimentale, invoquaient les travaux du laboratoire pour justifier des théories dont on ne peut certes nier la cohérence, mais dans lesquelles l'accumulation des images et des symboles finissait par occulter ce que l'on voulait expliquer, et cela d'autant plus que certains auteurs semblaient prendre plaisir à égarer les lecteurs qu'ils prétendaient guider [6]. Il fallait une importante culture hermétique et néoplatonicienne pour dénouer l'écheveau de ces étranges fils d'Ariane et retrouver les raisons qui donnent un sens à ces doctrines. Face à ces productions où se déployait la « philosophie chimique », les « cours de chymie » n'étaient la plupart du temps que des recueils de recettes pharmacologiques où la partie théorique était souvent réduite à quelques brefs chapitres introductifs. De tels ouvrages ne pouvaient que décevoir le philosophe qui espérait que l'étude des corps chimiques lui permette de connaître les propriétés de la matière.

6. Voir Bernard Joly, « Rhétorique de l'alchimie au XVIIe siècle : cacher l'échec et diffuser la doctrine », *XVIIe siècle*, n° 207/2, 2000, *L'indicible et la vacuité au XVIIe siècle*, sous la direction de Christian Biet et Vincent Jullien, p. 221-233.

Le refus cartésien des « sciences curieuses »

Il est possible que cette déception ait été celle du jeune Descartes, lorsqu'il était à la recherche des véritables fondements d'une science certaine. Sa vaine recherche des Rose-Croix l'aurait alors convaincu de la vanité de l'entreprise chimique lorsqu'elle prétend se transformer en une nouvelle philosophie capable de détrôner l'aristotélisme. En présentant à ses lecteurs une interprétation mécaniste de la formation et des propriétés des corps chimiques, Descartes espérait rendre compte des objets de la chimie sans pour autant construire une nouvelle chimie. Il visait ainsi un triple objectif : d'abord simplifier la compréhension des phénomènes chimiques en les ramenant à une série limitée d'actions de la matière concernant un petit nombre de corps qui ne se distinguent les uns des autres que par leur taille, leur figure et leur mouvement ; ensuite, clarifier la connaissance de ces phénomènes en proposant des explications mécaniques dont toutes les étapes sont clairement et distinctement conçues, là où la chimie traditionnelle se contente d'invoquer les mystérieuses vertus substantielles des trois principes chimiques ; enfin, rendre inutile la reconstruction d'une science chimique, puisque les principes invoqués pour rendre compte des propriétés des corps sont ceux de la physique. C'est donc parce qu'il renonce à faire de la chimie une science autonome qui disposerait de ses propres principes que Descartes parvient à expliquer sans ombre et sans mystère les « petits secrets » de la « chymie ».

Descartes n'appréciait guère ces « petits secrets » dont s'entouraient les alchimistes, comme il le dit à Mersenne à propos de Villebressieu en 1642 [7]. Comme on l'a vu au second chapitre, il semble avoir souvent considéré que la chimie faisait partie de ces sciences curieuses dont les amateurs recherchent des « chemins extraordinaires », pour reprendre l'expression qu'il utilise à propos de Campanella, qu'il trouve trop obscur et qu'il hésite à lire, de peur de gâter par contagion son propre style. C'est ce qu'il avoue à Huygens, qui le menaçait de lire les écrits du moine hérétique faute de pouvoir s'instruire de la lecture du *Monde* dont Descartes différait toujours la publication [8]. Il écrit alors : « ceux qui s'égarent en affectant de suivre des chemins extraordinaires, me semblent bien moins excusables que ceux qui ne faillent qu'en compagnie » [9]. Il ne suffit donc pas de s'opposer à la philosophie des scolastiques pour trouver grâce aux yeux de Descartes qui se méfie de ces

7. Lettre de Descartes à Mersenne du 7 décembre 1642 (AT III 598).
8. AT I 510-511.
9. Lettre de Descartes à Huygens de mars 1638 (AT II 48).

« novateurs » qui critiquent Aristote au nom de Platon ou d'Epicure et parmi lesquels il place, à côté de Telesius, Campanella et Bruno, Sébastien Basson dont il dira plus tard, après avoir jeté un coup d'œil sur sa *Philosophia naturalis*, qu'il « n'est vaillant qu'à détruire les opinions d'Aristote » [10]. Qu'il soit d'inspiration atomiste ou qu'il s'appuie sur les idées néoplatoniciennes de la Renaissance, l'anti-aristotélisme qui s'est développé à la fin du XVIe siècle et au début du XVIIe siècle ne convient pas à Descartes qui n'y trouve pas la bonne méthode pour établir la vérité. Et c'est parce que les théories chimiques lui paraissent trop liées à ces philosophies nouvelles qui ne sont que la reprise de vieilles doctrines qu'il s'en détourne, même quand elles semblent alimenter la mise en cause de l'aristotélisme, comme c'était le cas chez Etienne de Clave.

Mais comment ne pas emprunter les chemins extraordinaires des amateurs de sciences curieuses ? Même Mersenne est fasciné par les expériences merveilleuses qui remplissent les traités de magie naturelle que Descartes étudia dans sa jeunesse pour vite s'en détourner [11]. Les *Questions inouyes* de 1634 sont remplies de ces observations étranges souvent empruntées à la *Magia naturalis* de Della Porta et le « scepticisme modéré » de Mersenne en ce qui concerne les sciences de la nature le conduit à accueillir sans retenue les récits les plus étonnants. Dans les listes de problèmes qu'il soumet à Descartes et que nous retrouvons tout au long de leur correspondance, les questions de mathématiques et de mécanique se mêlent à des récits de guérisons miraculeuses ou de phénomènes qui sembleraient relever des supercheries des amuseurs publics plutôt que de la science. Descartes s'en agace parfois et fait remarquer à Huygens que « le bon pere Mersenne est si curieux et si ayse d'entendre quelque merveille, qu'il escoutte favorablement tous ceux qui luy en content. » [12].

Certes, Descartes ne croit guère en la valeur des témoignages dont Mersenne se fait l'écho : si Pierre Petit, qu'il soupçonne d'être à l'origine de certains de ces récits fantaisistes, lui disait que les Chinois ont deux yeux, il en conclurait qu'ils sont tous borgnes [13]. Pourtant, il prend la peine de répondre aux questions de son ami en lui proposant, autant

10. Sur les novateurs, lettre à Beeckman du 17 octobre 1630 (AT I 158) ; sur Basson, lettre à Huygens du 28 mars 1636 (AT I 602).

11. C'est du moins ce qu'affirmait Beeckman (AT X 347).

12. Lettre de Descartes à Huygens du 12 mars 1640 (AT III 746). Mersenne avait interrogé Huygens et Descartes sur le cas d'une jeune fille qui n'aurait pas mangé depuis cinq ans et qui « resent tous les jours les douleurs des martyrs dont on celebre les festes ».

13. AT III 746.

qu'il est possible, des explications inspirées de la mécanique. On pourrait être surpris d'une telle attitude, qui le conduit à donner raison de tout, même de l'improbable. Ainsi, contrairement à Huygens, il ne s'étonne pas qu'un « philosophe extravagant » prétende faire fondre un diamant ou de l'or dans la paume de la main sans occasionner de brûlure. Cela semble « fort rare », mais il est facile d'imaginer une analogie mécanique qui rende raison d'un tel phénomène : le bâton casse le verre mais n'abîme pas la laine tandis que l'on coupe celle-ci avec des ciseaux qui n'ont pas d'effet sur le verre [14]. On retrouve une attitude analogue à l'article 116 de la quatrième partie des *Principes de la philosophie*, consacré à l'examen des lampes inextinguibles que l'on aurait trouvé allumées dans des tombeaux fermés depuis plusieurs siècles. Descartes ne semble guère croire à cela, si du moins on suit la traduction française qui ajoute au latin : « je ne veux point estre garent de la verité de telles histoires ». Pourtant, il n'hésite pas à proposer une explication qui, dans le cadre de la doctrine du feu qu'il vient de développer, semble fort plausible : en un lieu clôt et abrité, la matière du premier élément circule sans être perturbée et entretient en permanence la flamme sans être gênée par la matière du second élément.

Ainsi, ce à quoi s'oppose Descartes, ce n'est pas tant la croyance en l'existence d'événements extraordinaires que les théories qui sont invoquées pour rendre compte de ces événements. Après tout, pour ce qui est de l'événement lui-même, il suffit de vérifier, et si la vérification n'est pas possible, d'adopter une attitude réservée. Ce qui est dangereux, c'est l'utilisation qui est faite de ces évènements pour justifier des doctrines erronées qui prétendent être capables d'expliquer tous les mystères de la nature sans en connaître les mécanismes. Ainsi, on peut bien croire que la transmutation est possible, ou que l'on puisse faire fondre de l'or dans la main sans se brûler, pourvu que ces croyances n'appellent pas l'adhésion à des théories alchimiques sans fondement. Telle est la signification des remarques que Descartes développe à la fin de l'article 187 de la quatrième partie des *Principes*. Etant parvenu à rendre compte de l'action de l'aimant par les seuls moyens de la mécanique et sans invoquer d'action à distance, il généralise son propos à toutes les actions que l'on prétend être exercées à distance et suppose que des « bandelettes » de matière du premier élément peuvent passer très rapidement de certains corps à d'autres qui en sont très éloignés et y produire « des effets entièrement rares et merveilleux ». Il peut alors conclure que tous ces effets peuvent être

14. AT II 284 pour la lettre de Huygens, 350-351 pour la réponse de Descartes.

déduits des principes qu'il a établis « à sçavoir, de la grandeur, figure, situation & mouvement des diverses parties de la matiere », ajoutant même :

> On ne remarque aucunes qualitez qui soient si occultes, ny aucuns effets de Simpatie ou Antipatie si merveilleux & si estranges, ny enfin aucune chose si rare en la nature (pourveu qu'elle ne procede que des causes purement materielles & destituées de pensée ou de libre arbitre), que la raison n'en puisse estre donnée par le moyen de ces mesmes principes [15].

Deux conclusions s'imposent alors. D'une part, c'est la dernière phrase de l'article 187 qui le précise, tous les autres principes qui sont habituellement invoqués sont inutiles, qu'il s'agisse de ceux de l'aristotélisme ou du platonisme hermétisant. Cela signifie notamment qu'il n'est pas nécessaire d'ajouter les trois principes paracelsiens aux principes cartésiens de la mécanique pour rendre compte des phénomènes chimiques. D'autre part, et c'est l'article 199 qui l'affirme, il n'y pas un seul phénomène naturel dont l'explication puisse échapper aux principes présentés dans les *Principes de la philosophie.* Aucune propriété chimique n'apparaîtra donc étrange à Descartes, puisqu'il peut rendre raison de tout ce qui tombe sous les sens, et donc de tout ce que les chimistes peuvent expérimenter en laboratoire. On comprend ainsi que le rejet des théories chimiques n'entraîne pas le désintérêt pour les objets de la chimie. Mais Descartes ne s'est pas contenté de repousser les anciennes doctrines, il a également refusé de construire une chimie nouvelle. L'examen du statut de la matière subtile va nous permettre d'approcher les raisons de ce rejet radical de toute science chimique.

La question de la matière subtile

On aura remarqué dans la dernière citation la parenthèse du texte français par laquelle Descartes exclut du champ de ses explications les phénomènes qui ne procèderaient pas de causes « purement matérielles » (le latin disait « corporelles »). C'est là, bien entendu, une application directe de la séparation absolue entre la substance pensante et la substance étendue qui exclue la possibilité d'une réalité intermédiaire, souvent nommée esprit, dotée d'une matérialité extrêmement

15. Il faut citer ici le latin, qui est un peu différent, même si la traduction n'altère pas le sens général : « nullas esse vires in lapidibus aut plantis tam occultas, nulla sympathiae vel antipathiae miracula tam stupenda, nihil denique in naturâ universâ, quod ad causas tantum corporales, sive mente & cogitatione destitutas, debeat referri, cujus ratio ex iisdem illis principiis deduci non possit ».

subtile, dont la fonction serait d'assurer la liaison entre l'âme et le corps mais aussi, d'une manière plus générale, entre le Ciel et la Terre. Marsile Ficin a joué un rôle essentiel dans la diffusion d'une telle conception chez les alchimistes de la Renaissance et du XVIIe siècle [16]. Ficin développait en effet au chapitre trois du troisième livre du *De vita libri tres* la thèse selon laquelle la présence de l'âme dans le corps nécessitait « l'ayde d'un corps plus excellent, et presque non corps » qu'il appellait esprit, « corps fort tenue et delié, presque non corps, et ja presque ame. Item presque non ame, et ja presque corps » [17]. Cet esprit était présent dans la semence des plantes et des animaux, mais aussi de manière plus grossière dans la masse des pierres et des métaux. Tel est, poursuivait-il, l'esprit qui, séparé de l'or par une sublimation, peut transformer en or les autres métaux, ce que les arabes ont appelé élixir. Tel est aussi l'esprit du monde que l'on peut appeler quinte essence. Ficin terminait son chapitre en citant cet extrait de l'*Enéide* de Virgile qu'invoqueront fréquemment les alchimistes :

> *Spiritus intus alit, totamque infusa per artus*
> *Mens agitat molem, et magno se corpore miscet* [18].

Comme l'a montré Massimo Bianchi, cette notion de corporéité subtile jouait un rôle très important dans la magie naturelle à la Renaissance et encore au début du XVIIe siècle, chez des auteurs comme Robert Fludd ou Tommaso Campanella [19]. On peut alors considérer que les réticences de Descartes à l'égard des doctrines chimiques ont été renforcées par la nécessité de remettre en cause le statut ambigu qu'elles étaient amenées à donner à cet esprit, dont il convient de rappeler plus précisément la présence dans les diverses doctrines philosophiques et scientifiques auxquelles Descartes fut confronté.

La notion de matière subtile, souvent utilisée au XVIIe siècle pour désigner les « esprits », ce que le grec appelait *pneuma* et le latin *spiritus*, a hérité de toutes les ambiguïtés attachées à ces termes. Dès l'antiquité tardive, les savants avaient été confrontés à la question de l'existence d'une « matière immatérielle » dans plusieurs domaines. Le

16. C'est ce qu'a montré Sylvain Matton, « Marcile Ficin et l'alchimie, sa position, son influence », op. cit. note 51 du chap. 1.

17. Marsile Ficin, *De vita libri tres*, Florence, 1489. Je cite ici la trad. fr. de Guy Le Fèvre de la Boderie, *Trois livres de la vie*, Paris, 1541, rééditée dans le Corpus des œuvres de philosophie en langue française, Paris, Fayard, 2000, p. 148, 149.

18. Virgile, *Enéide*, livre VI, 726-727: « L'esprit nourrit de l'intérieur [le ciel et la terre], répandu dans les membres l'esprit agite la masse et se mêle au grand corps ».

19. Massimo L. Bianchi, « Corporéité subtile et magie à l'époque de Descartes », *Recherches sur le XVIIe siècle*, V, 1982, p. 37-43.

galénisme accordait la plus grande importance au *pneuma* dont la circulation conférait à l'organisme les diverses propriétés le distinguant des corps inanimés. L'alchimie gréco-alexandrine voyait dans la spiritualisation des corps et la corporification des esprits le processus central de toute entreprise d'amélioration de la nature et de l'homme. Dans l'un et l'autre cas, on imaginait que les esprits, qu'ils soient vitaux ou chimiques, semblaient constituer le chaînon reliant ces deux catégories opposées d'êtres qu'étaient les objets matériels caractérisés par leurs diverses qualités sensibles et les êtres spirituels comme l'âme ou l'intellect. Jean Fernel, dans sa *Physiologie*, reconnaissait l'existence d'une « matiere tres-subtile, tres prompte et tres-legère » qui rendait possible l'union entre les « natures très-fort dissemblables » que sont notre esprit et notre corps : il fallait pour cela que l'esprit soit revêtu d'une corporéité « claire, pure et semblable à un astre » [20]. Ces conceptions sont encore très présentes chez les médecins et les chimistes du XVIIe siècle [21]. Ainsi, Cureau de la Chambre explique le processus de la digestion par l'action d'esprits qui ont acquis une telle subtilité matérielle qu'ils sont passés du côté des êtres immatériels [22]. Robert Fludd qui, comme beaucoup d'alchimistes de son temps, envisage la création du monde telle que la rapporte la *Genèse* comme une opération chimique, considère que l'Esprit divin est aussi bien la source de l'âme humaine et de la vie que des divers corps « aériens » [23].

S'appuyant sur le modèle de la distillation, de nombreux auteurs se sont imaginés au XVIIe siècle que l'âme était formée des parties les plus subtiles de la matière [24]. Ainsi, Campanella avait conçu l'idée d'une âme

20. Jean Fernel, *Physiologia*, première partie de la *Medicina*, Paris, 1554. Je cite la traduction de Charles de Saint Germain, *Les sept livres de la physiologie*, Paris, 1655, rééditée dans le Corpus des œuvres de philosophie en langue française, Paris, Fayard, 2001, p. 287, 288.

21. Voir Allen G. Debus, « Chemistry and the quest for a material spirit of life in the seventeenth century », op. cit. note 53 du chapitre 1 ; Antonio Clericuzio, « The internal laboratory. The chemical reinterpretation of medical spirits in England (1650-1680), *in* Piyo Rattansi et Antonio Clericuzio (éds.), *Alchemy and chemistry in the 16th and 17th centuries*, Dordrecht, Kluwer Academic Publishers, 1994, p. 51-83.

22. Voir à ce sujet Albert Darmon, *Les corps immatériels. Esprits et images dans l'œuvre de Marin Cureau de la Chambre (1594-1669)*, Paris, Vrin, 1985.

23. Allen G. Debus, « Robert Fludd and the circulation of the blood », *Journal of the history of medicine and allied sciences*, 16, 1961, p. 374-393, article repris dans *Chemistry, alchemy and the new philosophy* (op. cit. note 53 du chap. 1).

24. Voir Alain Mothu, « Le mythe de la distillation de l'âme au XVIIe siècle en France », dans Jean-Claude Margolin et Sylvain Matton (éds.), *Alchimie et philosophie à la Renaissance*, Paris, Vrin, 1993, p. 435-461 ; texte repris et amplifié dans « La pensée en cornue », op. cit. note 58 du chap. 1.

qui soit un « esprit corporel, chaud, ténu, mobile apte à pâtir et à sentir rapidement. » [25]. Descartes lui-même rapporte dans la *Seconde méditation* qu'il avait pensé dans sa jeunesse que l'âme pouvait être « quelque chose extremement rare & subtile, comme un vent, une flame ou un air tres-delié, qui estoit insinué & répandu dans mes plus grossires parties. » [26]. Il justifie d'ailleurs ce point de vue quelques années plus tard lorsqu'il écrit à Mersenne : « *Anima* en bon latin signifie *aërem, sive oris halitum* ; d'où je croy qu'il a esté transferé *ad significandam Mentem*, & c'est pour cela que j'ay dit que *sœpe sumitur pro re corporea.* » [27]. Enfin, dans le texte transmis par Leibniz sous le titre *Cartesius*, et qui fut sans doute écrit dans les dernières années de sa vie, Descartes envisage une union parfaite de l'âme et du corps telle que l'esprit (« mens ») rendrait le corps « penetrativum aliorum corporum, invisibile, sive diaphanum, impassibile, & capax similium omnium quae gloriosis corporibus tribuuntur. » [28]. Mais, comme l'a remarqué Jean-Robert Armogathe, Descartes a soigneusement évité, dans ses ouvrages écrits en latin, d'utiliser le terme « *spiritus* » pour désigner la pensée, choisissant alors le mot « *mens* », que ses traducteurs ont cependant rendu par « esprit » en français [29]. Ainsi, dans le courant du XVIIe siècle se répand l'usage d'un même terme (*spiritus*/esprit) pour désigner tantôt des êtres purement matériels, tantôt des êtres purement spirituels, tantôt des êtres intermédiaires dont le statut ontologique varie selon les auteurs [30].

Mais la question des corps immatériels était aussi apparue dans le domaine de la physique, avec le regain d'intérêt pour les conceptions corpusculaires de la matière. Bien peu d'auteurs, au début du XVIIe siècle, sont disposés à accepter l'existence d'un vide absolu – correspondant physique du néant ontologique – entre les particules de la matière. Aussi recherchent-ils une matière plus subtile capable de remplir les interstices. Après tout, l'idée n'est pas nouvelle, puisque

25. Tommaso Campanella, *De sensu rerum et magia libros quatuor*, Paris, 1637 ; cité par Massimo L. Bianchi « Corporéité subtile et magie à l'époque de Descartes », op. cit. note 19.

26. AT IX 20. Le texte latin dit : « instar venti, vel ignis, vel aetheris, quod crassioribus mei partibus esset infusum. » (AT VII 26).

27. Lettre à Mersenne du 21 avril 1641 (AT III 362).

28. AT XI 648.

29. Jean-Robert Armogathe, « Note brève sur le vocabulaire de l'âme au dix-septième siècle », dans *Spiritus* (op. cit. note 53 du chap. 1).

30. Voir à ce sujet les travaux rassemblés par M. Fattori et M.L. Bianchi dans *Spiritus*, op. cit. note 53 du chap. 1.

Empédocle aurait été le premier à l'évoquer [31]. Mais, comme on l'a vu dans le premier chapitre, c'est aussi le concept stoïcien de *pneuma* qui est alors invoqué par plusieurs auteurs pour jouer ce rôle. Ainsi Sébastien Basson, s'interrogeant sur la substance très ténue qui remplit l'espace lors de la raréfaction des corps, estime qu'il s'agit de ce que les stoïciens appelaient le *pneuma* et propose de le rapprocher de la quintessence que l'on peut extraire de toute chose par sublimation [32]. Basson reprend ainsi des idées déjà présentes dans les ouvrages de philosophie naturelle de la fin du XVIe siècle, comme ceux de Jean Pena ou Giordano Bruno, qui appellent « *aer* » ou « *aether* » la matière subtile qui remplit les interstices de la matière mais qui confère aussi à l'univers sa cohérence et sa vitalité [33]. De ce point de vue, la matière subtile, qui circule entre le monde des astres et la Terre, abolit la distinction traditionnelle entre le monde supralunaire et le monde sublunaire, constituant ainsi un puissant argument contre la physique aristotélicienne.

Débarrassée de sa dimension stoïcienne, la matière subtile joue un rôle important dans le *Novum organum* de Francis Bacon : « Toute chose tangible sur terre contient un esprit invisible et impalpable, auquel elle sert d'enveloppe et comme de vêtement. » [34]. Ce « spiritus » invisible se manifeste de trois manières dans les corps tangibles : son absence provoque la dessiccation, son excès la liquéfaction, sa retenue en

31. Voir les témoignages de Platon (DK A XCII=*Ménon* 76c) et Aristote (DK A LXXXVII=*De la génération et de la corruption*, 324 b 26), mais aussi le commentaire de Jean Philopon (DK A LXXXVII) : « Nous savons que ceux qui forment l'hypothèse des pores ont supposé qu'ils étaient non pas vides, mais remplis d'un certain corps très léger comme l'air. Par là, ils diffèrent de ceux qui forment l'hypothèse du vide. » (trad. Jean-Paul Dumont, *Les présocratiques*, Gallimard, Paris, 1988, p. 369). Mais Jean Philopon pourrait aussi faire ici allusion aux thèses médicales d'Asclépiade sur l'écoulement des fluides à travers les pores plus ou moins resserrés des corps.

32. Sébastien Basson, *Philosophiae naturalis adversus Aristotelem libri XII*, Genève, 1621, p. 333, 336.

33. Voir à ce sujet Peter Barker, « Jean Pena (1528-1558) and stoic physics in the sixteenth century », *The southern journal of philosophy*, 23, 1985, p. 93-107 ; « Stoic contribution to early modern science », *in* Margaret J. Osler (ed.), *Atoms, pneuma and tranquility. Epicurean and stoic themes in european thought*, Cambridge, Cambridge University Press, 1991, p. 135-154 ; Miguel Angel Granada, « Petrus Ramus y Jean Pena : critica de la cosmologia aristotelica y de las hipotesis astronomicas a mediados del XVI », *Revista de filosofia*, n° 12/13, 1991, p. 11-72 ; « Giordano Bruno et la stoa. Une présence non reconnue de thèmes stoïciens ? » dans Jacqueline Lagrée et Pierre-François Moreau (éds.), *Le stoïcisme aux XVIe et XVIIe siècles*, Caen, Presses Universitaires de Caen, 1994, p. 53-80.

34. Francis Bacon, *Novum organum*, livre II, aphorisme 40, trad. fr. de Michel Malherbe et Jean-Marie Pousseur, Paris, PUF, 1986, p. 273.

quantité raisonnable produit la vivification. Bacon s'efforce ici de rattacher à un terme unique les fonctions traditionnellement attribuées à l'humidité radicale et à la chaleur vitale. De son côté, c'est à l'air qu'Etienne de Clave confie le rôle de la matière subtile, lorsqu'il affirme dans *La nouvelle lumière philosophique* qu'il ne peut pas être considéré comme un élément, sa fonction n'étant pas de contribuer à la formation des corps mixtes, mais de remplir les pores de la matière [35]. Chez de Clave comme chez de nombreux auteurs, la matière subtile, qu'elle soit nommée « *pneuma* », « *aether* » ou « air », permet de rendre compte des expériences sur le vide, soit en supposant que sa subtilité lui permet de passer à travers les pores du récipient, soit en admettant qu'elle résulte de la raréfaction du corps contenu dans la pompe [36].

Descartes avait lu les ouvrages de plusieurs de ces auteurs et notamment la *Philosophia naturalis* de Sébastien Basson, dont il cite plusieurs fois le nom. C'est vraisemblablement à lui qu'il fait allusion lorsqu'il écrit à Mersenne en 1629 : « pour la rarefaction, je suis d'accord avec ce medecin et ay maintenant pris party touchant tous les fondemens de la philosophie. Mais peut-estre je n'explique pas l'aether comme lui. » [37]. Mais c'est d'abord auprès d'Isaac Beeckman que Descartes découvrit l'importance de la matière subtile dans les développements des nouvelles théories physiques. Le *Journal* de Beeckman montre en effet qu'il avait admis dès les années 1610 l'existence d'une matière subtile entièrement corporelle formée de particules ignées, qui circule dans le vide sans le remplir totalement, qui pénètre dans les corps et qui est la cause de phénomènes tels que la pesanteur, la raréfaction ou l'attraction des aimants [38]. Cette théorie était déjà très élaborée lorsque Descartes fit sa connaissance et on peut penser qu'elle lui servit de point de départ pour élaborer sa propre conception de la matière subtile.

Comme il l'a fait en anatomie avec les esprits animaux, qui sont des fines particules de sang n'ayant rien d'immatériel, Descartes reprend le terme de matière subtile mais il en change complètement la signification

35. Etienne de Clave, *Nouvelle lumière philosophique*, Paris, 1641, p. 26-27.

36. Voir à ce sujet Corinne Massignat, *Vide et matière dans la première moitié du XVIIe siècle : phénoménologie d'une polémique décisive*, thèse de doctorat, Université de Nantes, 1998.

37. Lettre de Descartes à Mersenne du 8 octobre 1629 (AT I, 25). C'est Cornelis de Waard qui propose le nom de Basson (bien plus vraisemblable en effet que celui du médecin de Sens de Villiers avancé par Adam et Tannery) : *Correspondance de Mersenne*, vol. II, p. 302, 307-308.

38. Voir à ce sujet l'exposé de Cornelis de Waard sur la philosophie naturelle de Beeckman, dans la *Correspondance de Mersenne*, vol. II, p. 118-124.

puisqu'il ne s'agit plus d'un être intermédiaire entre le corps et l'esprit, mais d'une sorte particulière de corps n'ayant pas d'autres propriétés que celles qu'il accorde aux autres corps qui constituent la substance étendue : figure, taille et mouvement. On pourrait considérer que c'est par une sorte de concession à ses interlocuteurs que Descartes emploie cette expression, dont il vide la signification de toute ambiguïté. Ainsi, précise-t-il dès 1630 à Mersenne, « ces petits cors qui entrent lors qu'une chose se rarefie, & qui sortent lors qu'elle se condense, & qui passent au travers les choses les plus dures, sont de mesme substance que ceux qui se voyent & qui se touchent. » [39]. Cette matière qui remplit les corps qui se dilatent est la même, poursuit Descartes, que celle qui remplit les plus petits pores de la matière pour éviter le vide. Six ans plus tard, il maintient cette position : « Je ne suppose point la matiere subtile, dont je vous ay parlé plusieurs fois, d'autre matiere que les cors terrestres ; mais comme l'air est plus liquide que l'eau, ainsi je la suppose encore beaucoup plus liquide, ou fluide, & penetrante que l'air. » [40]. La matière subtile n'est donc pas une matière différente de celle qui ne l'est pas, puisqu'il s'agit simplement de remarquer que les corps peuvent être plus ou moins subtils : la subtilité spécifie une sorte de corps sans pour autant créer un nouveau genre de chose qui serait intermédiaire entre la substance pensante et la substance étendue. C'est ce qu'il précise à Pollot en 1638 : un corps peut être dit plus subtil qu'un autre si ses parties « sont plus petites et moins jointes ensemble » [41].

Cette manière de parler de la matière subtile en termes relatifs, et non pas en la considérant comme une substance distincte des autres et possédant des propriétés spécifiques suscita l'incompréhension des contemporains de Descartes, comme le montrent les longues et fastidieuses objections que lui fait parvenir Jean-Baptiste Morin concernant la forme de la matière subtile, sa transparence, la cause et la nature de son mouvement [42]. « Vous imaginez tousjours des contrarietez où il n'y en a point », lui répond Descartes excédé, puisque la matière subtile n'a pas d'autres propriétés que la matière en général . Mais il est vrai que Descartes entretient l'équivoque, en ne donnant pas à ses interlocuteurs la clé de sa théorie de la matière, qu'il ne fournit à Mersenne qu'en

39. Lettre de Descartes à Mersenne du 15 avril 1630 (AT I 140).

40. Lettre de Descartes à Mersenne de mars 1636 (AT I 341).

41. Lettre de Descartes à Reneri pour Pollot d'avril/mai 1638 (AT II, 42-43).

42. Lettres de Morin à Descartes du 22 février 1638 (AT I 536-557) et du 12 août 1638 (AT II 288-305) ; réponses de Descartes du 13 juillet 1638 (AT II 196-221) et du 12 septembre 1638 (AT II 362-373).

janvier 1639. Il lui précise alors qu'il n'a pas rendu public jusqu'à présent une découverte qu'il réserve pour la publication du *Monde* [43] et qu'il présente alors en ces termes :

> Outre la matiere qui compose les cors terrestres, il y en a de 2 sortes : l'une fort subtile, dont les parties sont rondes, ou presque rondes, ainsy que des grains de sable, & celle cy non seulement occupe tous les pores des cors terrestres, mais aussy compose tous les cieux ; l'autre, incomparablement plus subtile que celle là, & dont les parties sont si petites, & se meuvent si viste, qu'elles n'ont aucune figure arestée, mais prenent sans difficulté à chasque moment celle qui est requise pour remplir tous les petits intervalles que les autres cors n'occupent point [44].

Nous nous apercevons alors que l'expression « matière subtile » n'est utilisée par Descartes dans sa correspondance que dans la mesure où il n'a pas encore rendue publique la théorie des trois éléments de la matière qu'il a élaborée dans *Le Monde*, mais qui ne sera finalement connue de tous qu'avec la parution des *Principes de la philosophie*. Cette nouvelle théorie, qui est suffisamment importante aux yeux de Descartes pour qu'il hésite à la divulguer en dehors de l'exposé de l'ensemble de sa physique, rend inutile le recours à la notion de matière subtile. Il apparaît en effet clairement que « la matière fort subtile » est celle du second élément, ensemble des particules qui composent le ciel, tandis que la matière « incomparablement plus subtile » est celle du premier élément, « raclure » de matière qui remplit tous les intervalles de la matière du second élément et du troisième. C'est ce que montre l'évolution des termes qu'il utilise pour rendre compte de la flamme d'une chandelle. Dans une lettre du 27 août 1639, il explique à Mersenne que c'est le mouvement circulaire de la matière subtile autour de la chandelle qui permet le développement de la flamme [45]. Mais lorsqu'il reprend et développe l'explication de la flamme dans la quatrième partie des *Principes* (art. 96-99), il n'est plus question de matière subtile, mais du rôle respectif et complémentaire que jouent les matières du premier et du second élément. Il n'est pas étonnant, dans ces conditions, qu'ayant parfaitement présent à l'esprit cette inéluctable évolution de son vocabulaire, Descartes abolisse la distinction entre les deux ma-

43. Il lui répètera encore le 19 juin 1639 : « Je croy vous avoir escrit cy devant, touchant les parties de la matiere subtile, que, bien que je les imagine rondes ou presque rondes, je ne suppose aucun vuide autour d'elles, mais que j'ay voulu reserver à mon Monde a expliquer ce qui remplit leurs angles. » (AT II 564)

44. AT II 483.

45. AT II 572.

tières subtiles dans la lettre même où il la présente à Mersenne en tant qu'étape dans la révélation de son véritable système, affirmant alors :

> Je ne mets point d'autre difference entre les parties des cors terrestres & celles de la matiere subtile, que comme entre les pierres & la poussiere qui sort de ces pierres lorsqu'on les frote l'une contre l'autre ; & je croy qu'il y a continuellement quelques parties terrestres qui en se froissant prenent la forme de la matiere subtile, & quelques parties de cete matiere subtile qui se joignent aux cors terrestres, en sorte qu'il n'y a point de matiere en tout l'univers qui ne puisse recevoir toutes les formes [46].

La doctrine s'applique aussi aux esprits animaux de la médecine, comme Descartes l'explique dans une lettre à Vorstius du 19 juin 1643 [47]. Avant d'expliquer à son interlocuteur ce que sont ces esprits animaux, il lui rappelle qu'il ne « considère en physique que les grandeurs, les figures, les situations et les mouvements des particules dont les corps sont formés », ce qui lui permet d'affirmer que

> entre cette matière subtile et les corps terrestres il n'y a, selon moi, qu'une différence : la matière subtile est faite de particules beaucoup plus petites et qui, n'adhérant pas les unes aux autres, se meuvent toujours très rapidement.

Il peut alors définir les esprits en les distinguant de l'air et du feu :

> On peut appeler esprit tout corps fait de particules terrestres baignant dans la matière subtile et douées d'un mouvement plus rapide que celui des particules qui composent l'air, mais plus lent que celui des particules qui composent le feu.

Les esprits naturels, vitaux et animaux ne se différencient alors du sang et les uns des autres que par la « diversité des particules qui les composent. » [48].

Enfin, nous l'avons déjà vu, la matière subtile et les esprits occupaient une place centrale dans les théories chimiques du XVIIe siècle, qu'il s'agisse de l'esprit universel qui apporte à la terre les semences métalliques ou des quintessences que la distillation permet d'extraire des corps. Bien plus, la chimie était précisément cette science ayant pour objet les êtres intermédiaires entre la matière et l'esprit et la philosophie chimique pouvait se considérer comme la philosophie par excellence en ce qu'elle s'occupait de ces esprits qui relient le ciel et la terre. Science des êtres intermédiaires, et donc de toute médiation, elle favorisait la

46. AT II 485.
47. AT III 686-689.
48. Pour l'ensemble de cette lettre, je donne la traduction de Ferdinand Alquié dans *Œuvres philosophiques de Descartes*, III 35-36.

circulation entre ce qui est en haut et ce qui est en bas, pour reprendre les expressions de la célèbre *Table d'émeraude*. Dans ces conditions, on peut considérer qu'en réduisant la matière subtile à n'être que de la poussière de matière, Descartes a retiré à la chimie ce qui justifiait son existence en tant que science et lui conférait son importance tout autant que sa légitimité. Si la matière subtile n'est qu'étendue, le discours sur les objets de la chimie s'intègre dans la science des corps étendus qu'est la physique et ne peut plus avoir aucune prétention à se constituer en science particulière.

LA CHIMIE EN TANT QUE SCIENCE IMPOSSIBLE

Descartes est donc allé plus loin qu'une simple attitude de critique des théories chimiques de son temps qui l'aurait conduit à remplacer une mauvaise doctrine chimique par une bonne. Certes, il accueille dans les *Principes de la philosophie* les principaux résultats obtenus par les chimistes dans les laboratoires, mais l'interprétation qu'il en offre ne contribue pas à la constitution d'une nouvelle science chimique. Dans la pensée cartésienne, le discours théorique de la chimie se trouve aboli et dépassé par le discours d'une physique qui n'a pas besoin de produire de nouveaux principes pour rendre compte des phénomènes chimiques, et qui par conséquent n'a pas besoin de constituer la chimie en science spécifique à l'intérieur d'une explication mécanique de la nature.

Analyse chimique et analyse philosophique

Si l'objet principal de la chimie est la matière subtile et si la distillation est le moyen privilégié d'extraire de tout corps l'essence qui s'y trouve enfouie, alors la chimie devient le modèle de toute analyse, dans la mesure où cette dernière est le processus à la fois physique et mental par lequel l'élément substantiel de toute chose se trouve isolé et connu. La chimie pouvait ainsi apparaître au XVIIe siècle comme le modèle de toute connaissance scientifique, par opposition à la méthode déductive supposée être le propre de la science aristotélicienne. Ainsi, Francis Bacon, considérant que le travail inductif de la science devait d'abord rejeter les notions mal déterminées, affirmait qu'il fallait « procéder à la solution et à la séparation de la nature, non par le feu assurément, mais par l'esprit, qui est comme un feu divin », de sorte que, « toutes les opinions volatiles s'en allant en fumée », demeure au fond « la forme affirmative, solide, vraie et bien déterminée. » [49]. Descartes s'est bien sûr opposé à une telle conception de la réforme du savoir : l'analyse philosophique qu'il préconisait était tout à fait étrangère à l'analyse chimique. C'est là un des points sur lesquels il s'opposa brutalement à Gassendi dans ses *Réponses* aux *Cinquièmes Objections*.

On se contentera ici de rappeler brièvement les faits, avant d'examiner ce qui concerne plus particulièrement la question de l'analyse [50]. Descartes avait chargé Mersenne de faire circuler des exemplaires des *Meditationes de prima philosophia* avant la parution définitive de l'ouvrage, de sorte que ce dernier puisse être publié avec des objections et des réponses. Mersenne remit une copie manuscrite des *Meditationes* en février 1641 à Gassendi qui lui fit parvenir vers le 17 mai ses objections [51]. Mersenne les envoya immédiatement à Descartes qui lui communiqua sa réponse le 23 juin en le priant de les faire imprimer « avant que l'autheur voye la response ». En effet, précisait alors Descartes « je trouve qu'elles [les objections de Gassendi] contienent si peu de raison, que j'apprehende qu'il ne veuille pas permetre qu'elles soyent imprimées, lorsqu'il aura vû ma response. » [52]. Il ajoutait à la fin de la même lettre : « j'ay fait tout ce que j'ay pû pour traiter Mr Gassendi honorablement & doucement ; mais il m'a donné tant d'occasions de le mespriser & de faire voir qu'il n'a pas le sens commun & ne sçait en aucune façon raisonner, que j'eusse trop laissé aller de mon droit, si j'en eusse moins dit que je n'ay fait. » [53]. Après la parution des *Meditationes*

49. *Novum organum*, livre II, aphorisme 16, p. 217.

50. Sur la querelle de Descartes et Gassendi, voir Olivier-René Bloch, « Gassendi critique de Descartes », *Revue philosophique*, 1966, p. 217-236 ; *La philosophie de Gassendi. Nominalisme, matérialisme et métaphysique*, La Haye, Martinus Nijhoff, 1971 ; Margaret Osler, « Divine will and mathematical truth: Gassendi and Descartes on the status of the eternal truths » *in* Roger Ariew et Marjorie Grene (eds.) *Descartes and his contemporaries. Meditations, objections and replies*, Chicago, the University of Chicago Press, 1995, p. 145-158 ; Thomas M. Lennon, *The battle of the Gods and Giants : the legacies of Descartes and Gassendi, 1655-1715*, Princeton, Princeton University Press, 1993 ; « Pandora: or, essence and reference: Gassendi's nominalist objection and Descartes' realist reply » in *Descartes and his contemporaries* (op. cit. supra), p. 159-181 ; Thierry Bedouelle, « L'unité de la science et son objet. Descartes et Gassendi : deux critiques de l'aristotélisme », *Les études philosophiques*, 1996, p. 49-69 ; voir aussi l'ensemble des articles réunis par Roger Ariew dans un numéro spécial (*Descartes versus Gassendi*) de *Perspectives on science*, 1995, n° 3, p. 425-581.

51. Voir les documents rassemblés à ce sujet dans AT III, 363-365.

52. AT III 384.

53. AT III 388-389. Dans une lettre à Mersenne du 22 juillet 1641, Descartes revient sur ce sujet : « Pour M. Gassendi, il me semble qu'il seroit fort injuste, s'il s'offensoit de la réponse que je luy ay faite ; car j'ay eu soin de ne luy rendre que la pareille, tant à ses

avec les *Objectiones* et les *Responsiones* en 1641, Gassendi répliqua en 1644 aux *Responsiones* de Descartes dans la *Disquisitio metaphysica Instantiae*, ouvrage qui contenait également les *Objectiones quintae* et les *Responsiones* [54]. Quant à Descartes, il s'opposa finalement à la publication de la traduction par Clerselier des *Cinquièmes objections* et des *Réponses* dans l'édition française des *Méditations métaphysiques* en 1647, n'acceptant alors que la publication d'une lettre à Clerselier « servant de réponse à un recueil des principales instances faites par monsieur Gassendi contre les precedentes réponses » [55].

Les objections que Gassendi développe contre la seconde méditation sont consacrées à la question de la distinction de l'âme et du corps. Comme l'a montré Olivier-René Bloch, ce n'est pas tant les conclusions de Descartes qu'il entend mettre en cause que la méthode utilisée et Gassendi n'entend pas tant réfuter Descartes que montrer qu'il n'a pas dissipé le doute dont il a fait son point de départ [56]. Comment pouvez-vous être sûr, lui dit-il, que votre âme n'est pas cette matière subtile que vous avez supposé un moment qu'elle pouvait être ? Il faudrait avoir déjà démontré l'opposition absolue de la matière et de la pensée pour pouvoir être certain que celui qui pense se distingue ainsi absolument de toute matière. Mais on ne peut écarter l'hypothèse d'une substance très subtile et entièrement matérielle qui constituerait la véritable nature de l'âme. Il écrit alors :

> Il vous reste toujours à prouver que la faculté de penser est tellement au-dessus de la nature corporelle, que ni ces esprits que l'on nomme animaux, ni aucun autre corps, pour délié, pur et subtil qu'il puisse être, ne saurait recevoir de telles dispositions que de pouvoir être rendu capable de la pensée [57].

complimens qu'à ses attaques (...). Mais peut-estre qu'il est touché de mes réponses, à cause qu'il y reconnoist de la verité, & moy je ne l'ay point esté de ses objections pour une raison toute contraire. » (AT III 416)

54. Pierre Gassendi, *Disquisitio metaphysica, seu dubitationes et instantiae, adversus Renati Cartesii Metaphysicam et Responsa*, Amsterdam, 1644 ; voir l'édition traduite et annotée par Bernard Rochot, Paris, Vrin, 1962.

55. AT IX-1 202-217. Adam et Tannery n'ont pas cru devoir publier la traduction française de Clerselier des *Cinquièmes objections* et des *Réponses*. On trouvera une partie des objections et l'intégralité des réponses dans les *Œuvres philosophiques* de Descartes éditées par F. Alquié, Paris, Garnier, 1992, t. 2, p. 705-838.

56. O. R. Bloch, « Gassendi critique de Descartes » (op. cit. note 50), p. 220-221.

57. *Œuvres philosophiques*, t. 2, p. 712 . Le texte latin dit plus sobrement : « sed probandum superest tibi, vim cogitandi ita esse supra naturam corpoream ut neque spiritus, neque aliud corpus agile, purum, tenüe, ulla dispositione parabile sit, quod cogitationis efficiatur capax » (AT VII 262).

La question est donc de savoir ce qu'est une « chose qui pense ». Car il ne suffit pas, poursuit Gassendi, que Descartes affirme être certain d'être une chose qui pense ; encore faut-il qu'il précise en quoi cela consiste : « Ce que nous ne savons pas, et que pour cela nous désirons d'apprendre, c'est de connaître et de pénétrer dans l'intérieur de cette substance dont le propre est de penser. » [58]. C'est alors que Gassendi utilise une étonnante comparaison : pour connaître ce qu'est le vin, il ne suffit pas de dire que c'est un liquide que l'on extrait du raisin, qui est blanc ou rouge et qui enivre ; il faut également « découvrir et manifester (...) l'intérieur de sa substance, en faisant voir comme cette substance est composée d'esprits ou eaux-de-vie, de flegme, de tartre, et de plusieurs autres parties mêlées ensemble dans une juste proportion et tempérament ». De la même manière, dit-il alors à Descartes, il ne suffit pas de nous dire « que vous êtes une chose qui pense, qui doute, qui entend, etc., mais (...) vous devez travailler sur vous-même, comme par une sorte d'opération chimique, de telle sorte que vous puissiez nous découvrir et faire connaître l'intérieur de votre substance. » [59].

Une telle remarque, profondément choquante pour un cartésien, n'a rien d'étonnant de la part de Gassendi. D'abord, comme l'a montré Olivier-René Bloch, il s'intéressait beaucoup à la chimie et il a accordé une place importante dans son œuvre aussi bien aux résultats empiriques obtenus par les « chymistes » qu'à la méthode de résolution des corps mixtes qu'ils mettaient en œuvre. Il a notamment utilisé les travaux publiés par Etienne de Clave dans les *Paradoxes ou traittez des pierres et pierreries* [60]. Pour Gassendi, l'analyse chimique, qui permet de

58. *Œuvres philosophiques*, t. 2, p. 722. AT VII 276 : « Quod nos latet, quod quœritur, intima tua substantia est, cujus proprium est cogitare. » Le texte latin « tua substantia », mieux que la traduction française, montre que Gassendi feint de croire que la méditation du « je pense » ne concerne que l'individu Descartes, et non pas tout être humain.

59. *Œuvres philosophiques*, t. 2, p. 723. AT VII 276-277 : « non satis esse, si nobis renuncies te esse rem cogitantem, dubitantem, intelligentem, &c. ; sed incumbere tibi, *ut labore quodam quasi chymico* teipsam ita examines, ut internam tuam substantiam & detegere & demonstrare nobis possis. » C'est moi qui souligne.

60. Olivier-René Bloch, *La philosophie de Gassendi* (op. cit. note 44, p. 233-278). Cependant, O.-R. Bloch s'est trompé en imaginant que Gassendi avait transformé le « vitalisme » de l'alchimie en une théorie « moléculaire » : le corpuscularisme chimique est un héritage de l'alchimie médiévale ; cette méprise conduit l'auteur à attribuer à Gassendi des avancées théoriques, notamment en ce qui concerne les concepts d'élément et de semence, qui sont en réalité le fait de la tradition alchimique à laquelle se réfère Etienne de Clave. D'une manière plus générale, c'est à tort que O.-R. Bloch s'imagine qu'au XVIIe siècle « la distinction entre l'alchimie et la chimie, au sens que nous donnons aujourd'hui à ces termes, est largement faite dans la pratique, et commence à se faire dans la théorie elle-même » (op. cit., p. 236).

connaître de quels éléments sont constitués les corps, constitue le modèle de toute connaissance qui cherche à aller des « *res concretae* » vers les molécules et les atomes qui les constituent. C'est par un travail de ce genre, et non pas par la saisie intuitive de la pensée par elle-même, qu'il est possible d'accéder à la nature des choses. Ainsi, en invoquant contre la doctrine cartésienne du « je pense » l'expérience chimique de la distillation, Gassendi mobilise et manifeste les traits essentiels de sa philosophie. En effet, il ne met pas seulement en lumière un matérialisme qui le conduit à envisager la distillation d'une âme considérée comme une chose subtile, mais cependant entièrement matérielle ; il manifeste aussi le caractère essentiellement empirique et nominaliste d'une doctrine pour laquelle c'est l'expérience, et non pas les concepts, qui conduit à la connaissance de la nature.

Bien entendu, Descartes a vigoureusement réagi à la critique de Gassendi. Reprenant sa demande d'une étude de la nature de la pensée par un « *labore quodam quasi chymico* », il lui répond ironiquement :

> Je ne vois pas ce que vous attendez de plus à ce sujet, si ce n'est que l'on dise de quelle couleur, odeur et saveur est l'esprit humain, ou bien de que sel, soufre et mercure il est composé ; vous voulez en effet que nous l'examinions à la manière du vin par une sorte d'opération chimique [61].

On remarquera que Descartes radicalise le propos de Gassendi pour mieux le critiquer, en supprimant le « *ut* » et le « *quasi* » du « *ut labore quodam quasi chymico* » qui donnaient à cette expression une allure métaphorique. La traduction française de Clerselier a accentué cette radicalisation, destinée à ridiculiser Gassendi, en remplaçant la traduction par une périphrase : « ...car vous voulez que, comme par une espèce d'opération chimique, à l'exemple du vin nous le passions par l'alambic, pour savoir ce qui entre en la composition de son essence. » [62]. La chose est absurde, bien entendu, dans la mesure où, pour Descartes, l'âme n'est pas matérielle. On aperçoit ainsi le dilemme à l'intérieur duquel Gassendi veut enfermer Descartes en même temps que la manière dont ce dernier entend y échapper. Pour Gassendi, qui ne prétend pas savoir ce qu'est vraiment l'âme, ou bien elle est matérielle, et elle peut alors être connue par une analyse semblable à celle des chimistes ; ou bien elle ne l'est pas, mais alors nous ne disposons pas de

61. AT VII 359. Je donne ici ma traduction du latin : « Nec video quid amplius ea de re expectes, nisi ut dicatur cujus coloris, odoris & saporis sit mens humana, vel ex quo sale, sulphure & mercurio sit conflata ; vis enim ut ipsam, instar vini, *labore quodam Chymico* examinemus. »

62. *Œuvres philosophiques*, vol. 2, p. 801-802.

moyens de la connaître certainement. C'est donc parce que l'analyse chimique constitue un modèle de toute connaissance que l'on peut douter qu'une connaissance exacte de l'âme soit possible : l'affirmation cartésienne selon laquelle la nature de notre esprit est mieux connue que celle d'aucune autre chose est alors radicalement mise en cause.

C'est précisément à cette conception de la connaissance dont le modèle serait l'analyse chimique que s'oppose Descartes. Pour lui, en effet, l'analyse, loin de consister en une décomposition des corps, est essentiellement une opération de la pensée qui s'effectue a priori et par laquelle les attributs d'une chose peuvent être connus au terme d'une inspection de l'esprit. C'est à la fin de ses réponses aux secondes objections que Descartes précise sa conception de l'analyse, par opposition à la synthèse : « l'analyse montre la vraie voie par laquelle une chose a été méthodiquement et comme a priori découverte », tandis que la synthèse démontre ce à quoi elle a abouti « par la voir opposée et comme a posteriori » [63]. La synthèse ne fait donc qu'exposer après coup ce que l'on peut déduire de principes qui sont découverts par un travail intérieur de la pensée, ce en quoi consistent précisément les *Méditations métaphysiques*. C'est ce que montre la célèbre analyse du morceau de cire, à la fin de la *Seconde méditation*, dont Gassendi conteste aussi bien la méthode que les conclusions, et qui n'est justement pas une analyse chimique de ce qu'est la cire. S'il est vrai que la cire n'est ni ce que je perçois, ni même ce que j'imagine, mais seulement ce que conçoit mon entendement seul, cela veut dire que la véritable connaissance ne passe pas par l'analyse des propriétés sensibles des corps, mais par l'inspection à laquelle se livre l'esprit du contenu de ses pensées.

La chimie présente donc un modèle d'analyse qui est doublement illusoire. D'abord, elle concentre l'attention du chercheur sur les propriétés sensibles des corps et engendre l'illusion que les principes ou propriétés essentielles seraient enfouies au cœur de la matière sous les espèces d'atomes ou de molécules possédant des propriétés séminales. L'atomisme et la philosophie chimique rassemblent ici en une même

63. AT VII 155 et 156 : « Analysis veram viam ostendit per quam res methodice & tanquam a priori inventa est (...). Synthesis e contra per viam oppositam & tanquem a posteriori quaesitam (...) clare quidem id quod conclusum est demonstrat ». Je traduit ici du latin, pour éviter les complications apportées par la traduction de Clerselier, qui rend « a priori » par « et fait voir comment les effets dépendent des causes » et « a posteriori » par « et comme en examinant les causes par leurs effets » (*Oeuvres philosophiques*, vol. 2., p. 582-583). Sur cette délicate question, voir Jean-Marie Beyssade, « *Sciencia perfectissima*. Analyse et synthèse dans les *Principia* » dans *Etudes sur Descartes. L'histoire d'un esprit*, Paris, Seuil/Points, 2001, p. 181-216 ; Benoît Timmermans, *La résolution des problèmes de Descartes à Kant*, Paris, PUF, 1995, notamment p. 114-123.

confusion leur conception erronée des principes. Mais l'analyse chimique doit également être rejetée en tant que métaphore de toute connaissance, puisqu'elle présente l'analyse comme un processus d'explicitation ou de déploiement de principes extérieurs à la pensée, alors que la véritable analyse philosophique consiste plutôt en une saisie intuitive des idées contenues dans l'esprit. Alors que la science du chimiste reste soumise aux contraintes de l'expérience et n'aperçoit de la matière que des effets de surface qu'elle prend pour sa profondeur, Descartes met en évidence la liberté de l'esprit qui s'avance hardiment vers la compréhension de l'ordre des choses.

Le statut empirique des objets de la chimie

Finalement, qu'est-ce qu'un principe chimique, si ce n'est un raccourci ontologique entre les propriétés sensibles d'un corps et sa réalité substantielle ? Mais ce raccourci est illusoire et le principe chimique n'est finalement que le redoublement dans la pensée des propriétés sensibles qui ont été observées : le Mercure, le Soufre et le Sel ne sont que des substantialisations des propriétés des métaux telles que les observent l'artisan dans son atelier ou l'alchimiste dans son laboratoire. La chimie croit nouer des liens privilégiés entre l'observation empirique et l'élaboration théorique qui semblent se nourrir l'une de l'autre dans l'apparente similitude de ce qui est vu et de ce qui est conçu. Ce fallacieux recouvrement du théorique et de l'empirique conduit à voir des produits impossibles ou inexistants du simple fait que la théorie a permis de penser leur existence : on croit reconnaître dans une production indéterminée de l'activité de laboratoire la pierre philosophale ou l'alkahest parce que les opérations mises en œuvres sont théoriquement censées déboucher sur la production de tels produits [64].

C'est la possibilité même de tracer de tels chemins entre les propriétés sensibles des corps et leur réalité substantielle que met en cause la métaphysique de la physique de Descartes, comme le montre la théorie de la perception qui était déjà esquissée dans les *Regulae* et qui se trouve confirmée dans les derniers articles de la quatrième partie des *Principes de la philosophie*. Il y a en effet pour Descartes une dissem-

64. Ce processus avait permis de croire en la possibilité de l'alkahest, dissolvant universel, pendant toute la seconde moitié du XVIIe siècle. Voir Bernard Joly, « L'alkahest, dissolvant universel ou quand la théorie rend pensable une pratique impossible », op. cit. note 114 du chap. 2. Voir également « Qu'est-ce qu'un laboratoire alchimique ? », *Cahiers d'histoire et de philosophie des sciences*, n° 40, 1992, p. 86-102.

blance essentielle entre les objets qui constituent le monde et la perception que nous en avons. Les objets de la nature se structurent en des figures qui produisent des effets sensibles, sans que cela signifie que ce que l'âme perçoit par l'intermédiaire des sens ait la figure même de la chose qui produit la sensation. La perception est une passion, mais c'est aussi une défiguration, pour reprendre l'expression de Jean-Luc Marion : la nature produit des figures qui produisent des effets sensibles dont le rapport avec ce qui les produit est aussi arbitraire que celui qui lie le signifiant à son signifié [65]. Ainsi, explique Descartes au début de la règle XII des *Regulae*, plutôt que de considérer la couleur comme un être spécifique qui se distinguerait de ce dont il est la couleur, il convient de considérer que la couleur n'est que l'effet produit sur les organes des sens par un objet auquel il n'y a pas lieu de conférer d'autres propriétés que la figure et le mouvement. Les différences de couleur renvoient donc à des différences de figure sans que nous puissions connaître par les sens ce que sont ces diverses figures puisque, par définition, elles ne parviennent jusqu'à nos sens qu'en y produisant les couleurs.

Ce sont de semblables conclusions que présente Descartes, près de quinze ans plus tard, à la fin des *Principes* : « nostre ame est de telle nature que les seuls mouvemens qui se font dans le corps sont suffisans pour luy faire avoir toutes sortes de pensées, sans qu'il soit besoin qu'il y ait en eux aucune chose qui ressemble à ce qu'ils luy font concevoir. » (art. 197) Certes, ce dont il est question ici, ce sont des mouvements des nerfs et des muscles, et surtout des esprits animaux, qui sont provoqués par l'action des objets extérieurs et qui entraînent à leur tour les diverses pensées, au rang desquelles figurent d'abord les sensations. Mais précisément, cette médiation qu'offrent les mouvements du corps entre les objets du monde extérieur et l'âme est de telle nature que ce qui est transmis, ce sont des ébranlements de matière et non pas la configuration même des objets. Les mouvements de la plume sur le papier ne ressemblent pas davantage aux combats et aux tempêtes qu'ils décrivent que la douleur ressentie lors d'une coupure ne ressemble à l'épée dont le mouvement produit cette douleur. Ainsi, pour expliquer les sentiments de l'âme, il suffit d'invoquer « la grandeur, la figure et le mouvement » des choses, mais non pas leurs « qualites réelles » ou

65. Jean-Luc Marion, *Sur la théologie blanche de Descartes*, Paris, PUF, 1981, nouvelle édition Paris, Quadrige/PUF, 1991, p. 231-263. Je ne fais ici qu'évoquer rapidement les analyses de Marion au détail desquelles il convient de se reporter. Voir également Sylvie Romanowski, *L'illusion chez Descartes. La structure du discours cartésien*, Paris, Klincksieck, 1974.

« formes substantielles » (art. 198). Descartes en conclut immédiatement que les explications mécanistes qu'il a données dans les articles précédents des *Principes* permettent de rendre compte aussi bien des phénomènes de la nature que des diverses sensations (art. 199) [66].

Il n'existe donc aucune similitude entre les sensations que nous éprouvons et la réalité géométrique des corps qui produisent ces sensations. Il s'agit là en effet d'une causalité efficiente et non pas d'une causalité formelle [67]. La chose en dehors de moi fournit la preuve de son existence en produisant les sensations que j'éprouve, ce qui fait que, une fois acquise la double certitude de mon existence en tant qu'être pensant et de l'existence de Dieu comme un être qui ne peut me tromper, je puis être certain que les objets du monde extérieur existent. Mais cela ne me conduit pas immédiatement à savoir ce qu'ils sont, puisque la forme qu'ils impriment dans mon âme ne ressemble pas davantage à la forme des objets eux-mêmes que les signes linguistiques ne ressemblent à ce qu'ils signifient. « Bref, la cause efficiente reste équivoque », conclut J.-L. Marion, ce qui implique que « le même effet peut admettre plusieurs causes » [68]. Ainsi, si l'existence du monde extérieur est certaine, la perception ne nous apprend rien de l'essence des choses qui constituent ce monde extérieur et nous ne pouvons à ce sujet que faire des hypothèses.

Ces hypothèses, cependant, ne résultent pas d'un jeu gratuit de l'imagination, mais d'une saisie intuitive de l'entendement puisque Dieu, qui n'est pas trompeur, a déposé en nous ces semences de vérité que sont les vérités éternelles. Il nous a ainsi donné le moyen de penser clairement et distinctement les objets de la nature dans leur vérité en utilisant les ressources de la géométrie. Non pas la « géométrie abstracte », que Descartes déclare en 1638 ne plus vouloir étudier car elle ne sert qu'à « exercer l'esprit », mais « une autre sorte de géométrie, qui se propose pour questions l'explication des phainomenes de la nature » et dont l'étude du sel, de la neige et de l'arc-en-ciel dans les

66. Ce que confirme Descartes dans une lettre à Chanut du 26 février 1649 (AT V 291) : « Bien que je ne considere rien dans le corps, que les grandeurs, les figures & les mouvemens de leurs parties, je prétens neantmoins y expliquer la nature de la lumiere, de la chaleur & de toutes les autres qualitez sensibles ; d'autant que je presupose que ces qualitez sont seulement dans nos sens, ainsi que le chatoüillement & la douleur, & non point dans les objets que nous sentons, dans lesquels il n'y a que certaines figures & mouvemens, qui causent les sentimens qu'on nomme lumiere, chaleur, &. »

67. Voir à ce sujet Jean-Luc Marion, *Sur la théologie blanche de Descartes* (op. cit. note 65), p. 360.

68. *Ibid.*

Météores constitue alors un exemple offert au public [69]. Ces exemples sont donnés par Descartes lui-même et montrent clairement ce que signifie la géométrisation de sa physique. S'il peut écrire que « toute (sa) Physique n'est autre chose que Geometrie » en songeant notamment au discours sur le sel des *Météores*, c'est que la géométrisation de la nature n'est pas une mathématisation. On a souvent remarqué, en effet, que les travaux mathématiques développés dans la *Géométrie* de 1637 n'étaient utilisés, ni dans les deux autres essais qui l'accompagnent alors, ni dans les *Principes de la philosophie*, qui ne contiennent pas une ligne de mathématiques. La géométrisation de la nature doit donc s'entendre comme cette identification de la matière et de l'étendue qui permet d'expliquer tous les phénomènes par la seule invocation de la figure, de la taille et du mouvement, sans qu'il soit nécessaire de nombrer ces derniers et d'en reprendre l'interprétation dans un discours mathématique où courbes et calculs renverraient à des objets physiques dont ils se distingueraient.

Une telle conception de la physique pose un sérieux problème en ce qui concerne la chimie dont les discours traditionnels doivent être abandonnés, puisqu'ils portaient finalement, non pas sur les objets naturels tels que la physique géométrique permet désormais de les penser, mais sur les qualités sensibles des objets perçus. Chez Gassendi, la prise en considération des atomes et molécules constitue la phase ultime de l'analyse scientifique, qui atteint ainsi le niveau le plus profond de la structure des corps sans que cela conduise à renoncer aux explications concernant les phénomènes que l'on observe au niveau superficiel : la chimie moléculaire supporte la chimie phénoménale sans abolir la pertinence de cette dernière. Pour Descartes, au contraire, le seul discours scientifique qui soit désormais possible est celui qui présente la figure, la taille et le mouvement des parties qui constituent les objets de la chimie. Le discours traditionnel des chimistes ne portait que sur les qualités sensibles des objets manipulés dans le laboratoire et sur des propriétés substantielles dont les théoriciens imaginaient la présence cachée derrière ces qualités ; il se trouve alors remplacé, non pas par un nouveau discours chimique, mais par celui de la physique mécaniste. La chimie n'est donc pas modifiée, elle est abolie.

69. Lettre de Descartes à Mersenne du 27 juillet 1638 (AT II 268).

La science de Descartes est un roman

Mais il y a plus. Nous avions observé au chapitre précédent la rupture qui se manifeste entre la seconde et la troisième partie des *Principes* et qui sépare l'exposé cartésien en deux moments qu'opposent aussi bien la méthode que le type d'objets considérés. La géométrisation des objets de la nature ne permet le déploiement d'un discours déductif que dans la mesure où le point de vue reste général. C'est ainsi que Descartes peut exposer dans la seconde partie des *Principes* les trois lois de la nature et les sept règles du choc des corps qui, en toute rigueur, constituent à elles seules l'ensemble de sa physique. Nous voudrions cependant en savoir davantage et voir la science étendre ses explications à la multitude d'objets particuliers dont nous avons l'expérience et auxquels nous attribuons notamment des propriétés chimiques. Mais se pose alors le problème du statut d'un tel discours, dont les élaborations géométriques ne seront plus déduites, mais seulement construites par hypothèses, au point que certains ont cru voir dans ces fictions vraisemblables l'expression d'un conventionnalisme épistémologique qui aurait en quelque sorte annoncé les positions de Poincaré ou de Duhem [70]. Nous passons alors d'une critique du discours chimique par Descartes à une critique du discours scientifique cartésien en lui-même. Non seulement Descartes aurait retiré aux objets de la chimie toute possibilité d'être rassemblés dans la constitution d'une science, mais le lieu même de son propre discours où il rapatrie les objets de la chimie s'avérerait être, lui aussi, privé de tout caractère scientifique pour n'être que le résultat du déploiement de l'incertaine et hypothétique histoire de la formation des objets naturels. Bref, la science de Descartes, lorsqu'elle prétend s'occuper des objets qui peuplent la nature, ne serait qu'un roman et sa chimie une chimère.

Critique leibnizienne et critique newtonienne

C'est, semble-t-il, ce que pensait Leibniz. Certes, il reconnaissait que « de vouloir tout expliquer Mechaniquement en Physique, ce n'est pas un crime ny impiété, Dieu ayant tout fait selon les loix de mathématique, c'est-à-dire selon les verités eternelles qui sont l'objet de

70. C'est le point de vue de Ferdinand Alquié, *La découverte métaphysique de l'homme chez Descartes*, Paris, PUF, 1950, p. 110-133, mais aussi de Simone Martinet, « Science et hypothèse chez Descartes », *Archives internationales d'histoire des sciences*, vol. 24, 1974, p. 319-339. Sur la position d'Alquié, voir la mise au point de Michel Fichant, *Science et métaphysique dans Descartes et Leibniz*, Paris, PUF, 1998, p. 59-84.

sagesse. »[71]. Cependant, Descartes s'est souvent trompé en physique comme en métaphysique et s'il « avait donné moins à ses hypothèses imaginaires et s'il s'estoit attaché d'avantage aux experiences, je crois que sa Physique auroit esté digne d'estre suivie. »[72]. Se livrant à une sorte d'inventaire de la science cartésienne, Leibniz écrit alors :

> Outre cela Mons. Des Cartes ignoroit la chymie sans laquelle il est impossible d'avancer la physique d'usage. Ce qu'il dit des sels fait pitié à ceux qui s'y entendent. S'il avoit eu moins d'ambition pour se faire une secte, plus de patience à raisonner sur les choses sensibles, et moins de penchant à donner dans l'invisible, il auroit peut estre jetté les fondemens de la vraye physique, car il avoit le genie admirable pour y reussir ; mais s'estant egaré du vray chemin, il a fait tort à sa réputation qui ne sera pas si durable que celle d'Archimede. On oubliera bientost le beau Roman de physique qu'il nous a donné [73].

Cinquante ans plus tard, Voltaire n'est pas plus tendre. Dressant, dans les *Lettres philosophiques* parues en 1734, un parallèle entre les systèmes de Descartes et de Newton, il reconnaît que Descartes a fait progresser la science en géométrie et en dioptrique. Mais il ajoute aussitôt :

> Je ne nierai pas que tous les autres ouvrages de M. Descartes fourmillent d'erreurs.
>
> La géométrie était un guide que lui-même avait en quelque façon formé, et qui l'aurait conduit sûrement dans sa physique ; cependant il abandonna à la fin ce guide et se livra à l'esprit de système. Alors sa philosophie ne fut plus qu'un roman ingénieux, et tout au plus vraisemblable pour les ignorants. Il se trompa sur la nature de l'âme, sur les preuves de l'existence de Dieu, sur la matière, sur les lois du mouvement, sur la nature de la lumière ; il admit les idées innées, il inventa de nouveaux éléments, il créa un monde, il fit l'homme à sa mode [74].

Cette attaque contre la science cartésienne s'inscrit en fait dans le cadre d'une longue polémique entre cartésiens et newtoniens. Il s'agissait d'opposer l'attraction universelle à la doctrine des tourbillons, mais aussi de mettre en concurrence deux conceptions opposées de la méthode scientifique. Les newtoniens s'appuyaient sur l'interprétation de la phrase célèbre du *Scholium generale* des *Principia mathematica*, par lequel Newton concluait son ouvrage. Après avoir rappelé que « l'hypo-

71. Gerhardt IV, 283.
72. Gerhardt IV, 282.
73. Gerhardt IV, 302.
74. Voltaire, Quatorzième *Lettre philosophique*, « Sur Descartes et Newton ». Voir également *Le siècle de Louis XIV*, éd. d'Antoine Adam, Paris, Garnier-Flammarion, 1966, vol. 2, p. 39-40 : « Un homme qui dédaigna les expériences (...) ne pouvait élever qu'un édifice imaginaire. »

thèse des tourbillons est sujette à beaucoup de difficultés » [75], Newton rappelait les lois de la gravité tout en précisant ne pas leur avoir assigné de causes puisque Dieu est la cause suprême de tous les phénomènes sans être pour autant la cause spéciale de l'attraction universelle. Il écrivait alors :

> Je n'ai pu encore parvenir à déduire des phénomènes la raison de ces propriétés de la gravité, et je n'imagine point d'hypothèses. Car tout ce qui ne se déduit point des phénomènes est une hypothèse : et les hypothèses, soit métaphysiques, soit physiques, soit mécaniques, soit celles des qualités occultes, ne doivent pas être reçues dans la philosophie expérimentale [76].

Nous sommes ainsi confrontés à une situation pour le moins troublante. Que la physique de Descartes soit un roman, cela prend sens à l'intérieur d'un newtonianisme qui, d'une certaine manière, traduit le célèbre « *hypotheses non fingo* » par un « moi, je ne fais pas de roman ». Cependant, le reproche adressé à Descartes est d'abord destiné à minimiser l'intérêt de sa science, sans pour autant nier le génie de son auteur. Descartes était un romancier qui se prenait pour un physicien. Mais pourquoi précisément ce type de critique ? Ne suffirait-il pas de dire que Descartes s'est trompé, qu'il n'a pas correctement utilisé le recours aux hypothèses, en négligeant de les soumettre au contrôle de l'expérience, ou en les recoupant avec d'autres données ? On trouve dans les textes de Galilée ou de Newton de nombreuses erreurs. Et pourtant, personne n'a jamais dit que leur science était un roman. Il faut donc supposer que ceux qui ont présenté la science cartésienne comme un roman ne voulaient pas seulement en dénoncer la fausseté ni même y critiquer le statut de l'hypothèse, mais qu'ils ont mis en relief un aspect essentiel de la science cartésienne.

De la fable du Monde au roman de la physique

Descartes ne se désintéressait pas de la littérature romanesque, pour laquelle il manifeste son intérêt dans plusieurs lettres. Il s'est d'ailleurs à plusieurs reprises essayé à l'écriture de fiction et lorsqu'il était à la cours de la reine Christine de Suède, outre les vers d'un ballet intitulé *La naissance de la paix*, il aurait écrit une pastorale, sorte de fable philosophique dont le manuscrit a disparu, mais que Leibniz a pu lire. [77] Cependant, de l'aveu même de Descartes, l'une de ses grandes fictions

75. Newton, *Les principes mathématiques de la philosophie naturelle*, traduction de la marquise Du Châtelet, Paris, 1756, rééd. En fac-similé, Paris, Blanchard, 1966, p. 174.

76. *Idem*, p. 179.

77. AT XI 661-662

n'est autre que le *Discours de la méthode*, puisqu'il y affirme, dès les premières pages qu'il ne propose cet écrit « que comme une histoire ou, si vous l'aymez mieux, que comme une fable, en laquelle, parmi quelques exemples qu'on peut imiter, on en trouvera peutestre aussy plusieurs autres qu'on aura raison de ne pas suivre. »[78]. Sans doute s'agit-il ici de l'histoire de sa vie, ou plus précisément de son itinéraire intellectuel, présenté sous la forme de ce que, plus tard, on appellera un « roman de formation », comme on en trouve chez de nombreux auteurs de l'époque, et notamment les alchimistes. Mais l'histoire qu'il entend raconter est aussi celle de la création du monde. Ainsi, parvenu à la cinquième partie du *Discours*, lorsqu'il entreprend de résumer la doctrine du *Monde*, il écrit :

> Mesme, pour ombrager un peu toutes ces choses, & pouvoir dire plus librement ce que j'en jugeois, sans estre obligé de suivre ou de refuter les opinions qui sont receuës entre les doctes, je me resolu de laisser tout ce Monde icy a leurs disputes, & de parler seulement de ce qui arriveroit dans un nouveau, si Dieu creoit maintenant quelque part, dans les espaces Imaginaires, assez de matiere pour le composer, & qu'il agitast diversement & sans ordre les diverses parties de cette matiere, en sorte qu'il en composast un Chaos aussy confus que les Poetes en puissent feindre, & que par apres, il ne fist autre chose que prester son concours ordinaire a la Nature, & la laisser agir suivant les Loix qu'il a establies[79].

Suit le résumé du *Monde*. S'agit-il là simplement d'un subterfuge pour échapper aux querelles des doctes ? Sans nier cet aspect, qui cantonne l'interprétation dans les circonstances historiques de la rédaction de ses œuvres, la portée de ce texte semble bien plus grande, en ce qu'elle engage à la fois le statut de la science et toute la métaphysique de Descartes. Car l'opposition entre les deux mondes n'est pas seulement celle de deux discours possibles, celui des sens et celui de la pensée. En imaginant un monde nouveau, Descartes déplace radicalement le point de vue du savant, qui ne porte plus sur les phénomènes, mais sur les premiers résultats de toute création possible, tels que nous pouvons les penser. Non pas dans la pensée de Dieu car celle-ci nous est inaccessible, mais sur la ligne de son regard créateur.

Voilà qui mérite des explications et nous oblige à revenir au texte même du *Monde* que Descartes veut résumer dans le *Discours de la méthode*. Dès les premières pages de son traité inédit, il écrit :

78. AT VI 4. On remarquera que le mot histoire, au XVIIe siècle, désigne souvent la trame du roman.

79. AT VI 42.

> Afin que la longueur de ce discours vous soit moins ennuyeuse, j'en veux envelopper une partie dans l'invention d'une Fable, au travers de laquelle j'espère que la verité ne laissera pas de paroistre suffisamment, et qu'elle ne sera pas moins agréable à voir que si je l'exposois toute nuë [80].

Le terme de fable, à l'époque de Descartes, ne désigne pas seulement un récit mettant en scène des animaux moralisateurs, ni même une reprise des aventures mythiques des dieux et des héros de l'Antiquité, mais aussi la trame de toute fiction, théâtrale ou littéraire, et en particulier l'histoire que raconte un roman. S'agit-il simplement de feindre pour être agréable au lecteur ? Certainement pas, encore que Descartes semble avoir l'esprit mutin dans ce passage, où il évoque le charme que les voiles apportent à une beauté nue. En fait, il s'agit désormais de prendre « la liberté de feindre cette matiere à nostre fantaisie » [81]. Descartes semble en effet beaucoup s'amuser à fabriquer un « nouveau monde » qu'il oppose au « vrai », celui de nos sensations, qui est aussi celui de la philosophie scolastique. Il écrit plus loin :

> Mon dessein n'est pas d'expliquer, comme eux, les choses qui sont en effet dans le vrai monde, mais seulement d'en feindre un à plaisir, dans lequel il n'y ait rien que les plus grossiers esprits ne soient capables de concevoir, et qui puisse toutefois être créé tout de même que je l'aurai feint [82].

Et plus loin encore, il nous fait comprendre que la fable ne constitue pas une simple digression dans son traité, mais qu'elle en exprime la substance même :

> Et pour faire ici un tableau qui vous agrée, il est besoin que j'y emploie de l'ombre aussi bien que des couleurs claires. Si bien que je me contenterai de poursuivre la description que j'ai commencé, comme n'ayant d'autre dessein que de vous raconter une fable [83].

Tout le traité est alors construit sur une opposition entre les deux mondes qu'il avait déjà développée dans sa correspondance avec Mersenne dès le début des années trente : « j'estime fort, écrivait-il alors, l'experience de l'aymant que vous m'apprenez, et je juge bien qu'elle est véritable ; elle s'accorde entierement aux raisons de mon Monde » [84]. Descartes n'est pas ici à la recherche d'hypothèses qui confirmeraient sa construction intellectuelle. Au contraire, il considère déjà

80. AT XI 31.
81. AT XI 33.
82. AT XI 36.
83. AT XI 48.
84. Lettre à Mersenne du 4 novembre 1630 (AT I 176).

que le monde qu'il a conçu constitue un système qu'il convient certes de parachever, mais qui peut déjà servir de référence pour juger de la vérité des expériences que l'on rapporte [85].

Dans ces conditions, il n'est guère possible de réduire le recours à la fable dans le *Monde* à un procédé rhétorique ou à une concession à l'esprit baroque [86]. Certains ont proposé d'y voir l'effet d'une totale séparation entre la recherche métaphysique de l'être et la connaissance scientifique des objets, qui serait renforcée par l'état d'inachèvement de la métaphysique cartésienne au début des années 1630 [87]. Il est vrai que le recours aux hypothèses pouvait encore passer pour provisoire dans les essais de 1637, puisque Descartes écrit au début des *Météores* :

> Il est vray que la connoissance de ces choses dependant des principes generaus de la Nature, qui n'ont point encor esté, que je sçache, bien expliqués, il faudra que je me serve, au commencement, de quelques suppositions, ainsi que j'ay fait en la Dioptrique ; mais je tascheray de les rendre si simples & si faciles, que vous ne ferés peutestre pas difficulté de les croyre, encore que je ne les aye point demonstrées [88].

Descartes énumère alors les hypothèses à l'aide desquelles il va expliquer la formation des phénomènes météorologiques, tels que l'arc-en-ciel, mais aussi les propriétés chimiques du sel : tous les corps sont composés de petites parties de diverses figures et grosseurs dans les intervalles desquelles circule une « matière fort subtile » ; la forme de ces petites parties détermine les caractéristiques de chacun de ces corps ; la matière subtile ne cesse de se mouvoir plus ou moins vite ; enfin, les parties de la matière ne sont pas indivisibles.

On pourrait être surpris par cette manière de fabriquer de la science, qui s'appuie entièrement sur des hypothèses incontrôlables, puisque la forme des particules de diverses tailles qui constituent la matière, ainsi que les différents mouvements de la matière subtile échappent radicalement à nos sens. Est ici à l'œuvre une sorte d'imagination scientifique, étrangère à toute expérimentation. Descartes justifie pourtant le procédé

85. Le 25 novembre 1630, il écrit à Mersenne : « La fable de mon Monde me plaist trop pour manquer à la parachever, si Dieu me laisse vivre assez longtemps pour cela » (AT I 179).

86. Parmi les nombreuses études consacrées à la fable de la physique cartésienne voir Jean-Pierre Cavaillé, *Descartes, la fable du monde*, Paris, Vrin/EHESS, 1991 ; Fernand Hallyn, « Descartes et la méthode de la fiction », dans *Les structures rhétoriques de la science de Kepler à Maxwell*, Paris, Seuil, 2004, p. 123-169.

87. Voir F. Alquié, *La découverte métaphysique de l'homme chez Descartes* (op. cit. note 70), p. 110-133.

88. AT VI 233.

en affirmant : « en tout cecy, la raison s'accorde si parfaitement avec l'experience que je ne croy pas qu'il soit possible, après avoir bien connu l'une et l'autre, de douter que la chose ne soit telle que je viens de l'expliquer. » [89]. Il n'est alors plus question d'une incomplétude du système des principes, qu'il s'agirait de combler en disant que l'expérience confirme les hypothèses, mais simplement de l'affirmation de l'existence d'un « accord » entre deux ordres parfaitement distincts : d'une part celui de la raison, selon lequel les petites parties de la matière subtile ne peuvent avoir d'autres variations de mouvement que celles qui ont été théoriquement exposées ; d'autre part, l'ordre de la sensation, où nous percevons des variations de lumières qui ne sont jamais que des variations de couleur. La vérité scientifique ne se fonde pas sur des hypothèses empiriques, mais sur un travail de la raison qui construit des « hypothèses », c'est à dire qui forge des représentations des corps qui sont dites vraies, non pas parce qu'elles s'inspirent de l'expérience, mais parce qu'elles se développent conformément aux évidences de la raison géométrique qui construit mécaniquement ses objets.

Cette conception de la connaissance – qui, loin d'opposer la science à la métaphysique, l'enracine au contraire dans les découvertes les plus fondamentales des *Méditations* – n'est pas propre aux écrits des années 1630 comme le *Monde* ou les *Essais* : nous la retrouvons en effet dans les *Principes de la philosophie*. Qu'il n'y ait pas rupture, mais continuité du thème de la fable dans la pensée de Descartes, c'est ce qu'illustre le célèbre tableau de Jean-Baptiste Weenix, qui représente Descartes tenant un livre ouvert sur une page duquel on peut lire : « mundus est fabula ». Le tableau a été peint en 1647, et il semble peu probable que l'artiste ait pu porter une telle mention sans l'accord de son modèle. Cependant, l'expression peut recevoir plusieurs significations. Si l'on songe qu'à l'époque Descartes, pressé par Elisabeth de Hongrie, travaille au *Traité des passions*, on sera tenté de lui donner une interprétation morale : approchant la cinquantaine, méditant sur la vie et sur la mort, prenant peut-être quelques distances avec une entreprise scientifique dont il éprouve toutes les difficultés, il songerait que le monde n'est qu'une fable, une illusion dont il convient de se détacher.

Mais l'inscription du tableau de Weenix renvoie plus certainement à une prise de position épistémologique et ontologique à la fois sur le statut du discours scientifique et sur le monde dont parle ce discours.

89. AT VI 334.

Descartes donnait parfois de bien curieux conseils de lecture à ses amis. Ainsi, à propos des *Principes de la philosophie*, il écrivait : « Il faut nier tout ce qui est contenu dans les deux dernières parties, & ne le prendre que pour une hypothese ou mesme pour une fable, ou bien l'approuver tout. » [90]. C'est dans la *Lettre-Préface* de l'édition française que se trouve la remarque qui donnera sans doute par la suite à Leibniz et à Voltaire l'idée de présenter la physique cartésienne comme un roman. Descartes, en effet, invite son lecteur à lire son traité « d'abord tout entier ainsi qu'un roman » [91]. Certes, on pourrait admettre que Descartes ne voulait ainsi évoquer que la méthode à utiliser pour le lire : celle-la même que l'on met en œuvre spontanément lorsqu'on lit un roman, et qui consiste à le parcourir le plus rapidement possible, sans s'arrêter à des détails, pour connaître la suite de l'histoire et en posséder une vue d'ensemble. Il n'empêche que la remarque est liée à la nature même des *Principes de la philosophie* et en particulier au statut épistémologique singulier des troisième et quatrième parties du traité.

Descartes, en effet, ne tenait pas toujours à ce que ses ouvrages soient lus comme des romans puisqu'il affirme, dans ses réponses aux secondes objections aux *Méditations métaphysiques* qu'il ne saurait faire entrer la vérité « par force en l'esprit de ceux qui ne liront mes Meditations que comme un Roman, pour se desennuyer, & sans y avoir grande attention. » [92]. Ce qui était un défaut dans la lecture des *Méditations* devient une qualité dans celle des *Principes*, étant entendu que, précisément, la fiction ne se déploie qu'à partir de la troisième partie des *Principes*, c'est à dire en ce point précis où l'exposé cartésien dépasse le domaine que couvraient les *Méditations*, pour aborder celui qui avait été auparavant exploré dans *Le Monde*. Nous retrouvons donc ici cette rupture déjà signalée et dont devons tirer les conséquences pour le statut de la chimie.

Plus que jamais, dans les *Principes*, le discours sur les objets de la nature est présenté comme une fiction romanesque, puisqu'il s'agit de raconter l'histoire de la formation des corps célestes et terrestres et de rendre compte des propriétés physico-chimiques de ces corps en fonction de ce que cette histoire a produit, alors qu'en réalité la nature n'a pas d'histoire, ayant été crée par Dieu instantanément. C'est ce que rappelle le premier article de la quatrième partie dont le texte latin dit : « inde merito concludatur, non aliam esse earum naturam, quem si tali

90. Lettre de Descartes à Mesland de mai 1645 (AT IV 216-217).
91. AT IX-II 11-12.
92. AT IX-I 107.

modo genitae essent » (« on peut ainsi conclure à bon droit que la nature de ces choses n'est pas autre que si elles avaient été produites de cette manière ») [93]. Le texte français est plus explicite, et par là même plus étonnant :

> Nous avons sujet de conclure que, bien que le monde n'ait pas esté fait au commencement en cette façon, & qu'il ait esté immediatement creé de Dieu, toutes les choses qu'il contient ne laissent pas d'estre maintenant de mesme nature, que si elles avoient esté ainsi produites [94].

En fait, ce que Descartes ajoute dans la version française avait déjà été présenté dans l'article 45 de la troisième partie, dont le titre répondait à celui de l'article 44. On passait ainsi de « Que je ne veus point toutefois assurer que celles [les hypothèses] que je propose sont vrayes » à « Que mesme j'en supposeray icy quelques unes que je croy fausses » [95]. La formule était reprise dans le texte de l'article, là où le latin disait : « quam ipsas unquam extitisse existimem » (« que je jugerais n'avoir jamais existé ») [96]. Il s'agit alors pour Descartes d'expliquer que le monde a été créé d'emblée avec toute sa perfection et que, par conséquent, les hypothèses physiques qui rendent compte des choses par leur élaboration progressive sont erronées. Paradoxalement, la *Genèse* n'en est point une. Tout sort tout fait des mains de Dieu : Adam est créé adulte, et le système solaire, tel que nous le connaissons actuellement. La nature n'a point d'histoire. Et pourtant la science de Descartes raconte l'histoire de la nature.

Il y a là de quoi être décontenancé. Toute cette histoire de tourbillons, d'élaboration progressive des trois éléments de la matière, mais aussi ce processus d'élaboration des différents corps chimiques lors de leur remontée du corps C vers la surface de la Terre, cette distinction entre les trois sortes de corps que certains appellent mercure, soufre et sel, tout cela ne serait donc qu'une fiction ? Tout à fait, semble répondre Descartes, puisqu'il commence l'article deux de la quatrième partie par un : « Feignons donc que cette Terre où nous sommes a esté autrefois (un astre) composé de la matière du premier élément...», en latin : « Fingamus itaque Terram hanc, quam incolimus, fuisse olim ex sola materia primi elementi conflatam... » [97]. Nous voilà bien revenu à notre

93. AT VIII 203.
94. AT IX-2 201.
95. AT IX-2 123.
96. AT VIII 99.
97. AT IX-2 201 ; AT VIII 203.

point de départ : Descartes forge (ou feint) des hypothèses, sa physique, c'est du roman.

Le statut de la science chez Descartes

Nous sommes donc en présence d'une situation tout à fait curieuse, puisque la physique de Descartes semble dépendre d'un récit cosmogonique dont il affirme le caractère totalement fictif. La chaîne de raisonnement peut bien être irréprochable, il demeure que les phénomènes ne semblent sauvés que par leur attache à ce qui n'est qu'une fabulation romanesque. Comment comprendre cela ? Plutôt que de réduire ces étranges jeux d'hypothèses à une première et maladroite ébauche de ce que deviendra la démarche hypothético-déductive de la science moderne, il semble plutôt qu'il faille préserver la singularité du statut de la science chez Descartes, singularité qui s'explique par l'originalité de sa métaphysique et des liens qu'il tisse entre cette métaphysique et sa physique.

Pour expliquer le recours aux hypothèses fabuleuses, nous ne pouvons plus évoquer les insuffisances d'une métaphysique inachevée, comme pour la fable du *Monde*. Au contraire, la publication des *Méditations*, puis surtout des *Principes*, manifestent clairement la confiance de Descartes dans son propre système, la conviction enfin acquise de son achèvement, sans laquelle il aurait sans doute continué à reculer devant l'entreprise éditoriale. Il en est de même de sa physique, qu'il n'hésite pas, désormais, à publier dans le même ouvrage que sa métaphysique, afin que nul n'ignore ce qu'il voulut longtemps cacher, c'est à dire le lien nécessaire qui les attache l'une à l'autre. Ainsi, la métaphysique des *Méditations*, loin de rendre inutile la fiction dans la construction du discours de la physique, la rend plus nécessaire encore. Car si la physique de Descartes est comme un roman, c'est parce que son statut est déterminé par une métaphysique qui, faisant dépendre les conditions de la vérité des sciences d'une création divine, détache le discours de la physique à la fois des phénomènes et de la pensée divine où le réel est conçu. Quelque part entre le monde prétendu vrai, et qui n'est que celui que m'offrent les sensations, et la pensée du réel par Dieu, qui m'est radicalement inaccessible, s'instaure le discours de la physique, qui prend des allures de fiction du fait de cette double distanciation.

On a vu en effet plus haut que si, pour des raisons métaphysiques, je ne peux pas douter de la réalité du monde extérieur, cela ne signifie pas que les objets qui constituent ce monde extérieur soient connus à travers la perception que j'en ai. En produisant son effet, en le faisant exister comme objet perçu, la causalité efficiente du monde extérieur délie le lien de l'effet à la cause, me contraignant à ne pouvoir faire que des hypothèses sur ce qu'est la cause. Cette rupture entre les objets de la nature et la perception que nous en avons se retrouve à l'autre extrémité de l'être, du côté par où, en tant qu'ils sont créés, les objets de la nature dépendent de Dieu. Cette dépendance n'implique aucune similitude, aucune analogie. C'est ce qui découle de la doctrine de la création des vérités éternelles, que Descartes n'a jamais exprimée dans ses œuvres publiées mais qu'il présentait à Mersenne dès 1630 et à laquelle il n'a jamais renoncé : elle est en effet toujours présente à travers l'affirmation, constamment répétée, du caractère inaccessible des projets divins [98]. Dans ces conditions, l'objectivité du monde créé par Dieu est pensée avec les instruments que sont les vérités éternelles, et en particulier les vérités mathématiques ou géométriques elles-mêmes créées par Dieu. En tant qu'elles sont des créations, elles ne me permettent pas de remonter vers la pensée de Dieu, radicalement différente de la mienne. Comme le dit Marion, l'analogie est perdue. Le monde créé est le résultat d'un projet divin que je ne peux connaître et la science n'est qu'un des innombrables discours rendus possibles par Dieu. Discours vrai cependant, puisque c'est celui en lequel Dieu a choisi, éternellement, de rendre compréhensible sa création. La physique de Descartes est un roman vrai.

Dieu n'a pas créé le monde par les moyens de la géométrie et de la mécanique, mais il a créé un monde que nous ne comprenons scientifiquement que par les moyens de la géométrie et de la mécanique : le Dieu de Descartes n'est ni géomètre ni mécanicien, c'est seulement Descartes qui l'est, et avec lui tout être humain qui fait des sciences, dans la mesure où cette pensée géométrique et mécanique de la nature est celle qui nous convient le mieux : elle est « utile pour la vie » [99]. En ce sens également, la physique de Descartes est un roman vrai.

CONCLUSION

C'est donc pour des raisons métaphysiques, c'est à dire qui tiennent au cœur même de la philosophie cartésienne, qu'il ne peut subsister de science chimique dans l'œuvre de Descartes. Que sont donc ces objets que nous nommons chimiques dans la pensée de Dieu lorsqu'il les

98. Voir Jean-Luc Marion, *Sur la théologie blanche de Descartes*, (op. cit. note 65), p. 264-312.

99. *Principes de la philosophie*, III, art. 44 ; IV art. 204.

crée ? Nous n'en saurons jamais rien, puisque nous n'apercevons dans notre âme, sous forme de sensations, que les divers effets qu'ils produisent sur nos organes des sens. Certes, il en va de même pour les objets de la physique, qu'il s'agisse de ce corps qui tombe ou de ce rayon de lumière qui se modifie en traversant un prisme. Mais nous pouvons alors penser la réalité de ces objets lorsque nous en formons une représentation géométrique. Il se trouve que les objets auxquels s'est traditionnellement arrêtée la chimie, parce qu'ils sont essentiellement déterminés par leurs qualités sensibles, ne peuvent être ainsi réduits à des figures et des mouvements. Ou plus exactement, s'ils le peuvent, ils cessent alors d'exister comme des objets chimiques pour devenir ceux de cette physique appliquée aux objets particuliers qui se déploie dans les troisième et quatrième parties des *Principes de la philosophie*.

La chimie possède ainsi avec la cosmologie le curieux privilège de ne pouvoir exister dans le système cartésien que sur le mode d'une fiction. Pour rendre raison des propriétés des corps chimiques, le savant doit inventer l'histoire d'une formation qui n'a pas eu lieu, mais dont la mise en scène permet de faire apparaître successivement les dispositifs mécaniques qui permettent de les penser. Est-ce vraiment ainsi que cela se passe ? Toutes les réactions chimiques peuvent-elles se réduire à ces rencontres de bâtonnets glissants et de corps branchus ? Il y aurait sans doute d'autres manières de raconter l'histoire et d'inventer le processus de leur formation. Mais celle qui se déploie dans la quatrième partie des *Principes* possède un double mérite : d'une part, elle est économe dans son usage des principes naturels, puisqu'elle se contente de tirer argument de ceux dont la seconde partie du traité présentait la déduction ; d'autre part elle a réponse à tout, puisqu'il n'y a pas un seul phénomène chimique dont on ne puisse rendre compte par ce moyen. Ainsi, malgré son caractère hypothétique, ce récit est vrai en raison de la rigueur avec laquelle il a été développé. Il résulte en effet d'une « inspection de l'esprit » qui a su faire abstraction des propriétés sensibles des corps pour se concentrer sur les seules idées claires et distinctes que nous pouvons avoir de l'organisation matérielle des corps : leur taille, figures et mouvements réglés par des lois naturelles directement déduites de ce qu'un Dieu vérace nous permet de penser.

Descartes confère ainsi toute leur dignité aux opérations de la chimie en rendant compte de leurs processus et de leurs résultats dans le cadre d'une science unifiée autour des principes métaphysiques de la physique. Il rend inutiles toutes les autres doctrines chimiques, qui ne peuvent se prévaloir d'une telle cohérence avec l'ensemble des sciences de la nature et d'un tel enracinement dans la certitude métaphysique. Mais en même temps, cette démarche rencontre une double limite. D'une part, elle réduit le rôle de l'expérience à celui d'illustration de l'explication des phénomènes : il s'agit de vérifier que c'est bien ainsi que les choses se produisent, mais non pas de rechercher de nouvelles propriétés de la matière. D'autre part, elle rend impossible la reconstitution d'une nouvelle théorie chimique, de type mécaniste, puisque l'explication des propriétés des objets de la chimie est en même temps la négation de l'indépendance de leurs principes à l'égard de la physique. Ainsi, la puissance explicative de la quatrième partie des *Principes* a un prix, qui est son absence de pouvoir heuristique : tous les phénomènes peuvent être expliqués, mais aucune nouvelle propriété chimique des corps ne peut être prédite. La fiction n'est en effet légitime que dans la mesure où elle renvoie à des phénomènes dont la réalité sensible a déjà été constatée : le récit de la possible formation des corps matériels ne devient discours scientifique qu'à la condition de renvoyer à la réalité du monde dont l'existence est attestée par les perceptions sensibles. Mais il n'est pas possible d'imaginer des propriétés nouvelles de la matière. C'est la question de l'avenir de la chimie dans un monde dominé par la conception cartésienne de la science qui est ainsi posée.

CHAPITRE V

FORTUNE DE LA CHIMIE CARTÉSIENNE

La philosophie de Descartes n'ouvre aucun espace où la chimie puisse venir se constituer en tant que science autonome. D'un point de vue cartésien, en effet, toute prétention à vouloir maintenir une science chimique fondée sur des principes indépendants de ceux de la physique semble abusive. Pourtant, la continuation de la chimie, dans la seconde moitié du XVIIe siècle et au XVIIIe siècle ne fut pas seulement le fait de chimistes anticartésiens, qu'il s'agisse de ceux qui entendaient rester fidèles à la tradition chimique, comme Wilhelm Homberg ou Etienne-François Geoffroy à l'Académie royale des sciences, ou de ceux qui choisirent d'inscrire leurs travaux dans le cadre du newtonianisme, comme le fit Hermann Boerhaave. Le refus de ces chimistes de se laisser enfermer dans les contraintes du système cartésien joua incontestablement un rôle important dans le développement de la chimie du XVIIIe siècle : la théorie du Soufre principe de Homberg, directement inspirée des travaux des alchimistes du XVIIe siècle [1], contribua certainement à l'élaboration du concept stahlien de phlogistique qui, avec la doctrine des affinités chimiques que Geoffroy avait suscitée en 1718 par la publication de sa table des rapports entre les différentes substances [2], occupa une place essentielle dans la chimie jusqu'à l'époque de Lavoisier. Boerhaave, de son côté, pourrait certes apparaître comme l'un de ceux qui réalisèrent le projet cartésien d'une

1. Voir Lawrence Principe, « Wilhelm Homberg et la chimie de la lumière », *Methodos* n° 8, 2008, http://methodos.revues.org/1223.

2. Etienne-François Geoffroy, « Table des différents rapports observés en chymie entre le différentes substances », *Mémoires de l'Académie royale des sciences*, 1718, p. 202-212.

réduction de la chimie à la physique : ainsi, le feu se signale par une dilatation qui se mesure sur une règle métallique. Mais c'est à la physique et à la méthode de Newton qu'il se référait, en voyant dans le feu une force qui contrebalançait l'action de l'attraction newtonienne [3].

Cependant, il y eut également des cartésiens, comme Jacques Rohault ou Pierre-Sylvain Régis, qui acceptèrent les exigences de la réduction de la chimie dans le cadre d'une physique mécaniste mais qui entendaient pourtant conserver à la chimie une place spécifique à l'intérieur du système cartésien. D'autres, comme Robert Boyle, ne voyaient dans le cartésianisme qu'une méthode fondatrice d'une nouvelle philosophie naturelle, tout en développant une conception des objets de la chimie qui s'affranchissait des exigences de la métaphysique cartésienne. Boyle ne cherchait pas dans l'œuvre de Descartes l'inspiration de ses recherches chimiques, mais il admettait volontiers que le cartésianisme avait contribué à fonder la « mechanical philosophy » qu'il déployait dans le champ de la chimie aussi bien que dans ses recherches sur le vide. Enfin, certains, comme Nicolas et Louis Lémery, introduisirent des explications par les pointes des acides et les pores des alcalis totalement étrangères aux textes cartésiens, tandis que certains disciples de Malebranche, dans la première moitié du XVIIIe siècle, accordèrent à la théorie des tourbillons un rôle d'explication chimique que Descartes ne lui avait pas attribué, espérant ainsi contrer efficacement le newtonianisme.

L'héritage cartésien dans l'histoire de la chimie ne s'est donc pas limité à la réception des articles consacrés aux objets de la chimie et à leur réduction à la mécanique dans la quatrième partie des *Principes de la philosophie*. Cette situation peut sembler étrange, puisqu'elle va à l'encontre de l'entreprise cartésienne elle-même. On ne sera certes pas surpris de retrouver des développements chimiques directement inspirés des *Principes* dans les cours de philosophie des premiers cartésiens. Il sera plus étonnant de constater que Descartes fut aussi invoqué par certains alchimistes, en vue de justifier la transmutation des métaux. On verra pourtant que les distorsions qu'ils faisaient subir au cartésianisme n'étaient pas plus violentes que celles auxquelles se livrèrent des chimistes que l'histoire des sciences nomme encore trop souvent « cartésiens », malgré le peu de fidélité de ces auteurs à la pensée et aux textes de Descartes.

3. Hermann Boerhaave, *Elementa chemiae*, Leyde, 1732 ; trad. fr. *Elemens de chymie*, La Haye, 1748 ; Paris, 1754, tome second : *Traité du feu*.

LA CHIMIE CARTÉSIENNE ET LA TRANSMUTATION DES MÉTAUX

Les thèses des alchimistes sont encore discutées avec passion dans la seconde moitié du XVIIe siècle. Il n'est donc pas étonnant que certains aient voulu les revivifier à l'aide de la nouvelle doctrine que présentait le cartésianisme. Et cela d'autant plus qu'il était tentant de considérer que les critiques des alchimistes par Descartes n'étaient qu'un leurre et qu'il avait été en réalité un adepte caché de la recherche de la pierre philosophale. Le thèse fut suggérée par Pierre Borel, médecin polygraphe de Castres qui était notamment l'auteur d'un célèbre *Trésor des recherches et antiquités gauloises et françoises* et d'un *Discours prouvant la pluralité des mondes* [4]. Il fit paraître en 1654 une *Bibliotheca chimica* qui, malgré ses grandes imperfections, a le mérite d'être le premier catalogue d'ouvrages chimiques jamais imprimé [5]. Mais Pierre Borel est également le premier biographe de Descartes. Sa *Vita Renati Cartesi*, parue en 1654 est certes assez brève, et surtout fragmentaire [6]. Elle insiste sur les relations de Descartes avec Etienne de Villebressieu, présenté comme un « medicus chimicus peritissimus » et présente le texte de quelques lettres de Descartes à Mersenne où il est question de chimie. Pierre Borel est le premier à rapporter le célèbre épisode de Descartes montrant à un ami un veau ouvert en lui disant : « voici ma bibliothèque » [7]. Se trouve ainsi illustrée la thèse d'un Descartes anatomiste de la nature, vivante ou minérale.

A la même époque (1651) paraît à Paris une traduction des célèbres ouvrages attribués au magistrat bordelais Jean d'Espagnet : *La philosophie naturelle restablie en sa pureté (...) avec le Traicté de l'ouvrage secret de la philosophie d'Hermès* [8]. Jean Bachou, le traducteur, explique dans la préface qu'il est nécessaire de fonder la philosophie naturelle sur la doctrine des prédécesseurs d'Aristote. Car si ce dernier doit sa notoriété à son antiquité, ses prédécesseurs doivent bénéficier

4. *Discours nouveau prouvant la pluralité des mondes, que les astres sont des terres habitées et la terre une estoile, qu'elle est hors du centre du monde dans le troisiesme ciel et se tourne devant le soleil qui est fixe, et autres choses curieuses*, Genève, 1657. Le *Trésor des recherches*... parut à Paris en 1655.

5. *Bibliotheca chimica. Seu catalogus librorum philosophicorum hermeticorum in quo quatuor millia circiter, Authorum Chimicorum, vel de transmutatione Metallorum, re Minerali, & Arcanis, tam manuscriptorum, quam in lucem editorum, cum eorum editionibus, usque ad annum 1653, continentur*, Paris, 1653.

6. Pierre Borel, *Vitae Renati Cartesi Summi philosophi Compendium*, Paris, 1656.

7. *Vita Renati Cartesi*, p. 6.

8. L'original latin était paru à Paris en 1623 sous le titre *Enchiridion physicae restitutae*, suivi de *Arcanum Hermeticae philosophiae opus*.

d'une notoriété plus grande encore. Il loue donc ceux qui, dans les temps modernes, ont eu l'audace de rétablir la vérité bafouée par Aristote, comme les Italiens Telesius, Patrizzi et Campanella, les Anglais Bacon et Fludd et les Français Ramus, d'Espagnet, auteur de l'*Enchiridion*, Charles Sorel, auteur de la *Science Universelle* et Descartes, de la philosophie duquel « l'on peut priser l'invention et la subtilité : mais elle ne s'arreste pas tant à l'experience ». Le nom de Descartes est ainsi associé à celui des novateurs dont le principal mérite est d'avoir restauré la philosophie naturelle des anciens sur laquelle se fonde l'art caché de la fabrication de la pierre philosophale.

Ce rapprochement de l'alchimie et de la doctrine cartésienne se trouve également dans les *Conversations de l'Académie de monsieur l'abbé Bourdelot* recueillies par Le Gallois [9]. La sixième et dernière conversation de cette académie, où, nous apprend la préface, on se réfère aussi bien à Aristote qu'à Descartes, Gassendi, Raymond Lulle, Paracelse ou Hobbes, est notamment consacrée à la question de la pierre philosophale et de l'or potable. Face à ses interlocuteurs, dont certains estiment qu'il est impossible, ou du moins très difficile de faire de l'or, tandis que d'autres invoquent dogmatiquement les auteurs (Arnaud de Villeneuve, Trévisan, Geber, Flamel) qui ont affirmé posséder le secret de la pierre philosophale, le personnage nommé Eusèbe développe une position nuancée qui se réclame du cartésianisme. Puisque la nature met beaucoup de temps à fabriquer de l'or et que la vie humaine est courte, la solution consiste à trouver un agent qui purge les métaux de leur impureté et leur donne ainsi les propriétés de l'or. « Il n'y a point, poursuit-il, de Philosophie qui m'ait mieux fait comprendre la possibilité de ce fait que celle de Monsieur Descartes » [10]. Il invoque alors « un agent assez puissant dans le genre metallique » qui pénétrerait les métaux fondus et donnerait à leurs différentes parties un mouvement tel que les plus pures d'entre elles, une fois séparées des soufres impurs, seraient entraînées par cet agent et enfin rassemblées pour former la masse uniforme de l'or.

Une telle explication invoque des procédés mécaniques de tamisage et d'entraînement des parties métalliques par le flux d'un agent en mouvement rapide qui fait en effet songer au type d'explication que propose Descartes dans la quatrième partie des *Principes de la philo-*

9. *Conversations de l'Académie de monsieur l'abbé Bourdelot contenant diverses recherches, observations, experiences et raisonnements de Physique, Medecine, Chymie et Mathematique, le tout recueilly par le S^r^ Le Gallois, et le parallele de la physique d'Aristote et de celle de Mons. Des Cartes, leu dans ladite Academie*, Paris, 1672.

10. *Conversations de l'académie...*, p. 231.

sophie. Mais en même temps, on est bien loin des théories cartésiennes, ne serait-ce que parce que l'auteur admet que les métaux sont des mixtes et ne tient aucun compte de la manière dont ils se forment dans le récit cartésien. Bien plus, en concluant que cet agent est le « ferment métallique », la « semence vivante de l'or » ou « l'esprit de l'or », il se rattache au vocabulaire de la tradition hermétique que Descartes avait pris grand soin d'éviter. S'il est clair que « Eusèbe » a lu la quatrième partie des *Principia*, ou du moins en a entendu parler, par contre il n'en a pas compris la démarche et se contente de suggérer une rencontre entre la tradition hermétique et les innovations cartésiennes.

Ces rapprochements superficiels du cartésianisme et des théories alchimiques s'inscrivent dans un mouvement de pensée plus vaste, qui cherche à intégrer la pensée cartésienne dans les doctrines les plus traditionnelles, au risque de faire passer Descartes pour le dernier représentant de cette « *prisca philosophia* » au nom de laquelle tous les auteurs, à l'exception bien sûr d'Aristote, seraient censés avoir toujours reproduit, sous des formes diverses, les enseignements des sages de l'Antiquité. Ainsi, Jean-Baptiste Du Hamel fait paraître à Paris en 1663 un *De consensu veteris et novae philosophiae* en deux livres dans lequel il examine successivement la philosophie naturelle de Platon, Aristote, Epicure et Descartes, pour ensuite s'occuper des éléments et des principes chimiques ainsi que de la manière dont s'effectuent les mélanges et dissolutions des corps [11]. Quant à Gadrois, il s'appuie sur la théorie cartésienne des tourbillons pour rendre compte de l'influence des astres et justifier ainsi les théories astrologiques [12]. Selon lui, la matière très subtile qui provient des astres pénètre facilement tous les corps et les vivifie. « C'est cette matière, ajoute-t-il, que les Chimistes prennent pour l'esprit universel, et qu'ils font passer pour l'âme vivante, & la semence invisible de tous les corps sublunaires. C'est enfin cette matiere qu'Aristote appelle Aether, qui est comme la quintessence et l'elixir de tous les Elemens. » [13]. C'est encore cette matière subtile, poursuit-il, qui en pénétrant dans le petit tourbillon de la Terre, puis dans ses entrailles, provoque tous les phénomènes météorologiques. Mais Gadrois ajoute alors au cartésianisme une modification essentielle, en affirmant que la matière du premier élément entraîne avec elle des morceaux des astres eux-mêmes qui viennent ainsi se loger dans les petites branches des nerfs qu'ils agitent diversement, de sorte que l'âme

11. Une version amplifiée en quatre livres paraîtra à Rouen en 1675.

12. M. Gadrois, *Discours sur les influences des astres selon les principes de M. Descartes*, Paris, 1671.

13. *Discours sur les influences des astres*, p. 75.

se sent portée aux différentes passions. La théorie cartésienne des passions se trouve ainsi radicalement transformée, puisque la haine et la tristesse, par exemple, sont provoquées par les mouvements de la matière de Saturne, tandis que les mouvements de la matière vénusienne engendrent l'amour et la générosité [14].

En ce qui concerne la chimie, cette tendance éclectique se retrouve chez des auteurs comme Daniel Duncan ou Christian Balduin. Ainsi, dans le traité qu'il a consacré en 1675 au « *spiritus mundi* » [15], Balduin cite l'article 48 de la quatrième partie des *Principia philosophiae* à propos de l'air qui ne serait « rien d'autre que des parties congelées de la terre tellement fines et séparées l'unes de l'autre qu'elles sont entraînées par n'importe quels mouvements des boules célestes. » [16]. Descartes est ainsi cité à côté de Robert Boyle, Sendivogius, Van Helmont, Marsile Ficin, Pierre Jean Fabre, Nuysement et bien d'autres auteurs alchimiques qui auraient tous évoqué cette substance éthérée qui sort de la terre et qui constitue l'esprit du monde. Balduin ne se contente donc pas de déformer le texte cartésien, où il n'était question que de la transformation de la vapeur en eau et de l'eau en glace sous l'effet du mouvement de la matière du second élément, pour en faire un argument en faveur de sa thèse ; il opère aussi de curieux rapprochements entre la physique cartésienne et des traditions de philosophie naturelle qui lui sont les plus étrangères. Dans sa *Chymie naturelle* de 1682 et son *Histoire de l'animal* de 1687 [17], Daniel Duncan ne fait pas autrement. Il se réfère en effet fréquemment à Descartes dont il admet les trois éléments et les tourbillons. Mais lorsqu'il étudie le principe de la vie qui est une « matière subtile extremement active », il précise :

14. Ibid., p. 150-156.

15. Christian Adolphe Balduinus (ou Balduin, ou Baudouin, ou Baldwein), *Aurum superius et inferius aurae superioris et inferioris hermeticum*, Francfort, 1675, réimprimé dans la *Bibliotheca Chemica Curiosa* de Jean-Jacques Manget, Genève, 1702, tome II, p. 856 et ssq.

16. *Bibliotheca chemica curiosa*, II, p. 860 b : « aêrem nihil aliud esse, quam congeriem particularum terrestrium, tam tenium, & a se mutuo disjunctarum, ut quibuslibet motibus globulorum coelestium obsequantur. »

17. Daniel Duncan, *Chymie naturelle ou l'explication chymique et mechanique de la nourriture de l'animal*, Montpellier, 1682 ; *Histoire de l'animal ou la connoissance du corps animé par la Méchanique et par la Chymie*, Paris, 1687.

> C'est ce que Descartes appelle son premier element, et Gassendy, apres Epicure et Democrite, ses atomes actifs (...). C'est l'air ou le feu des Peripateticiens. C'est l'Esprit, le Mercure ou l'Essence des Chymistes [18].

C'est donc en raison de sa notoriété que Descartes est invoqué par tous ces auteurs, qui estiment ne pas pouvoir se passer du patronage d'un tel adversaire de l'aristotélisme et qui croient parfois pouvoir utiliser la matière subtile de Descartes pour rendre compte de leurs esprits. Mais les travaux chimiques de Descartes ne sont pas réellement pris au sérieux. Déconnectés du cadre général de la physique métaphysique qui donnait sans à leur interprétation, ils ne sont pas utilisés pour modifier les doctrines chimiques traditionnelles ou pour les mettre en cause, mais seulement pour leur apporter de nouveaux arguments [19].

La chimie dans les cours des premiers cartésiens

C'est une situation toute différente que nous trouvons dans les cours de physique publiés par les premiers disciples de Descartes. Nous nous arrêterons ici à deux d'entre eux, le *Traité de physique* de Jacques Rohault, publié à Paris en 1671 et le *Système de philosophie* de Pierre-Sylvain Régis, paru à Paris en 1690 [20].

Jacques Rohault, gendre de Clerselier, passait de son vivant pour le plus illustre et le plus légitime des représentants de la pensée cartésienne et les conférences scientifiques qu'il donnait chez lui une fois par semai-

18. *Histoire de l'animal*, préface ; texte rapporté par Jean-François Maillard, « Descartes et l'alchimie : une tentation conjurée ? », dans Frank Greiner, *Aspects de la tradition alchimique au XVIIe siècle*, Paris/Milan, SEHA/Archè, 1998, p. 95-109, ici p. 108. Sur le « cartésianisme » de Duncan, voir également Hélène Metzger, *Les doctrines chimiques en France*, op. cit. note 15 de l'introduction, p. 240-242 ; Alain Mothu, « La pensée en cornue », op. cit. note 58 du chap. 1.

19. On trouvera d'autres exemples de tentatives de récupération du cartésianisme au profit des thèses alchimistes dans la seconde moitié du XVIIe siècle dans Sylvain Matton, « Cartésianisme et alchimie », op. cit. note 83 du chap. 2, p. 150-172.

20. Sylvain Matton (« Cartésianisme et alchimie », op. cit. note 83 du chap. 2, p. 123-150) analyse la présence de l'alchimie chez d'autres cartésiens : Regius, Johannes Clauberg, Stephanus Blanckaart et Etienne Chauvin. Sur la physique de Rohaut et de Régis, voir Paul Mouy, *Le développement de la physique cartésienne. 1646-1712*, Paris,Vrin, 1934, p. 113-164. Sur leur chimie, voir Luc Peterschmitt, « The cartesians and chemistry. Cordemoy, Rohault, Régis », *in* Lawrence Principe (éd.), *Chymists and chymistry. Studies in the history of alchemy and early modern chemistry*, Sagamore Beach, Science History Publications, 2007, p. 193-202.

ne furent suivies par un public savant et nombreux [21]. Pourtant, la lecture de son *Traité de physique* est aujourd'hui assez déconcertante. Certes, c'est bien de physique cartésienne dont il s'agit : la matière est identifiée à l'étendue, il n'y a pas de vide, les tourbillons sont en place, les trois éléments de la matière se distinguent par la figure, la taille et le mouvement de leurs parties. Pourtant, par certains de ses aspects, l'ouvrage semble fort éloigné de l'esprit cartésien. On pourrait mettre sur le compte des habiletés diplomatiques les importantes concessions verbales à l'aristotélisme [22], qui vont beaucoup plus loin que les remarques lénifiantes de Descartes à l'article 202 de la quatrième partie des *Principes de la philosophie*. Ainsi, Rohault admet la distinction entre la matière et la forme, tout en reconnaissant que cela ne nous avance pas beaucoup dans la connaissance des choses de la nature [23]. Il distingue l'essence de la matière (l'étendue), ses propriétés (la divisibilité, la figure et l'impénétrabilité) et ses accidents (dureté, liquidité, chaleur, froideur, pesanteur, légèreté, etc.), en prenant soin de montrer que cela n'éloigne pas d'Aristote si l'on admet que ce qui est ici appelé matière correspond à la substance [24]. Mais finalement, lorsqu'il en vient à la définition des éléments, il écarte sans ménagement la doctrine aristotélicienne qui ne porte que sur les qualités sensibles et ne donne aucune idée distincte [25].

Par contre, Rohault accorde une plus grande attention aux éléments des « chymistes », qu'il connaît mieux que Descartes, puisque c'est la doctrine des cinq éléments (mercure, flegme, soufre, sel et terre) qu'il présente en reconnaissant l'importance du travail expérimental des chimistes qui nous ont permis de connaître les propriétés de nombreux corps. Aussi précise-t-il qu'il ne faut pas généraliser le reproche d'obscurité ou de « vaines promesses », car ce ne sont là les défauts que de

21. Voir le numéro spécial de *Recherches sur le XVII*^e^ *siècle*, n° 3, 1978 : *Jacques Rohault (1618-1672). Bio-bibliographie avec l'édition critique des Entretiens sur la philosophie*, par Pierre Clair. Voir également l'édition d'un manuscrit qui marque une étape entre les conférences et le *Traité de physique* : Jacques Rohault, *Physique Nouvelle (1667)*, texte édité par Sylvain Matton et présenté par Michel Blay, Paris/Milan, SEHA/Archè, 2009.

22. Rohault déclare dans la préface (non paginée) : « J'ay pris d'Aristote toutes les notions generales, soit pour l'établissement des principes des choses naturelles, soit aussi pour ce qui regarde leurs principales proprietez . » Il poursuit en affirmant qu'il partage avec Aristote le refus du vide et des atomes, l'affirmation de la divisibilité de la matière et la conviction qu'il existe dans les êtres des parties qui échappent aux sens.

23. *Traité de physique*, vol. 1, p. 34.

24. *Ibid.* , p. 35-41.

25. *Ibid.* , p. 134-135.

quelques individus. Cependant, la méthode des alchimistes est défectueuse ; d'une part elle ne permet de « recueillir & ramasser que les parties sensibles dont un corps est composé », tandis que les parties de la matière subtile « échappent à tous leurs soins » ; d'autre part leur analyse s'arrête arbitrairement à cinq éléments qui ne sont distingués les uns des autres que par des définitions purement verbales : dire que l'huile est une substance grasse et inflammable ne nous apprend rien sur sa nature [26].

Descartes, à l'article 63 de la quatrième partie des *Principia*, pouvait se permettre de rapprocher les trois principes des chimistes des trois sortes de corps qu'il venait d'identifier. Rohault se garde bien d'en faire autant, car il donne aux termes qu'il emploie une rigidité qu'ils ne possédaient pas dans l'exposé cartésien. Le terme « élément » prend désormais un sens univoque et entre la définition des « chymistes » et celle du système cartésien, il faut choisir : si l'élément se définit par la taille et la figure, comme Rohault va l'établir au chapitre suivant, il ne peut être rapproché de celui des chimistes dont la doctrine élémentaire ignorait selon lui l'existence d'une structure corpusculaire invisible à l'œil nu et s'en tenait aux propriétés sensibles et immédiatement observables des corps. Mais cette réticence dogmatique, loin de renforcer le caractère cartésien de son discours, introduit au contraire un point de vue qui nous éloigne considérablement de la pensée du « célèbre Monsieur Descartes » [27].

En effet, pour justifier le remplacement de la doctrine « chymique » des éléments par celle des trois éléments de la matière (poussière très subtile, parties arrondies et figures irrégulières), Rohault utilise un argument dont Descartes ne pouvait pas disposer : le microscope, qui nous fait voir « qu'une simple tache de moisissure est un véritable parterre de plantes (...) & qu'un ciron a le dos couvert d'escailles, qu'il a trois pieds de chaque costé, & deux taches noires à la teste, que l'on juge estre ses yeux. » [28]. Il poursuit alors en demandant : « si le microscope nous a fait voir & découvrir des estres si petits, nostre raison ne nous doit-elle pas

26. *Ibid.* , p. 135-140.

27. Dans la préface, Rohault affirme que, parmi les plus illustres philosophes modernes, « celuy qui a le plus contribué à la composition de cet Ouvrage, duquel cependant le nom ne se trouvera nulle-part, parce qu'il l'eust falu trop souvent repeter, est le celebre Monsieur Descartes ». De fait, le *Traité de physique* ne cite guère Descartes, ne serait-ce que parce qu'il ne se présente pas comme un commentaire de ses œuvres, ni même une reconstitution de son système, mais comme une élaboration originale dont l'esprit serait cartésien.

28. *Traité de physique*, vol. 1, p. 145.

faire juger qu'ils ont des parties incomparablement encore plus petites, qui échappent à tous nos sens, à toute l'industrie des hommes, & à nostre imagination mesme ? » [29]. Qu'on ne se méprenne pas : contrairement à ce qui se passait dans l'analyse du morceau de cire de la *Méditation seconde*, Rohault n'affirme pas ici que seule « l'inspection de l'esprit » permet de connaître ce que sont les corps. Il s'agit au contraire de poursuivre par la raison le travail du microscope et d'admettre qu'il existe des structures d'organisation de la matière plus petites encore que celles que nous observons grâce aux nouveaux instruments d'optique. La raison ne fait ici que prolonger la perception, elle ne constitue pas une activité de la pensée qui en serait radicalement différente. Le changement d'échelle n'entraîne donc aucun changement du statut ontologique des objets de la connaissance et Rohault comble le fossé qui, chez Descartes, séparait l'effet (les propriétés sensibles des corps) de sa cause (les objets dont la structure géométrique n'a pas de réalité empirique mais est découverte par la pensée).

L'imperceptibilité des éléments de la matière est donc attribuée par Rohault à leur taille et non pas à leur statut métaphysique. C'est ce que montre encore l'explication qu'il donne du brunissement de l'or ou de l'argent qui, dépolis, ne réfléchissent plus les rayons de la lumière. L'observation au microscope montre en effet que la pierre sanguine utilisée pour les brunir les a rendus tout raboteux « & comme ayant un grand nombre de petites montagnes disposées à côté les unes des autres, qui ont leurs vallées entre-deux », disposition qui renvoie directement à l'assemblage des parties constitutives des métaux dont on tire leurs diverses propriétés [30]. La perception microscopique vient donc bien ici abolir la distance qui, chez Descartes, séparait les propriétés sensibles des corps de leurs propriétés physiques, c'est à dire géométriques, toujours pensées mais jamais perçues.

La physique de Rohault s'est donc détachée de la métaphysique qui la rendait possible dans le système cartésien. Tout au plus trouvons-nous une trace de cette dernière lorsque Rohault affirme qu'il considère dans son traité « les choses dans leur estat purement naturel », c'est à dire non pas telles que Dieu les a faites en créant le monde (« la création est un mystère ») mais « conformément à la pensée que j'en puis avoir, & dont toutes les choses de ce Monde pourroient estre des suittes. » [31]. Cette brève référence au fondement métaphysique de la démarche de

29. *Ibid.*
30. *Traité de physique*, vol. 2, p. 187.
31. *Traité de physique*, vol. 1, p. 147.

Descartes, telle que nous l'avons examinée au chapitre précédent, sera vite oubliée par Rohault qui a affirmé dans sa préface que l'un des quatre obstacles au progrès de la physique était « qu'on la traite trop métaphysiquement », ajoutant alors qu'une « science d'usage doit bien tost descendre dans le particulier ». Bien plus, poursuit-il, rien ne peut être établi en physique sans le recours aux expériences, non pas celles qui se réduisent à la simple observation par l'usage des sens, ni même celles des chimistes qui expérimentent à tâtons et sans plan, mais « celles que le raisonnement prévient, & qui servent à justifier ensuite s'il est faux, ou s'il est juste. » Descartes, dans les troisième et quatrième parties des *Principes de la philosophie*, n'avait pas accordé à l'expérience un tel statut, les raisonnements qui établissent les principes de la physique n'ayant pas besoin pour lui de confirmation expérimentale.

Ainsi séparée de ses fondements métaphysiques, la physique de Rohault redonne à la chimie une positivité qu'elle avait perdue dans l'œuvre de Descartes. Certes, Rohault ne nomme pas « chimie » la troisième partie de son traité, qui est consacrée aux êtres terrestres, et dont le contenu recouvre à peu près celui de la quatrième partie des *Principes*. Il continue même, comme le faisait Descartes, à parler des « chymistes » comme de personnages auxquels il ne s'identifie pas, se contentant de rejoindre parfois leurs conclusions ou de confirmer leurs expérimentations. Mais ce qui est frappant, c'est qu'il inverse le rapport que Descartes avait établi entre la formation des corps chimiques dans les entrailles de la Terre et les propriétés qu'ils sont susceptibles de présenter lors des travaux de laboratoire. Pour Rohault, l'histoire naturelle de la formation des corps n'a plus le rôle fondateur qui était le sien dans la quatrième partie des *Principes*. Nous en donnerons deux exemples.

Dans les dix-sept pages du chapitre IV consacré au sel, le processus de formation du sel à partir de l'eau de mer tient en une seule phrase, qui explique que les parties de la matière qui forment le sel ont été rendues longues et droites « en passant par les pores longs & droits » de la Terre intérieure [32]. Pour le reste, les propriétés mécaniques des particules de sel sont invoquées pour rendre compte de ses propriétés chimiques et l'on apprend ainsi pourquoi il ne s'évapore pas, pourquoi la métallurgie l'utilise comme fondant, comment se forment les cristallisations, en quoi le nitre et l'ammoniaque se distinguent du sel commun ou comment se forment les eaux fortes, que les chimistes

32. *Traité de physique*, vol. 2, p. 161.

appellent aussi esprit de sel. Bref, ce sont des opérations d'atelier ou de laboratoire qui sont ici expliquées, et non pas des processus de formation dans la Terre, jusqu'au moment où l'auteur rappelle que « tout ce que l'artifice produit dans les laboratoires des Chymistes se fait naturellement dans les entrailles de la Terre » [33]. Mais il s'agit alors, dans le droit fil de la tradition alchimique, de constater le parallélisme des opérations de l'art et de la nature, et non pas de faire découler les propriétés des corps d'une histoire de leur constitution dans la nature. Le laboratoire du chimiste acquiert chez Rohault une autonomie que Descartes ne lui reconnaissait pas.

De la même manière le chapitre VI, consacré aux métaux, commence par évoquer le processus mécanique de leur formation dans les mines. Mais l'essentiel du chapitre consiste en une présentation des propriétés des métaux et des diverses opérations qu'ils peuvent subir. C'est l'occasion pour Rohault d'aborder la question de la transmutation, qui « n'est pas absolument impossible » quoique peu probable en raison de l'ignorance en ce qui concerne la figure et la grandeur des parties des métaux aussi bien que de l'ingrédient qui sert à la transmutation [34]. Par contre, Rohault ne semble pas douter que l'on puisse tirer des métaux du sel et du soufre, et peut-être même du mercure, car, précise-t-il, « l'opération mesme des Chymistes peut servir à confirmer ce que nous avons avancé » [35], c'est à dire que les métaux sont des corps mixtes. Sur ce point précis, l'exposé de Rohault contredit celui de Descartes, précisément parce que son interprétation mécaniste de la structure des métaux ne découle pas des exigences théoriques d'un récit de formation mais du souci de rendre compte des propriétés des corps telles qu'elles ont été observées par les chimistes.

Nous retrouvons chez Pierre-Sylvain Régis cet oubli de l'enracinement de la physique dans la métaphysique, dans un contexte cependant tout à fait différent, qui fait de Régis le premier, et peut-être le seul, à avoir réellement voulu développer une science chimique à l'intérieur du système cartésien. A la différence de Rohault, Régis ne veut pas s'en tenir à la physique, mais il a l'ambition de présenter l'ensemble de la philosophie cartésienne dans son volumineux *Système de philosophie* en trois tomes de 1690 [36]. Son ouvrage commence donc par une logique,

33. *Ibid.*, p. 177.
34. *Ibid.*, p. 186.
35. *Ibid.*, p. 188.
36. Pierre-Sylvain Régis, *Système de philosophie contenant la logique, la métaphysique, la physique et la morale*, Paris, 1690. Nous nous intéresserons ici au tome second, qui contient les livres quatre à sept consacrés à la physique.

qui est un exposé de la méthode cartésienne fondée sur la distinction entre l'analyse et la synthèse, suivie d'une métaphysique principalement consacrée à la question des rapports de l'âme et du corps ; il se termine par une morale qui distingue l'état de nature de l'état de société et qui, comme le fait remarquer Paul Mouy, doit davantage à Hobbes ou à Spinoza qu'à Descartes [37]. Mais la physique occupe les trois quarts du traité dont nous n'examinerons ici que les deux cent vingt cinq pages du livre quatrième, qui étudie en cinq parties l'ensemble des corps mixtes que l'on tire des entrailles de la Terre. Dans un bref avertissement, Régis annonce que pour éviter les « hypothèses arbitraires, qui devroient estre plûtôt regardées comme des jeux d'esprit que comme des principes de physique », il entend fonder son exposé sur la recherche de la manière dont se forment ces corps mixtes, « estant asûrez que si nous parvenons à cette connoissance nous pourrons rendre raison comme *à priori* de toutes les propriétés de ces Corps. » [38]. En fait, plus on avance dans le livre quatrième, moins ce principe est respecté, au point que la dernière partie du livre se présente finalement comme un traité de chimie, certes d'inspiration mécaniste, mais qui ne doit plus grand chose à la méthode cartésienne mise en œuvre dans la quatrième partie des *Principes de la philosophie*.

Loin de se réduire à une « compilation de la physique cartésienne », l'ouvrage de Régis est largement ouvert aux découvertes scientifiques de son temps [39]. En ce qui concerne la chimie, la clé de son attitude est fournie dans le dernier chapitre du livre quatrième où il déclare :

> Il faut avoüer pourtant que si l'on veut approcher autant qu'il se pourra des véritables Principes de la Nature, on ne peut prendre une voye plus assûrée que celle de la Chymie ; car quoyque la division qu'elle fait des substances soit grossiere, elle donne néanmoins une fort grande idée de la Nature & de la figure des particules insensibles qui entrent dans la composition des Corps Mixtes, grossiers & palpables [40].

Et il termine l'ensemble de son exposé par cet avis :

> Ceux qui voudront avoir des connaissances plus particulieres de tout ce qui regarde la Chymie, les pourront prendre dans le Cours de M. Lemery, dans lequel, outre la maniere facile & exacte de faire les opérations Chymiques,

37. Paul Mouy, *Le développement de la physique cartésienne* (op. cit. note 20), p. 165.

38. *Système de philosophie*, tome second, p. 111.

39. Paul Mouy, qui présente Régis comme un habile vulgarisateur de la pensée cartésienne, insiste pourtant sur la présence dans son œuvre des travaux de Mariotte, Boyle et Christian Huygens (*Le développement de la physique cartésienne* op. cit. note 20), p. 147, 154-159).

40. *Système de philosophie*, tome second, p. 333-334.

> l'Auteur a mis des Remarques dignes d'un Philosophe, qui connoît parfaitement la Nature [41].

C'est donc au *Cours de Chymie* de Nicolas Lémery paru en 1675 que Régis renvoie son lecteur, le livre quatrième de son *Système de philosophie* apparaissant alors comme la partie théorique d'une chimie dont l'ouvrage de Lémery, essentiellement constitué de recettes, constituerait la partie pratique. On sait que Pierre-Sylvain Régis, comme d'ailleurs Jacques Rohault, avait suivi les cours de chimie que le célèbre apothicaire donnait à Paris et l'on va constater, en parcourant rapidement les chapitres qu'il consacre aux éléments et aux corps mixtes, que son souci n'était pas tant d'exposer la théorie cartésienne sur ce sujet que de montrer comment elle pouvait être utilisée pour rendre compte des derniers développements de la chimie de son temps. L'entreprise, cependant, était périlleuse et il semble que Régis ait davantage préservé l'originalité des nouvelles doctrines chimiques concernant les acides et les alcalis que la spécificité de la science cartésienne.

La grande affaire de l'époque en chimie était en effet la querelle autour d'une nouvelle doctrine qui voyait dans l'opposition des acides et des alcalis le fondement d'une théorie des principes chimiques qui remplacerait aussi bien les quatre éléments traditionnels que les trois principes paracelsiens devenus cinq chez les chimistes français du milieu du XVIIe siècle [42]. La diffusion de l'*Ortus medicinae* de Van Helmont, paru en 1648, avait familiarisé chimistes et médecins avec l'idée que les acides et les alcalis étaient les agents de la digestion. L'hypothèse fut généralisée par Sylvius, mais surtout par Otto Tachenius qui, dans l'*Hippocrates Chimicus*, affirmait que la réunion de l'acide et de l'alcali constituait le « *sal naturae* », ferment universel ou esprit du monde [43]. La thèse fut reprise et systématisée en 1672 par un médecin français de Caen, François André qui, dans ses *Entretiens sur l'Acide et l'Alkali*, affirmait que « le sel acide (...) est composé de petites parties pointues, lesquelles s'insinuent dans les pores des corps qu'elles rencontrent et en

41. *Ibid.*, p. 336.

42. Voir à ce sujet Marie Boas, « Acid and alkali in seventeenth century chemistry », *Archives internationales d'histoire des sciences*, n° 34, 1956, p. 13-28.

43. Otto Tachenius, *Hippocrates Chimicus, per ignem et aquam methodo inaudita novissimi salis viperini antiquissima fundamenta ostendens*, Venise, 1666. Sur Tachenius, voir James R. Partington, *A history of chemistry*, op. cit. note 15 de l'introduction, p. 291-296.

font ou la désunion des parties ou la coagulation. »[44]. Quant au sel alcali, c'est un corps « extremement poreux, tout vide et raboteux, c'est à dire dont les parties sont inégales », ce qui lui permet de détacher la saleté des linges et des étoffes [45]. Les sels acides et les sels alcalis sont vraiment des principes, dans la mesure où tous les corps se résolvent en eux et qu'ils ne se laissent résoudre en aucun autre . Ainsi, « le sel acide est l'âme qui anime et vivifie le corps : le sel alkali est le corps qui reçoit l'âme et s'unit si étroitement avec elle que cette âme ne peut rien sans ce corps ny ce corps sans cette âme. »[46].

La théorie des acides et des alcalis fut reprise par Lémery en 1675 dans son *Cours de Chymie*. Ce qui n'était chez André qu'un principe général est désormais présenté comme l'explication particulière d'un grand nombre d'opérations chimiques ; nous y reviendrons bientôt. La même année, Robert Boyle publie ses *Reflexions upon the hypothesis of alcali and acidum*, ouvrage dans lequel il critique la nouvelle théorie en s'appuyant sur ses propres découvertes concernant les colorations grâce auxquelles il est possible de déterminer si une solution est acide ou alcaline [47]. L'usage de ces indicateurs chimiques montre que certains sels ne sont ni acides ni alcalins, ce qui suffit à montrer que la nature n'a pas réparti tous les corps selon ces deux principes. Les principaux éléments de la querelle sont repris en 1683 par un nommé Bertrand, dans ses *Reflexions nouvelles sur l'Acide et sur l'Alcali* [48]. Malgré ses allures mécanistes, cette théorie ne doit évidemment rien à Descartes, qui ne distribuait pas les corps en acides et alcalis, et qui surtout, comme nous l'avons vu, ne pouvait admettre qu'il existe des principes spécifiquement chimiques.

Pierre-Sylvain Régis commence le livre quatrième de sa physique par une première partie qui est un exposé sur les corps terrestres simples que sont l'eau, l'air et l'huile, auxquels il ajoute le sel. Il reste alors

44. François André, *Entretiens sur l'acide et l'alcali*, Paris, 1672. Je cite ici à partir de la seconde édition, *Entretiens sur l'Acide et sur l'Alkali où sont examinées les objections de Mr Boyle contre ces principes, avec une replique à la lettre de Mr S... Docteur en Medecine aggrégé au College de ... touchant la nature de ces deux sels*, Paris, 1677, p. 15.

45. *Ibid.*, p. 31.

46. *Ibid.*, p. 66-67.

47. Ce court texte est inséré dans *Experiments, Notes, &c., about the Mechanical Origin of Qualities* in *The works of Robert Boyle*, edited by Michael Hunter and Edward B. Davis, Londres, Pickering & Chatto, 2000, 14 volumes (désormais cité *The Works* suivi du numéro de volume et de page), 8, 407-420.

48. M. Bertrand, *Reflexions nouvelles sur l'Acide et sur l'Alcali ou après avoir demontré que ces deux sels ne peuvent pas être les principes des Mixtes, on fait voir le véritable usage qu'on en peux faire dans la Physique et la Médecine*, Lyon, 1683.

proche des explications cartésiennes et distingue ces différents corps en fonction de la figure de leurs parties. Pourtant, dès ces premières pages, deux remarques laissent percer une approche chimique bien différente de celle des *Principes de la philosophie*. D'abord, Régis introduit une distinction entre sels acres et sels acides, les premiers étant poreux tandis que les seconds ont des parties « fort longues, droites, roides, pointuës & polies en leur superficie » [49]. En restreignant ainsi aux seuls acides la figure que Descartes accordait à l'ensemble des sels, il prépare l'intégration de la doctrine des deux principes acide et alcali dans le cadre de la physique cartésienne. Mais il introduit aussi à la fin de cette première partie une distinction entre les *parties radicales* du premier élément dont sont composées les particules de l'eau, de l'air ou de l'huile, puis ces particules elles-mêmes, qu'il nomme *parties essentielles,* et enfin les gouttelettes que forment ces corps, qu'il nomme *parties intégrantes* [50]. Se trouve ainsi justifié le passage de la physique à la chimie, du niveau corpusculaire où s'assemblent les parties radicales au niveau moléculaire où se dessinent les relations entre les corps tels que le chimiste pourra les observer dans son laboratoire. Une telle organisation se retrouvera par la suite chez d'autres chimistes, notamment chez Stahl qui distinguera trois niveaux d'organisation de la matière : les atomes élémentaires, leur composition en molécules et l'assemblage de celles-ci en corps composés ou mixtes secondaires [51]. Se trouvent ainsi marquées à la fois la distinction et la continuité entre le niveau sensible des phénomènes chimiques et l'organisation invisible qui la supporte. On s'éloigne alors considérablement du système cartésien, où la structure mécanique des corps relevait moins d'un soubassement invisible que d'une construction intellectuelle permettant de rendre raison de la réalité empirique. En voulant rendre sensible la théorie cartésienne de la matière, la chimie de Régis en appauvrit donc considérablement la portée métaphysique.

Bien qu'il n'en dise rien pour le moment, on apprendra par la suite que les quatre sortes de corps que Régis a définis dans les termes de la physique cartésienne correspondent en réalité aux principes chimiques, étant entendu que les chimistes ont eu tort d'en compter cinq : le Mercure est en effet un esprit et les esprits ne sont que « des Sels ou des

49. *Système de philosophie*, tome second, p. 131-132.

50. *Ibid.*, p. 135.

51. Voir Hélène Metzger, *Newton, Stahl, Boerhaave et la doctrine chimique*, Paris, Albert Blanchard, 1930, nouveau tirage 1974, p. 118-124 ; Henk Kubbinga « Hélène Metzger et la théorie corpusculaire des stahliens au XVIIIe siècle », *Corpus*, n° 8/9, 1988, p. 59-66.

Soulfres détrempés dans du Phlègme. »[52]. Régis poussera d'ailleurs beaucoup plus loin le souci de reformuler les doctrines chimiques les plus traditionnelles en termes cartésiens, puisqu'il n'hésitera pas à affirmer que la « Matiere du premier Elément (...) a esté justement nommée par les Platoniciens l'*Ame du Monde*, par Hippocrate *La Matiere ignée* ; & par les Chymistes *Le Feu central.* »[53]. Ici encore Régis s'éloigne considérablement de Descartes, en permettant une identification de la matière subtile et de l'âme du Monde, mais aussi en conférant à la matière du premier élément un rôle bien différent de celui que Descartes lui accordait. Matière du Soleil et des étoiles, le premier élément n'intervenait dans les *Principes de la philosophie* que pour donner mouvement et chaleur aux flux de corpuscules du troisième élément, le seul dont soient formés les divers corps chimiques. Chez Régis au contraire, c'est la matière du premier élément qui, en se déformant de diverses manières à l'occasion de son passage dans les pores de la matière, se transforme en eaux, airs, huiles et sels, à l'image de la spécification de l'Esprit du Monde en divers corps mixtes selon Fabre ou Le Febvre. Les opérations mécaniques, déconnectées de la métaphysique qui en justifiait le déploiement théorique, se réduisent alors à des procédés empiriques destinés à rendre compte de la diversité des corps mixtes.

Avant d'en venir là, Régis s'intéresse dans une seconde partie aux propriétés des liqueurs : il traite alors principalement de questions d'équilibre, d'écoulement et de diffusion des fluides. Il revient aux questions de chimie dans la troisième partie du livre quatrième en étudiant la nature et les propriétés des corps durs, c'est à dire des métaux et des minéraux. Il suit d'abord de très près le *Traité de Physique* de Rohault, y compris dans son appréciation sceptique de la possibilité de la transmutation des métaux, mais consacre ensuite une série de chapitres aux propriétés physiques et chimiques de chaque métal[54]. Une fois de plus, on est alors très loin de l'esprit de la quatrième partie des *Principes*, puisqu'il ne s'agit plus de développer l'histoire de la formation des corps, mais de rendre compte des diverses opérations de la chimie des métaux. Il en va de même pour les minéraux : là où Descartes ne consacrait que quelques lignes à expliquer l'histoire de la formation du vitriol et de l'alun, Régis développe une chimie du salpêtre, du vitriol et de l'alun dont les recettes n'invoquent ni l'action extérieure du premier élément de la matière, ni la figure et le mouvement des différents corps[55].

52. *Système de philosophie*, tome second, p. 334.
53. *Ibid.*, p. 308, souligné dans le texte.
54. *Ibid.*, p. 183-201.
55. *Ibid.*, p. 209-212.

La troisième partie se termine par un long exposé sur l'aimant, où Régis suit d'assez près la doctrine cartésienne, tout comme dans la partie suivante, qui derrière un titre anodin (« Des propriétés qui sont communes aux corps durs et liquides »), développe en fait une reprise des analyses que Descartes consacrait au feu. Régis va ici jusqu'à reprendre les gravures de la quatrième partie des *Principes* sur le briquet ou la flamme de la chandelle. Par contre, il n'accorde que peu d'importance à la distillation qui, semble avoir perdu le rôle qu'elle jouait chez Descartes. Le peu d'intérêt que présentent pour lui les processus de formation des corps enlève en effet à la distillation son statut de modèle de la circulation des esprits chimiques à travers les filtres de la terre. Mais surtout Régis dispose, avec la théorie des acides et des alcalis, d'un nouveau moyen, qu'il juge sans doute plus moderne, de rendre compte des diverses opérations de la chimie.

C'est donc dans la cinquième et dernière partie du livre quatrième que se déploie la chimie de Régis. Il s'agit pour l'essentiel d'expliquer comment l'analyse chimique s'effectue en utilisant les divers dissolvants dont l'action est appelée fermentation, terme qui désigne la décomposition de tout corps par une liqueur. Le principe de cette fermentation est expliqué en des termes qui adaptent au système de Régis l'enseignement de l'article 92 de la quatrième partie des *Principes* sur l'échauffement du foin : « La fermentation (...) n'est autre chose qu'un mouvement intérieur des parties intégrantes des Corps durs causé par les parties d'une Liqueur qui entrent dans les Pores de ces Corps accompagnées du seul premier Elément. » [56]. Mais en dehors de cette explication générale, Régis en reste à l'exposé de recettes chimiques dont il ne rend compte qu'en invoquant les pointes des acides et les pores des alcalis. Il commence par mettre en évidence la réversibilité de l'opération chimique qui permet de passer des sels aux acides et réciproquement. Sont ainsi successivement examinées la fabrication de l'esprit de sel (acide chlorhydrique) à partir du sel commun, celle de l'esprit de nitre ou eau-forte (acide nitrique) à partir du salpêtre (nitrate) et enfin celle de l'esprit de vitriol (acide sulfurique) à partir du vitriol (sulfate). Les derniers chapitres de la cinquième partie sont consacrés à l'utilisation de ces différents acides pour la dissolution des différents métaux.

Les développements chimiques du *Système de philosophie* de Pierre-Sylvain Régis mettent en évidence le paradoxe de toute entreprise de construction d'une chimie cartésienne. Régis semble être fidèle à

56. *Ibid.*, p. 307.

Descartes quand il rend compte de toutes les opérations de la chimie par une interprétation mécanique : la figure et le mouvement des corpuscules viennent remplacer les qualités substantielles attachées aux principes traditionnels des chimistes. Ce faisant, il rend à la chimie toute sa dignité, puisqu'il reconnaît la spécificité des objets de la chimie et qu'il construit un discours scientifique qui leur est spécialement consacré. Mais il est ainsi conduit à faire de l'acidité et de l'alcalinité des propriétés substantielles des corps chimiques, rétablissant ainsi une autonomie épistémologique à des principes chimiques dont le statut est ambigu. Car en expliquant le piquant des acides par leurs pointes acérées, il abolit l'écart que le système cartésien instaurait entre les propriétés sensibles des corps et leur structure géométrique, telle que le raisonnement l'établit. La référence à la structure mécanique des corps, loin de constituer le fondement d'une nouvelle conception de la nature et de la science, se réduit alors à n'être qu'un ingénieux procédé pour rendre compte de manière descriptive des propriétés sensibles des corps, telles qu'elles se manifestent dans les travaux de laboratoire.

LE CARTÉSIANISME INCERTAIN DE BOYLE ET DE LÉMERY

La question du statut des objets de la chimie constitue l'un des enjeux de la querelle qui opposa Spinoza et Boyle à propos des expériences de ce dernier sur le salpêtre, dans la correspondance qu'ils échangèrent de 1661 à 1663 par l'intermédiaire d'Oldenburg [57]. Le rôle de l'expérimentation dans la constitution du savoir scientifique et le statut des substances matérielles constituaient les enjeux du débat.

Robert Boyle cependant, à la différence de Pierre-Sylvain Régis, et malgré toute l'admiration qu'il avait pour Descartes, n'a jamais prétendu développer une chimie cartésienne. On a souvent considéré que Boyle avait contribué au développement de la chimie moderne en apportant à cette science un corpuscularisme et une interprétation mécaniste empruntés à Descartes et à Gassendi, sonnant ainsi le glas de l'alchimie. Ainsi Hélène Metzger considérait que « avec Robert Boyle, la philosophie corpusculaire triomphante prend possession de la science

57. Voir à ce sujet Pierre Macherey, « Spinoza lecteur critique de Boyle », *Revue du Nord*, tome LXXVII, 1995, p. 733-774 ; Evelyne Guillemeau et Charles Ramond, « Conception de l'expérience et méthodologie expérimentale selon Boyle et Spinoza » dans Myriam Dennehy et Charles Ramond (éd.), *La philosophie naturelle de Robert Boyle*, Paris, Vrin, 2009, p. 295-310.

chimique »[58]. Elle voyait en Fontenelle l'un de ceux qui auraient imposé ce point de vue. D'après Fontenelle, en effet, le mérite de Boyle consistait principalement à avoir fait pénétrer l'esprit de la physique, c'est à dire le cartésianisme, dans la chimie. Dans un texte de 1733 devenu célèbre, il évoquait en ces termes une querelle qui avait opposés en 1669 le chimiste français Samuel Cottereau du Clos au chimiste anglais[59] :

> [Boyle] avoit entrepris de rendre raison de tous les Phénomenes Chimiques par la Philosophie corpusculaire, c'est-à-dire, par les seuls mouvemens & les seules configurations des petits corps. M. du Clos, grand Chimiste, aussi-bien que M. Boyle, mais ayant peut-être un tour d'esprit plus Chimiste, ne trouvoit pas qu'il fût nécessaire, ni même possible, de reduire cette Science à des principes aussi clairs que les figures & les mouvemens, & il s'accomodoit sans peine d'une certaine obscurité spécieuse qui s'y est assés établie. [...] La Chimie par des operations visibles résout les corps en certains principes grossiers & palpables, sels, souffres, &c. Mais la Phisique par des spéculations délicates agit sur ces principes, comme la Chimie a fait sur les corps, elle les résout eux-mêmes en d'autres principes encore plus simples, en petits corps mus & figurés d'une infinité de façons : voilà la principale difference de la Phisique & de la Chimie, & presque la même qui étoit entre M. Boyle, & M. du Clos. L'esprit de la Chimie est plus confus, plus envelopé ; il ressemble plus au mixtes où les principes sont embarrassés les uns avec les autres, l'esprit de Phisique est plus net, plus simple, plus dégagé ; enfin il remonte jusqu'aux premieres origines, & l'autre ne va pas jusqu'au bout[60].

Ce « cartésianisme » de Boyle en chimie doit pourtant être remis en question. En effet, alors que Boyle accorde une place centrale à la chimie dans sa philosophie naturelle et qu'il considère l'œuvre de Descartes comme une source essentielle de la pensée mécaniste, il ne se réfère pratiquement jamais aux textes cartésiens concernant la chimie, qu'il connaissait pourtant bien[61].

Boyle parle souvent de Descartes en termes élogieux. Dans *Proëmial essay,* texte introductif des *Certain physiological essays* de 1661, il exprime ses regrets de ne pas avoir lu plus tôt le *Syntagma* de Gassendi et les *Principia philosophiae* de Descartes, en justifiant toutefois son

58. Hélène Metzger, *Les doctrines chimiques en France* (op. cit. note 15 de l'introduction) , p. 253.

59. Voir à ce sujet Rémi Franckowiak, « Du Clos, un chimiste post-*Sceptical chemist* » dans *La philosophie naturelle de Robert Boyle*, op. cit. note 57, p. 361-377.

60. *Histoire de l'Académie Royale des Sciences*, 1669, p. 10.

61. Pour une analyse plus détaillée de cette question voir Bernard Joly, « Le cartésianisme de Boyle du point de vue de la chimie », dans *La philosophie naturelle de Robert Boyle*, op. cit. note 57, p. 139-155.

attitude antérieure par la nécessité de ne pas se laisser influencer par une théorie tant qu'il n'aurait pas éprouvé ses propres hypothèses par l'expérience [62]. Et dans la préface de *The origin of forms and qualities according to the corpuscular philosophy* (1666), il classe Descartes parmi ceux qui se sont efficacement opposés à la physique aristotélicienne, en regrettant toutefois que l'entrelacement de ses hypothèses empêche d'adhérer à certains points particuliers de sa doctrine sans adopter l'ensemble de sa philosophie [63]. Philippe Hamou a rappelé cette proximité philosophique qui conduisait Boyle à défendre le cartésianisme contre les attaques de Henry More, qui avait fini par voir dans la pensée de Descartes une nouvelle version du matérialisme de Hobbes [64]. Le principal problème de Boyle est alors de réconcilier la philosophie mécanique avec la théologie chrétienne, ce qui l'amène à insister sur ce qui lui semble positif dans le système cartésien, comme s'il s'agissait pour lui de restaurer une position cartésienne dénaturée par la critique de ses adversaires anglais.

Dans *The excellency of Theology, compar'd with Natural Philosophy* (1674) Boyle rapporte avec précision la position de Descartes sur le rôle du Dieu créateur, l'immortalité de l'âme, la distinction de l'âme et du corps ou des attributs de Dieu. Boyle manifeste alors une bonne connaissance des travaux du philosophe français, y compris les éditions les plus récentes de son temps. Certes, Boyle sélectionne les citation de telle sorte qu'il déplace l'accent du propos cartésien en faveur de ses propres thèses [65]. Mais il ne craint plus, comme dans le *Proëmium Essay* de voir son propre travail subir l'influence d'une lecture trop précise des *Principia philosophiae*. Dans la suite de *The excellency of Theology*, il montre que la physique cartésienne de la seconde partie des *Principia* dépend nécessairement des vérités métaphysiques, tandis que les questions de cosmologie et de minéralogie de la troisième et de la quatrième partie ne peuvent échapper au statut hypothétique. Boyle manifeste ainsi une connaissance précise et détaillée de l'ouvrage de Descartes. Il en est de même dans *Some considerations about the Reconcileableness of Reason and Religion* (1675). En se référant aux deux premières parties des *Principia philosophiae* Boyle reprend à son compte les thèses cartésiennes sur les

62. *The Works*, II 12-13.

63. *The Works* V 283-286.

64. Philippe Hamou, « Images anglaises de Descartes au XVIIe siècle : Boyle et Hooke sur les causes finales », *Bulletin cartésien* XXXII, *Archives de philosophie*, tome 67-1, 2004, p. 150-162.

65. *The works* VIII 46.

limites de l'esprit humain, sur la toute puissance de Dieu qui surpasse notre intelligence ou encore sur les exigences de l'action qui nous amènent à faire des choix dont le bien fondé ne s'impose pas [66].

Il faut à nouveau remarquer que les lectures de Boyle sont alors sélectives, dans la mesure où il évite soigneusement de rapporter la position de Descartes sur le vide. Ainsi, citant la lettre de Descartes à Arnauld du 29 juillet 1648 sur la toute puissance divine, il arrête la citation au moment où Descartes précise que Dieu nous a donné un esprit de telle nature « qu'il implique contradiction en ma conception de dire qu'un espace soit tout à fait vide » [67]. Il n'en demeure pas moins que tout cela montre que Boyle a étudié avec soin les œuvres de Descartes, même si c'est pour en faire un usage que l'on pourrait parfois juger tendancieux, et qui déforme, du moins à nos yeux, la pensée cartésienne. C'est dans ce contexte que l'on peut rechercher ce que Boyle a pu trouvé dans l'œuvre de Descartes concernant la chimie, et l'usage qu'il a fait de ces passages.

Bien qu'il ait pu en avoir connaissance grâce à l'édition de la correspondance de Descartes par Clerselier, Boyle ne cite jamais les lettres où Descartes abordait des questions de chimie, mais il se rapporte à plusieurs reprises aux deux ouvrages auxquels Descartes renvoyait volontiers ses correspondants et dans lesquels il abordait de manière développée les questions de chimie dont il ne présentait à ses correspondants que de rapides résumés : les *Météores* et les *Principia philosophiae*.

Certes, nous savons bien aujourd'hui que les travaux de Descartes ne constituaient pas la source principale de la chimie de Boyle. Les travaux d'Antonio Clericuzio [68], William Newman [69] et Lawrence Principe [70] ont

66. *The works* VIII 173, 250, 263, 267, 283.

67. Clerselier, *Lettres de Mr Descartes*, Paris, vol. I 1657, vol. II 1659, vol. III 1667 (désormais cité Clerselier suivi du numéro de volume et de page), II, 27-33 ; AT V 223-224 ; *The works* VIII 254-255.

68. Antonio Clericuzio, « A redefinition of Boyle's chemistry and corpuscular philosophy », *Annals of science* 47, 1990, p. 561-589 ; « From Van Helmont to Boyle : a study of the transmission of helmontian chemical and medical theories in seventeenth-century England », *British Journal for the history of science*, 26, 1993, p. 303-354 ; *Elements, principles and corpuscules. A study of atomism and chemistry in the seventeenth century*, Dordrecht, Kluwer, 2000, en particulier le chapitre quatre : « Robert Boyle's corpuscular philosophy » ; « Philosophie de la nature, chimie et alchimie au XVIIe siècle : Jean-Baptiste van Helmont et Robert Boyle », *Chrysopœia* t. VII, 2000-2003, p. 315-326.

69. William Newman, « The alchemical sources of Robert Boyle's corpuscular philosophy », *Annals of science* 53, 1996, p. 567-585 ; William Newman and Lawrence Principe, *Alchemy tried in the fire. Starkey, Boyle and the fate of helmontian chymistry*, Chicago, The University of Chicago Press, 2002.

mis en évidence son intérêt pour l'œuvre de Van Helmont, mais aussi sa bonne connaissance de la tradition alchimique et la présence à ses côtés de personnages comme l'alchimiste George Starkey. Cependant, Boyle a toujours affirmé que la philosophie mécanique constituait le cadre de tous ses travaux en philosophie naturelle, ajoutant parfois que c'était dans la chimie que cette nouvelle philosophie se manifestait avec le plus d'éclat. Ainsi, dans la préface de *Experiments and notes about the producibleness of Chymicall Principles* de 1680, il se livrait à une audacieuse comparaison : de la même manière que la *Pierre de Bologne* (phosphorescente) ne peut pas devenir lumineuse sans avoir subi une préparation chimique, de la même façon les corps naturels ne pourront jamais offrir beaucoup de lumière à la philosophie naturelle, tant qu'ils n'auront pas été étudiés par la chimie [71]. Il renvoyait alors à un écrit non publié, dont une version est conservée sous un titre explicite :

> Que l'empire de l'homme peut être augmenté par l'habileté des physiciens en chimie ou l'utilité de la chimie pour la philosophie naturelle, dans la mesure où elle peut être un fondement sur lequel nous pouvons espérer que soient établies des choses de grande importance pour de telles connaissances [72].

Et dans une lettre de la même époque, il écrit encore :

> Mais comme je ne cultivais pas tant la chymie pour elle-même que pour l'amour de la philosophie naturelle et selon ses règles ; ainsi la plupart des expériences que je concevais et que je poursuivais étaient généralement telles qu'elles ne tendent pas à la multiplication des processus chimiques ou à obtenir la réputation d'en avoir accumulé de difficiles et de complexes, mais plutôt qu'elles servent de fondations et autres utiles matériaux pour une histoire expérimentale de la nature [73].

On pourrait donc s'attendre à ce que Boyle ait utilisé les références cartésiennes dans le domaine de la chimie comme il l'avait fait dans le domaine de la théologie ou de la métaphysique. De fait, il n'en est rien : loin de se référer aux passages chimiques des œuvres de Descartes, Boyle semble avoir pris grand soin de les contourner. Quelques exemples illustreront cette situation singulière.

Dans *Of the positive or privative nature of cold* (1673), Boyle cite un passage des *Météores* où Descartes rendait compte du phénomène de congélation artificielle, qui se produit lorsqu'on entoure en plein soleil

70. Lawrence Principe, *The aspiring adept. Robert Boyle and his alchemical quest*, Princeton, Princeton University Press, 1998.

71. *The Works* IX 27.

72. *The Works* XIII 321.

73 *The Works* XII 365.

un récipient d'eau d'un mélange de sel et de glace pilée, en invoquant un échange de matières subtiles de tailles différentes [74]. Boyle utilise cette citation pour montrer que le froid n'est pas une privation, comme le prétendaient les aristotéliciens, mais le résultat d'une action : il est du à un mouvement et non pas à une substance froide en elle-même. Il faut donc distinguer la sensation de froid de l'activité mécanique qui la produit. Bien que ces explications semblent parfaitement cartésiennes, il faut remarquer qu'elles ne figurent pas dans le texte de Descartes ; par contre, Boyle n'évoque pas le reste du chapitre, et il ne reprend pas l'explication mécaniste que Descartes donnait de ce phénomène en particulier et des propriétés du sel en général. Au contraire, il explique le phénomène par une analogie avec diverses expériences de chimie qu'il a faites avec de l'esprit de vin et du sel de tartre. Bref, l'explication cartésienne doit être remplacée par le résultat des travaux de laboratoire. Alors que Descartes effectuait une réduction de la chimie à une physique des petits corpuscules, Boyle retourne aux opérations de la chimie, en laissant de côté l'interprétation mécaniste du phénomène.

Dans un passage de *New experiments touching the spring of the air* (1660), Boyle se réfère aux paragraphes 45 à 47 de la quatrième partie des *Principes de la philosophie*. Selon Descartes, écrit Boyle,

> L'air n'est rien d'autre qu'un agrégat (*congerie*) ou amas de petites et (pour la plupart) flexibles particules de plusieurs tailles et de toute sorte de figures qui sont élevées par la chaleur (particulièrement celle du Soleil) jusque dans ce corps éthéré fluide et subtil qui entoure la Terre [75].

A partir de ce résumé du texte de Descartes, Boyle montre que cette conception ne permet pas d'expliquer correctement le ressort de l'air. Ainsi, poursuit-il, Descartes s'est trompé lorsqu'il a cru pouvoir utiliser sa théorie de l'air pour rendre compte du flux et du reflux de la mer : selon Descartes, en effet, le centre de la Terre étant légèrement décalé par rapport à celui du tourbillon qui entraîne à la fois la Terre et la Lune dans leur mouvement autour du Soleil, l'air et l'eau qui séparent la surface de la mer des zones tourbillonnaires s'approchant de la Lune sont soumis à des pressions différentes selon les phases de la Lune : c'est donc, selon lui, par l'intermédiaire des variations de la pression atmosphérique que la Lune provoque le mouvement des marées. Boyle fait alors remarquer qu'une telle explication se heurte au fait que la pression barométrique n'est pas liée aux équinoxes, puisque le vif-argent dans le tube de Torricelli ne subit pas l'influence des phases de la

74. *The Works* VII 360 ; AT VI 252-253.
75. *The Works* I 166.

Lune : ces dernières ne causent donc pas davantage le flux et le reflux de la mer qu'elles ne produisent de variations sur la hauteur du mercure dans le tube.

Boyle avait lu attentivement la quatrième partie des *Principes de la philosophie*, mais ce qui l'intéresse dans ce texte, ce n'est pas la chimie, mais seulement ce que Descartes dit de la nature de l'air et de la matière subtile. Aussi ne tient-il aucun compte du contexte dans lequel se trouvent situés les paragraphes 45 à 52 traitant de la nature de l'air et des marées. Alors que Descartes les inscrits dans un vaste ensemble où seront étudiés successivement tous les corps auxquels s'intéressent les chimistes, Boyle ne dit pas un mot de ce vaste ensemble où Descartes développe sa réduction des objets de la chimie aux principes du mécanisme. Ainsi, dans *An examen of Mr. Hobbes his Dialogus Physicus De natura aeris* (1662), Boyle revient longuement sur les paragraphes que Descartes consacre à la nature de l'air, et plus particulièrement sur le paragraphe 46, dont il cite la première phrase : « *Cum ejus Particulœ ferè omnes sint flexiles instar mollium plumularum vel tenuium funiculorum, &c.* » [76]. Boyle montre alors malicieusement que ce que Descartes dit de l'air s'accorde davantage avec sa propre doctrine qu'avec celle de Hobbes et qu'on peut bien admettre l'existence d'une matière subtile ou éthérée qui remplit le vide et qui n'est pas l'air que nous respirons et dans lequel nous nous mouvons. On retrouve les références à ces mêmes paragraphes dans *A defence of the doctrine touching the spring and weight of the air* (1662) [77] ou encore dans *The origine of formes and qualities* (1666) [78].

En fait, Boyle ne trouvait aucun intérêt aux interprétations mécanistes que Descartes multipliait pour expliquer les propriétés des corps chimiques et les opérations telles que la distillation, la fermentation ou la calcination. C'est ce que fait apparaître la comparaison entre deux textes de Descartes et de Boyle sur les trois principes de la chimie paracelsienne, le Mercure, le Soufre et le Sel. Dans les *Principes de la philosophie*, Descartes concluait ainsi son exposé de la formation des différents corps chimiques :

> Et j'ai ici expliqué trois sortes de corps qui me semblent avoir beaucoup de rapport avec ceux que les chymistes ont coustume de prendre pour leurs trois principes, & qu'ils nomment le sel, le soulfre et le mercure. Car on peut prendre

76. *The Works* III 125 ; AT VIII 231 ; AT IX-2 226 : « Car ses parties estant presque toutes fort molles & flexibles, ainsi que de petites plumes ou des bouts de cordes fort deliées, chacune se doit d'autant plus estendre qu'elle est plus agitée… »

77. *The Works* III 33, 44.

78. *The Works* V 292.

> ces sucs corrosifs pour leur sel, ces petites branches qui composent une matière huileuse pour leur soulfre, & le vif argent pour leur mercure [79].

Boyle, de son côté, interprète en ces termes le statut des principes des chimistes :

> Le Sel, le Soufre et le Mercure des chymistes eux-mêmes ne sont pas les premiers et les plus simples principes des corps, mais plutôt les premières concrétions de corpuscules ou particules plus simples qu'eux, n'étant dotées que des premières ou des plus radicales (si je puis dire) et des plus universelles (*catholick*) affections des corps simples, à savoir la taille, la forme et le mouvement ou le repos, par les différentes convenances et coalitions desquelles les plus petites parties de la matière deviennent ces différentes concrétions que les chymistes appellent Sel, Soufre et Mercure [80].

Ces deux textes se ressemblent dans la mesure où Descartes et Boyle considèrent que les principes des chimistes ne méritent pas ce nom, puisqu'ils sont formés de l'assemblage de particules de matière plus petites dont la forme et le mouvement confèrent aux différents mixtes leurs diverses propriétés. Cependant, Descartes décrit la configuration des particules et établit entre elles et les substances chimiques qu'elles composent un lien qui explique les propriétés que leur attribuent les chimistes. La spécificité chimique du Mercure, du Soufre et du Sel se trouve ainsi niée. Non seulement ce ne sont pas des principes – sur ce point Boyle serait d'accord – mais ce ne sont même pas des substances chimiques, puisque leurs propriétés sont strictement mécaniques.

Boyle ne prétend pas descendre jusqu'à cet ultime niveau de la structure de la matière, car selon lui l'analyse chimique n'isole pas réellement les corpuscules élémentaires de la mécanique [81]. Le chimiste ne va pas en deçà du niveau des divers agrégats de corpuscules auxquels s'attachent les propriétés chimiques de la matière. Ces grappes (« *clusters* ») constituent les éléments de la chimie lorsque les particules qui les constituent sont les plus fines. Plus grossières, elles forment les corps que l'analyse chimique décompose [82]. La spécificité des objets chimiques, des opérations qui les concernent et de la science qui s'en occupe se trouve préservée par une telle conception. L'hypothèse mécaniste propose certes une justification rationnelle des propriétés des

79. *Principes de la philosophie* IV 63 ; AT IX-2 235.

80. *The imperfection of the chymist's of qualities*, in *Experiments, notes, &c about the Mechanical Origin of Qualities* (1675-1676), *The Works* VIII 401.

81. Voir à ce sujet les analyses d'Antonio Clericuzio, op. cit note 68.

82. Cette distinction des niveaux mécaniques et chimiques d'organisation de la matière exposés dans *The sceptical chemist* est bien analysée par Antonio Clericuzio, « Philosophie de la nature, chimie et alchimie », op. cit. note 68, p. 321-323.

substances chimiques bien plus satisfaisante que les hypothèses substantialistes de la chimie traditionnelle ; mais il n'appartient pas au philosophe naturel de décrire des formes et des actions qui échappent à son analyse. De ce fait, l'explication mécaniste ne se substitue pas à l'explication chimique. Au contraire, tout en restant sous-jacente, elle la maintient et en garantit la cohérence, conservant ainsi à la chimie une réelle autonomie, mais aussi une continuité historique.

Alors que Descartes avait insisté sur le fait que les principes de sa philosophie excluaient ceux des autres systèmes, qu'il s'agisse d'Aristote, d'Epicure ou de Paracelse, Boyle peut au contraire montrer que les principes de la philosophie mécanique ont une telle universalité qu'ils peuvent inclure toutes les hypothèses antérieures, y compris celle de l'esprit universel. C'est ce qu'il explique dans l'ouvrage intitulé *About excellency of Mechanical Hypothesis* (1674) [83]. Les principes mécaniques (divisibilité à l'infini de la matière, rôle du mouvement local, infinie variété des structures produites par les corpuscules insensibles) constituent en effet l'équivalent de la présence d'un agent corporel agissant dans la Nature. La diffusion dans l'univers et l'activité de la « *materia subtilis* » des cartésiens peuvent être rapprochées de celles de l'Esprit universel des alchimistes ou même de l'*Anima mundi* des platoniciens. En fait, nous n'avons pas connaissance de la nature de l'agent qui produit les phénomènes naturels que nous observons.

Il en va de même, poursuit-il, pour les principes chimiques, dont le nombre et le statut importent peu, mais dont l'efficacité resterait incompréhensible si l'on n'admettait pas les hypothèses mécaniques. Il écrit alors :

> Bien que les explications chymiques soient quelquefois les plus évidentes et les plus accessibles, elles ne sont pourtant pas les plus fondamentales et les plus satisfaisantes. Car l'élément (*ingredient*) chymique lui-même, qu'il s'agisse du Soufre ou d'un autre, doit tenir sa nature et autres qualités à l'union de particules insensibles selon une taille, une forme, un mouvement ou un repos et une structure appropriés, toutes choses qui ne sont qu'affections mécaniques d'un assemblage de corpuscules [84].

L'hypothèse corpusculaire sous-tend la compréhension de la constitution des corps chimiques, bien mieux que ne le faisaient les théories principielles des anciens chimistes, mais elle n'en propose pas une explication détaillée puisque ces particules restent insensibles ; ce qui fait que cette hypothèse est compatible avec toutes les suggestions

83. *The Works* VIII 109.
84. *The Works* VIII 111.

que peuvent faire les chimistes, qu'il s'agisse de la transmutation des métaux ou de l'existence de l'alkahest, ce dissolvant universel dont l'idée avait été récemment introduite par la publication des œuvres de Van Helmont.

Boyle conclut alors en ces termes :

> Même si l'augmentation de la sagacité et de l'industrie des chymistes (que je ne voudrais d'aucune manière décourager) était capable d'obtenir des corps mixtes des substances homogènes qui diffèrent, en nombre, en nature ou les deux à la fois, de leurs Sel, Soufre et Mercure vulgaires, cependant la philosophie corpusculaire est tellement *générale* et *féconde* qu'elle pourrait assez bien être conciliée avec une telle découverte ; et elle est aussi tellement *pratique* que ces nouveaux principes matériels pourraient, aussi bien que les vieux *Tria Prima*, garder la nécessité de ces principes les plus catholiques des Corpuscularistes, spécialement le mouvement local [85].

Il ne s'agit donc pas de remplacer le discours des chimistes par un discours mécaniste, mais au contraire de montrer que l'hypothèse mécaniste facilite le développement de la chimie en lui offrant de nouvelles perspectives : guidés par les principes du corpuscularisme, les chimistes devraient pouvoir découvrir de nouvelles substances.

On comprend alors pourquoi Boyle ne s'est guère référé aux passages des *Principes de la philosophie* où Descartes traitait des questions de chimie. Alors que ce dernier se livre à une réduction mécaniste de la chimie qui implique sa disparition en tant que telle et le rejet de sa tradition, Boyle veut au contraire la conserver, y compris dans sa dimension alchimique, en la justifiant par une philosophie mécaniste dont la fonction n'est pas de rendre compte du détail des diverses propriétés des corps chimiques, mais de montrer l'inutilité des théories principielles traditionnelles qui n'apportent rien à la compréhension des opérations chimiques. La référence mécaniste permet ainsi à Boyle de rejeter les obscurités et les contradictions des doctrines chimiques finissantes de son temps sans pour autant condamner la chimie à se fondre dans la physique.

Fontenelle, soucieux de défendre le cartésianisme dans un monde menacé par les idées newtoniennes, avait voulu opposer Boyle à du Clos au nom d'une confrontation entre la physique et la chimie, c'est à dire au nom d'une opposition entre la clarté du mécanisme cartésien et l'obscurité de doctrines attirées par l'occulte, telles que la chimie ou la théorie des attractions. On voit ce qu'il y avait de fallacieux dans une telle entreprise, puisque le scepticisme de Boyle portait sur les principes

85. *The Works* VIII 112.

des chimistes, mais non pas sur la science chimique elle-même. Contrairement à la fiction que Fontenelle construit cinquante ans plus tard, Boyle ne cherchait pas à réduire la chimie aux principes de la mécanique.

Pas plus que celle de Robert Boyle, la chimie de Nicolas Lémery, telle qu'elle est développée dans le *Cours de chymie* de 1675, ne semble pouvoir supporter le titre de « chimie cartésienne » [86]. Certes, des liens s'étaient tissés entre le célèbre chimiste français et les représentants du cartésianisme qu'étaient Rohault et Régis. Et l'on a souvent vu dans la célèbre doctrine des pointes des acides et des pores des alcalis une influence cartésienne. Pourtant, cette distinction n'est pas cartésienne, puisque Descartes ignorait la distinction entre sels acides et sels alcalis qui, on l'a vu plus haut, ne sera systématisée que plusieurs années après sa mort par des disciples de Van Helmont.

Par contre, ce qui pourrait passer pour cartésien, c'est la méthode qui consiste à rendre compte des propriétés chimiques des corps en conjecturant une structure géométrique de leurs figures susceptible d'expliquer leurs propriétés empiriques. Mais Lémery, loin de fonder une telle hypothèse sur une théorie de la matière et de la formation souterraine des corps mixtes, se contente d'invoquer ce que montrent toutes les expériences, à savoir que les acides picotent la langue et « se crystallisent en pointes », tandis que les alcali suppriment le piquant de l'acide au terme d'une effervescence. Bref, ce sont des raisons qui tiennent à l'observation empirique qui sont ainsi invoquées, et non pas des déductions menées à partir d'une réflexion sur la structure de la matière et de ses éléments. Il ne paraît guère légitime d'invoquer le recours à la méthode cartésienne si les notions physiques et métaphysiques les plus fondamentales sur lesquelles se fonde cette méthode sont absentes. D'ailleurs, Lémery lui-même n'invoque jamais le nom de Descartes dans son *Cours de Chymie*.

Il convient enfin de remarquer la place singulière qu'occupe la doctrine des acides et des alcalis dans l'ouvrage de Lémery. Celui-ci se présente d'abord comme l'aboutissement d'un genre littéraire, le « cours de chymie » qui, comme on l'a vu au premier chapitre, s'est développé en France à partir du succès du *Tyrocinium chimicum* de Jean Beguin au début du siècle, et qui connaît un franc succès à partir du milieu du XVIIe siècle, lorsque la mise en place de cours publics de chimie au Jardin Royal des Plantes confère de la notoriété aux premiers démons-

86. Sur l'œuvre de Lémery, voir Michel Bougard, *La chimie de Nicolas Lémery, apothicaire et médecin (1645-1715)*, Turnhout, Brepols, 1998.

trateurs de chimie qui y exercent leurs talents. Il ne s'agit pas tant de développer une théorie chimique que d'offrir à un public que la médecine traditionnelle ne satisfait pas des recettes de médicaments chimiques ainsi que les procédés chimiques de base permettant de préparer les divers ingrédients. Le peu de théorie que l'on invoque alors se limite le plus souvent à la traditionnelle doctrine des éléments, que Lémery utilise avec prudence mais qu'il ne repousse pas. Dans ces conditions, les explications mécaniques apparaissent principalement comme un ornement tout autant rhétorique que théorique, une interprétation curieuse et séduisante de processus chimiques qui n'ont pas besoin de ces interprétations à la mode pour pouvoir être mis en œuvre avec succès. Loin de produire une nouvelle chimie, le mécanisme d'inspiration vaguement cartésienne est alors réduit au rôle d'accessoire dans un ouvrage qui, pour l'essentiel, reste fidèle à des orientations chimiques sans rapport avec l'esprit cartésien.

La chimie tourbillonnaire de Malebranche

Rares sont donc, dans la seconde moitié du XVIIe siècle, les traités de chimie qui tireraient parti des enseignements des *Principes de la philosophie*. Cela n'a, après tout, rien d'étonnant puisque la théorie cartésienne de la science rendait difficilement concevable la constitution d'une science chimique autonome. Un traité de métaphysique, aussi réputé soit-il, ne pouvait cependant suffire à arrêter le cours d'une science dont les principes et les pratiques étaient certes contestés, mais qui pouvait cependant se prévaloir d'une prestigieuse histoire et produire de nombreux textes à l'appui de ses prétentions. La chimie continua donc de se développer malgré le cartésianisme, au point qu'il apparaissait impossible, vers la fin du XVIIe siècle, de ne pas tenir compte de son existence et de ses développements. C'est sans doute dans cette vitalité de l'activité chimique qu'il faut voir l'origine des tentatives de refondation d'une chimie cartésienne sur de nouvelles bases, en utilisant des possibilités que Descartes lui-même avait laissées dans l'ombre. C'est ainsi que certains eurent l'idée d'utiliser à des fins chimiques la doctrine des tourbillons dont Descartes ne faisait finalement qu'un usage fort modeste dans la quatrième partie des *Principes de la philosophie*, en dehors de sa théorie de l'aimant.

La théorie cartésienne des tourbillons fut utilisée avec un certain succès, dans les première années du XVIIIe siècle, pour s'opposer en France aux progrès de la physique newtonienne [87]. C'était là le résultat des travaux de Fontenelle et de Malebranche. Si le premier, dans les célèbres *Entretiens sur la pluralité des mondes* de 1686, ne s'intéressait pas particulièrement à la chimie, il n'en va pas de même avec Malebranche, qui renouvela complètement la théorie cartésienne du feu. Comme on l'a vu, Descartes adopte à ce sujet dans la quatrième partie des *Principes de la philosophie* une position originale qui nous semble aujourd'hui en avance sur son temps, en considérant que le feu n'est pas une substance, un élément ou un corps, mais seulement un état de la matière. La plupart des chimistes, qui accordent au feu la plus grande importance en raison du rôle de la chaleur dans le déclenchement des opérations chimiques, affirment au contraire qu'il existe une matière ignée à laquelle il convient d'attribuer des propriétés principielles. Même si le feu n'est plus un élément, on continue, la plupart du temps, à considérer qu'il possède une matière qui lui est propre, que cette dernière soit nommée sulfureuse ou huileuse. Cette tendance à corporiser le feu est si grande que les partisans français de la théorie du phlogistique, à la suite de Rouelle, identifieront le phlogistique avec la matière ignée, alors que Stahl ne le considérait que comme l'aliment du feu. Et l'on sait que Lavoisier maintenait un mystérieux « calorique » en tête de son tableau des substances simples.

Cette approche de la nature du feu pose l'irritant problème de son poids : comment se fait-il que des corps comme les métaux, qui sont censés perdre leurs particules ignées lorsqu'on les brûle, gagnent du poids lorsqu'ils sont calcinés ? Descartes n'apporte pas de réponse à cette question qu'il ignore, mais sa théorie permettait au moins de poser le problème en des termes nouveaux. Cette occasion ne sera pas saisie par les chimistes français qui se réclament de l'esprit cartésien. Dans le cadre des activités de l'Académie royale des sciences, Homberg, puis Louis Lémery consacrent beaucoup d'énergie à tenter de résoudre ce problème en admettant que le feu est une substance corporelle et en inversant le processus habituellement admis : lorsqu'un métal se calcine, ce qu'il perd sous forme de fumées n'est pas du feu ; bien au contraire, le feu pénètre à l'intérieur des corps que l'on brûle, comme l'atteste leur chaleur, et reste emprisonné dans leurs pores qui se referment lorsque

87. Voir à ce sujet Pierre Brunet, *L'introduction des théories de Newton en France au XVIIIe siècle*, Paris, Albert Blanchard, 1931, réédité Genève, Slatkine, 1970.

vient le refroidissement [88]. Ce mécanisme chimique, qui est bien éloigné de la physique cartésienne, se retrouve dans les travaux des physiciens hollandais que l'on considère habituellement comme les fondateurs de la « physique expérimentale ». Pour 'sGravesande comme pour Boerhaave, qui affirment mettre en œuvre la méthode newtonienne [89], le feu est une substance qui manifeste sa présence dans les corps par la dilatation qu'elle y produit, mais qui se distingue cependant des autres corps par le fait que ses parties n'ont pas de poids. Boerhaave va même jusqu'à proposer de mesurer la quantité de feu que contient un métal chauffé en mesurant sa dilatation [90].

Malebranche, au contraire, ne met pas en cause la définition cartésienne du feu en tant qu'activité plutôt que corps. Mais il choisit la question du feu pour montrer les bénéfices que l'on peut tirer de l'une des principales modifications qu'il a apportées à la physique de Descartes : le remplacement des petites boules du second élément par de petits tourbillons de matière fluide. Son exposé sur le feu se situe à l'intérieur d'une communication sur la lumière qu'il présenta devant l'Académie royale des sciences le 4 avril 1699, et dont une version remaniée fut éditée en 1700 en tant que *XVIe éclaircissement sur la Recherche de la vérité* sous le titre « Réflexion sur la lumière et les couleurs, et la génération du feu » [91]. Si la matière du second élément est faite de boules solides, on ne comprend pas comment la matière du premier élément, peu abondante, peut suffire à créer le mouvement qui caractérise le feu [92]. Par contre, si le second élément est formé de petits

88. C'est ce qu'explique Louis Lémery dans un mémoire présenté le 13 novembre 1709 devant l'Académie, *Mémoires de l'Académie Royale des Sciences*, 1711, p. 400-417.

89. Willem Jacob 'sGravesande, *Physices elementa mathematica, experimentis confirmata. Sive, introductio ad philosophiam newtonianam*, Leyde, 1720. La seconde partie du livre IV, consacrée au feu, commence ainsi : « Les Philosophes ont peu de connoissances sur le Feu, & beaucoup de choses leur sont cachées. Je n'établirai point d'hypotheses : j'exposerai dans le meilleur ordre qu'il sera possible, les principes les plus généraux, qui me paroissent pouvoir être déduits des Expériences. » Je cite la traduction de Roland de Virloys, *Elemens de physique ou introduction à la philosophie de Newton*, Paris, 1647, t. 2, p. 60.

90. Hermann Boerhaave, *Elementa chemiae*, Leyde, 1732 ; traduction française de Allamand, *Elemens de chimie*, La Haye, 1748, vol. 2, p. 38-53.

91. *De la recherche de la vérité*, 5ème édition, Paris, 1700, « XVIe éclaircissement », § XI-XII ; dans l'édition de 1712, l'éclaircissement est augmenté d'un long texte intitulé « Preuve de la supposition que j'ai faite » qui revient sur les petits tourbillons qui composent la matière subtile ; *Œuvres* de Malebranche, édition établie par Geneviève Rodis-Lewis, Paris, Gallimard, 1979, tome I, p. 1026 et ssq.

92. Malebranche se réfère ici explicitement aux articles 80 et suivants de la quatrième partie des *Principes* de Descartes.

tourbillons, le mouvement très rapide des particules de matière extraites lors du frottement qui provoque l'étincelle met à son tour en mouvements très vifs les petits tourbillons du second élément qui repoussent les autres tourbillons et « excitent en nous un sentiment vif de lumière » [93]. Le feu est donc une rupture de l'équilibre de ces petits tourbillons de matière éthérée dont le mouvement est « d'une rapidité effroyable » [94].

Cela étant, Malebranche, qui connaissait les travaux de Boyle et de Lémery, ne semble pas penser que cette connaissance renouvelée de la structure du feu puisse être mise au service d'une chimie. Car la critique de la recherche de la pierre philosophale qu'il développe dans les *Entretiens sur la métaphysique et la religion* pourrait bien valoir contre toute activité chimique [95]. Malebranche vient d'expliquer que « le rapport des sens est toujours obscur et confus » et qu'il faut « juger de toutes choses par les idées qui représentent leur nature », c'est à dire en « consultant l'idée claire et lumineuse de l'étendue ». Puisque les différents corps « ne diffèrent essentiellement que par la grosseur, la configuration, le mouvement, et le repos des parties insensibles dont leurs masses sont composées », il suffirait de modifier la grosseur et la configuration des parties du plomb pour le transformer en or. Mais cela est impossible, non pas théoriquement, mais parce que nous ignorons quelle est la configuration propre à chaque métal. On voit bien que la critique de « ces opérateurs qui travaillent aveuglément » ne se limite pas à la recherche de la transmutation des métaux, mais concerne toute la chimie, qui ne consiste qu'en opérations empiriques et hasardeuses ne pouvant être systématisées en une science. Bien plus, la possibilité même de reproduire en laboratoire les opérations de la nature se trouve mise en cause par Malebranche lorsqu'il affirme que même si nous connaissions la configuration propre à chaque corps, la matière subtile, « qui se fait place partout », empêcherait la jonction exacte des différentes parties du corps.

Cependant, de la même manière que les dispositifs mécaniques de Descartes avaient été utilisés par Régis pour tenter de construire une chimie cartésienne, la nouvelle doctrine des petits tourbillons de Malebranche inspira dans la première moitié du XVIIIe siècle des travaux de chimie qui espéraient montrer, en ce qui concerne

93. *Ibid*, p. 1028.

94. *Ibid*, p. 1032.

95. *Entretiens sur la métaphysique et sur la religion*, Rotterdam, 1688 ; édition revue, corrigée et augmentée, Paris, 1711 ; dans *Œuvres* de Malebranche (op. cit. note 91), vol. 2, p. 862-863.

notamment le feu, la supériorité de la philosophie naturelle d'inspiration cartésienne sur celle de Newton. Nous en donnerons ici deux exemples qui illustrent la persistance et les ambiguïtés des tentatives de constitution d'une chimie d'inspiration cartésienne.

C'est en pleine querelle entre cartésiens et newtoniens français que Joseph Privat de Molières fit paraître, en 1737 ses *Leçons de physique* [96]. L'auteur explique dans les « remarques générales » qui ouvrent le premier volume, qu'il s'est donné pour objectif de démontrer les éléments de la physique « comme Euclide a donné ceux de la géométrie », ce qui permettra de réconcilier les doctrines de Descartes et de Newton, « les deux plus célèbres philosophes de nos jours ». Ainsi pourra-t-on tirer du système du plein de Descartes le vide de Newton, des impulsions du premier l'attraction du second, tandis que la doctrine des tourbillons, approfondie par Leibniz et Malebranche, permettra de répondre aux insuffisances du système newtonien. Il poursuit ainsi :

> Par là je fournirai aux Phisiciens, des raisons evidentes des principaux Phénomenes de la nature ; aux Astronomes, des causes phisiques des mouvemens célestes ; aux Chimistes, des notions claires & intelligibles de leurs opérations ; & aux Philosophes en général, des raisons solides d'admirer la sagesse du Créateur dans la construction de l'Univers [97].

En fait, comme le dit Fontenelle dans un compte-rendu de l'Académie des Sciences, Privat de Molières présente

> non pas (…) une Phisique tout-à-fait Cartésienne, mais établie sur les fondements de Descartes (…). C'est presque uniquement des Tourbillons Cartésiens dont il s'agit, de ces Tourbillons qui se présentent si agréablement à l'esprit philosophique [98].

Il est vrai, en effet, que tout le système de notre auteur est tourbillonnaire, au point qu'il n'hésite pas à supposer que, de même que les grands tourbillons de Descartes sont composés des petits tourbillons de Malebranche, ces derniers sont à leur tour composés de plus petits tourbillons, et ainsi de suite. Ces très petits tourbillons forment un milieu

96. Joseph Privat de Molières, *Leçons de physique contenant les elemens de la physique, déterminés par les seules loix des Méchaniques ; expliquées au College Royal de France*, Paris, 1737. Je citerai ici cet ouvrage à partir de la second édition corrigée et augmentée de 1745. Sur Privat de Molières, voir Ryoichi Nakata, « Joseph Privat de Molières: reconciler between cartesianism and newtonianism in collision theory », *Historia scientiarum*, vol. 3-3, 1994, p. 201-213 ; « Non-newtonian elements in french newtonian physics: a perspective on a history of science of 18th century France », *Historia Scientiarum*, vol. 7-3, 1998, p. 205-211).

97. *Leçons de physique*, vol. I, p. xiij-xvj.

98. *Histoire de l'Académie Royale des Sciences*, 1734, p. 94-95.

élastique qui constitue l'éther, milieu matériel dénué de pesanteur que les autres corps traversent sans être ralentis et qui correspond au vide des newtoniens [99]. Toute la chimie procèdera elle même du mouvement de ces très petits tourbillons.

La chimie occupe une place importante dans les *Leçons de physique*. Le troisième des quatre tomes que comporte l'ouvrage lui est en effet entièrement consacré, à l'exception de la treizième leçon sur les météores. Mais le tome second traite également de sujets qui sont traditionnellement rattachés à la chimie, puisque la sixième leçon a pour titre « Des Eléments de l'Ether ou de la Matiere subtile », la septième leçon porte sur l'air, la huitième sur l'eau, l'huile et le soufre, tandis que la neuvième leçon concerne le feu, la lumière et les couleurs. Sur le feu, l'auteur suit la thèse cartésienne, puisqu'il distingue nettement ce qu'est le feu (« un très-grand mouvement actuellement existant dans les parties d'une matiere très subtile qui remplit tout l'Univers ») des sensations de chaleur et de lumière qu'il produit en nous [100]. Mais il la modifie immédiatement en remplaçant la matière du premier élément et du second par des petits tourbillons qui produisent l'effet du feu quand leur équilibre est rompu. Privat de Molière ajoute alors que le feu a besoin d'un « intermède » pour parvenir jusqu'à nos sens, qui n'est autre que les « molécules de l'huile », elles-mêmes définies comme étant « des petits tourbillons du premier élément » dont l'équilibre est rompu par le mouvement de « petites molécules d'une huile beaucoup plus fine, que nous avons nommé Soufre principe, & qui sont des tourbillons de quatrième ordre. » [101]. La thèse, on le voit, est assez laborieuse, dans la mesure où les tourbillons ne sont plus seulement définis comme des mouvements circulaires de matière, mais comme des molécules : loin d'être ce en quoi les grains élémentaires de la matière sont contenus, ils deviennent eux-mêmes des grains de matière auxquels l'aspect tourbillonnaire confère un dynamisme.

Les trois leçons que le troisième tome consacre à la chimie portent des titres qui montrent que, pour Privat de Molières, la chimie, même intégrée à l'intérieur de la physique, continue d'apparaître comme une science spécifique . Ainsi, la dixième leçon a pour titre : « Où l'on décrit les opérations de la chimie, & les effets qu'elles produisent ». On a le sentiment, à la lire, d'avoir entre les mains l'un de ces « cours de chymie » qui fleurissaient au milieu du XVIIe siècle. En effet, abandon-

99. C'est ce que Privat de Molières explique dans la leçon V, « De l'ether et de son insensible résistance », vol. I, p. 315-463.

100. *Leçons de physique*, tome 2, p. 337.

101. *Ibid.*, p. 336-350.

nant provisoirement toute référence au mécanisme de ses tourbillons, Privat de Molières décrit les diverses opérations de la chimie, puis énumère des recettes permettant d'obtenir divers produits à usage pharmaceutique. Il revient cependant aux explications mécaniques dans la onzième leçon, intitulée : « Où l'on explique mécaniquement les principaux phénomènes de la chimie ». Il reconnaît tout d'abord que les « chimistes cartésiens » (et il cite Boyle, Homberg et Lémery), ont davantage contribué aux progrès de la chimie que ceux qui se sont contentés de « faire des expériences & de les décrire, sans tâcher d'en approfondir le mécanisme. » [102]. Cependant, ils se sont trompés dans l'interprétation des acides et des alcalis en supposant des pointes et des pores. Comme on le voit, ces chimistes ne sont appelés cartésiens que dans la mesure où ils ont développé une doctrine chimique corpusculaire et mécaniste.

Privat de Molières explique alors que les acides sont des « petits tourbillons du premier élément (...) composés d'autres petits tourbillons qui ont chacun un globule pesant à leur centre. » [103]. Ces tourbillons acides sont contenus dans les pores de l'eau, car il faut bien expliquer que les acides sont des « eaux-fortes », et c'est la finesse et la densité des petits globules qu'ils entraînent dans leur mouvement qui leur donnent leur goût piquant. Poursuivant son entreprise de réinterprétation des processus chimiques à l'aide de ses principes mécanistes, Privat de Molières s'attaque au problème classique de l'augmentation de poids des métaux calcinés. Les chimistes ont eu tort d'attribuer ce phénomène à une matière ignée dont les particules seraient pesantes : c'est une pure chimère qui, si on l'acceptait, renverserait toute la « physique générale », telle que l'ont établie Descartes, Huygens et Malebranche. Il suffit d'admettre, pour expliquer l'augmentation du poids lors de la calcination, que les tourbillons du feu entraînent diverses molécules de matière qui viennent se loger dans le métal calciné.

On aboutit ainsi à la leçon douze, intitulée « où l'on explique les effets produits par la distillation, & par la fermentation », mais qui est en réalité pour Privat de Molières l'occasion de préciser quels sont les vrais principes de la chimie. Un corps mixte n'est pas le résultat d'un mélange de principes, mais seulement « un amas de petits tourbillons de tous les genres, qui a reçu quelque modification particuliere par le mélange des particules de la matiere pesante. » [104]. On pourrait donc dire

102. *Ibid.*, tome 3, p. 120.
103. *Ibid.*, p. 139.
104. *Ibid.*, p. 188.

qu'il n'y a dans la nature que deux principes, l'éther et la terre, l'un actif et qui ne pèse pas, l'autre passif et pesant. Ou, pour le dire autrement, d'une part des très petits tourbillons qui constituent l'éther, « fluide, élastique et leger ou destitué de toute pesanteur » ; d'autre part des petits tourbillons contenant des petits globes durs et pesants. L'air, l'eau, le soufre, les sels acides et les sels alcalis, qui constituent les autres principes chimiques, ne sont que des compositions de ces deux principes initiaux. Dans ces conditions « toutes les molécules ne sont en général que de petits tourbillons, composés d'autres petits tourbillons, qui ont à leur centre un globule dur & pesant. » [105].

Ainsi, conclut Privat de Molières, toute la chimie se ramène à un mécanisme « clair et intelligible » qui est « déduit aussi exactement qu'on peut le souhaiter des loix les plus certaines du mouvement. » [106]. Mais on dira peut-être que toute cette mécanique n'est qu'un roman, remarque l'auteur dans la conclusion de la douzième leçon. Ce roman, qui vaut bien celui que les anciens chimistes ont raconté, a le mérite de la simplicité. Comme le remarque le compte-rendu de l'Académie royale des sciences, les *Leçons de physique* de Privat de Molières montrent que dans la nature les mêmes lois règlent tout et produisent partout les mêmes effets. Bien tôt, « la chimie se confondra avec l'astronomie. » [107]. Près de quarante ans après Régis, Privat de Molières construit donc une nouvelle « chimie cartésienne » destinée à remplacer celle de ces « chimistes cartésiens » qui, à ses yeux, n'ont retenu du cartésianisme qu'un mécanisme corpusculariste qu'il faut remplacer par « l'ingénieux système des tourbillons ».

Les *Leçons de physique* étaient la publication des cours que Privat de Molières avait donnés au Collège royal. Mais il avait aussi exposé sa théorie des tourbillons dans un mémoire présenté devant l'Académie royale des sciences le 29 mai 1728 [108]. Fontenelle, dans son compte-rendu de la séance, insiste sur le grand intérêt du système des tourbillons qui, conforté par les travaux de Primat de Molières, rend inutile le recours au système des attractions et à l'hypothèse du vide. Il conclue en affirmant que : « le systême général de Descartes mérite que non seulement la Nation françoise, mais toute la Nation des Philosophes, soit disposée favorablement à le conserver. Les principes en sont plus clairs, & portent avec eux plus de lumière. » [109]. Plus clairs et plus éclairants

105. *Ibid.*, p. 198.
106. *Ibid.* , p. 199.
107. *Histoire de l'Académie des sciences*, 1737, p. 36.
108. *Mémoires de l'Académie royale des sciences*, 1730, p. 245-267.
109. *Histoire de l'Académie Royale des Sciences*, 1730, p. 103.

que le système newtonien, bien entendu. La théorie des petits tourbillons semblait avoir triomphé contre l'attraction newtonienne en 1736, lorsque l'Académie royale des sciences avait couronné le mémoire de Jean Bernouilli sur la propagation de la lumière [110] ; on peut penser que les cartésiens espéraient faire à nouveau triompher leurs vues en proposant, pour le concours de 1738, la question de la nature et de la propagation du feu [111]. On constate en effet que les trois lauréats ex-æquo, Leonhard Euler, Lozeran de Fiesc et Jean-Antoine de Créquy développent une théorie du feu d'allure cartésienne, tandis que les mémoires de Voltaire et de madame Du Châtelet, d'inspiration newtonienne ne sont finalement publiés qu'en raison de l'insistance et de la notoriété de leurs auteurs, mais peut-être aussi du caractère plutôt décevant des trois textes récompensés [112].

Chacun de ces trois textes présente une manière différente d'utiliser des références cartésiennes pour apporter une réponse à la question posée. Dans sa *Dissertatio de igne*, Euler, considérant qu'il est « assez démontré, et au delà, par tous les physiciens qui s'attachent au raisonnement et à l'expérience, que toutes les actions de la nature sont déterminées par la matière et le mouvement », reprend la distinction cartésienne entre « les phénomènes du feu qui viennent frapper nos sens » et la nature du feu qui consiste « en un mouvement très vif de toutes petites particules » [113]. L'esprit de la quatrième partie des *Principes de la philosophie* est parfaitement préservé, même si Euler se garde bien d'entrer dans les détails des divers éléments de la matière. Il ima-

110. Jean Bernouilli, « Recherches physiques et géométriques sur la question : comment se fait la propagation de la lumière », dans *Recueil des pièces qui ont remporté le prix de l'Académie Royale des Sciences*, tome 3 (1732-1737), Paris, 1738. Un legs établi en 1714 par Jean-Baptiste Rouillé du Meslay permettait à l'Académie royale des sciences de décerner un prix tous les deux ans.

111. Voir à ce sujet Bernard Joly, « Voltaire chimiste : l'influence des théories de Boerhaave sur sa doctrine du feu », *Revue du Nord*, tome LXXVII, 1995, p. 817-843 ; « Les théories du feu de Voltaire et madame Du Châtelet », dans François De Gandt (éd.), *Cirey dans la vie intellectuelle. La réception de Newton en France*, Oxford, Voltaire Foundation, 2001, p. 212-237.

112. Les cinq textes furent publiés dans le *Recueil des pièces qui ont remporté les prix de l'Académie Royale des Sciences*, tome 4 (1738-1740), Paris, 1742. Ils ont été récemment réédités par Hubert Saget et Paolo Casini sous le titre *De la nature et de la propagation du feu. Cinq mémoires pour l'Académie des sciences. 1738*, Wassy, ASPM, 1994. Le texte de Voltaire a également été réédité par William A. Smeaton et Robert L. Walters dans *Les œuvres complètes de Voltaire*, vol. 17, Oxford, The Voltaire Foundation, 1991.

113. Je cite ici la traduction française du texte latin de Euler proposée dans l'édition de l'ASPM, p. 23.

gine alors que les particules de la matière subtile sont comme des bulles très comprimées dont la brusque dilatation, l'explosion même, produit le phénomène du feu. Le mémoire se poursuit par l'étude de la propagation du feu, ou plutôt de sa chaleur et de sa lumière, par le moyen des vibrations engendrées dans l'éther. C'est donc la question de la vitesse de propagation de toute vibration dans un milieu élastique qui est ainsi posée et Euler termine son mémoire en calculant la vitesse de propagation du son dans l'air.

Le Jésuite Lozeran de Fiesc déclare dès le début du *Discours sur la propagation du feu* qu'il va suivre le sentiment de Malebranche. Il distingue cependant ce qu'il appelle le « corps sans âme » du feu, c'est à dire le mélange de corps chimiques qui en constitue la matière immédiate et ce qui anime cette matière et lui donne la forme du feu, c'est à dire le mouvement des tourbillons. La distinction est intéressante, puisqu'elle permet d'associer à la doctrine des petits tourbillons une approche plus chimique de la nature du feu, qui serait un mixte de sels, de soufre, d'air et de matière éthérée. Ce mélange ne suffirait pas à lui seul à faire le feu, s'il n'était pris dans les violents mouvements tourbillonnaires de ses plus petites parties. Quant au comte Jean-Antoine de Créquy, c'est à la doctrine cartésienne de l'aimant qu'il croit devoir rattacher la doctrine du feu qu'il développe dans son *Explication de la nature du feu et de sa propagation*. Mais l'usage qu'il en fait est pour le moins original : le « double cours » qui caractérise la circulation de la matière cannelée de Descartes devient ici la caractéristique d'une matière spécifique, qu'il nomme « matière subtile magnétique » et dont il fait l'agent du feu.

Trois théories cartésiennes du feu, c'est au moins deux de trop, et l'on comprend l'embarras des juges anonymes de l'Académie royale des sciences. Euler a employé tout son génie à calculer la vitesse de propagation du son plutôt qu'à définir précisément la propagation du feu et le discours du comte de Créquy est fort obscur [114] ; quant au discours malebranchiste de Lozeran de Fiesc, il est loin de posséder la valeur scientifique des *Recherches physiques* de Jean Bernouilli sur la lumière. Il faut se résoudre, pour sauver la notoriété du concours, à publier les interprétations newtoniennes que l'on avait espéré combattre. Mais Voltaire et madame Du Châtelet ne sont pas d'accord entre eux et les cartésiens se réjouissent peut-être secrètement de cette faille dans le

114. Desfontaines, rendant compte de la dissertation de Créquy dans ses *Observations sur les écrits modernes*, tome XVIII, Paris, 1739, p. 138, écrit : « L'auteur n'entre point dans la grande question de la propagation du feu. C'est en général *obscurum per obscurum*. Il brille néanmoins beaucoup d'imagination et de savoir dans son hypothèse ».

camp des newtoniens. En effet, Voltaire estime devoir attribuer au feu une pesanteur qui permettrait d'en situer l'étude dans le cadre d'une physique des attractions, ce qui le conduit à renouer explicitement avec la vieille physique des quatre éléments. Emilie Du Châtelet, au contraire, voit dans le feu l'un de ces corps mitoyens, entre la matière et l'esprit, qui n'ont pas de poids. Elle est en cela plus fidèle que son ami à la doctrine du *De igne* de Boerhaave dont ils prétendent tous les deux s'inspirer et malgré le caractère bien peu cartésien d'une telle conception, elle affirme que « la matière subtile de Descartes, qui n'augmentait point le poids des corps, se trouve justifiée par la nature du feu. » [115].

Les dissertations sur le feu de 1738 nous offrent finalement du cartésianisme une image délabrée. Le grand système métaphysique de la physique cartésienne n'est plus qu'une doctrine lointaine où même les partisans du newtonianisme viennent puiser des éléments sans se soucier du respect de la cohérence de l'ensemble. Bien plus, les trois lauréats « cartésiens » semblent fort ignorants en chimie, alors que Voltaire, et surtout madame Du Châtelet, rapportent les expériences auxquelles ils se sont livrés et citent les travaux de Boyle, Homberg, Louis Lémery, Boerhaave, Musschenbroeck et de tous ceux qui avaient travaillé sur la question du feu dans les décennies précédentes. Vers le milieu du XVIIIe siècle, le cartésianisme et la chimie semblent plus que jamais incompatibles et les tentatives isolées de Pierre-Sylvain Régis, puis de Privat de Molières, de développer une chimie cartésienne apparaissent alors comme des impasses. Certes, le cartésianisme a produit ses effets par d'autres moyens. Il a représenté pour de nombreux chimistes de la fin du XVIIe siècle et du début du XVIIIe le modèle d'une pensée qui se disait mécaniste pour mieux marquer son refus des propriétés substantielles et d'une chimie principielle. En même temps, il a renforcé les schémas corpuscularistes de la chimie ancienne trop souvent occultés par les doctrines de l'esprit universel.

Nous n'avons ici étudié que quelques cas particuliers et il resterait à approfondir les pistes de recherche qui ont été présentées. C'est en effet toute l'histoire de la chimie depuis la mort de Descartes jusqu'au milieu du XVIIIe siècle qu'il conviendrait de revisiter du point de vue des études cartésiennes. Car si le cartésianisme de Descartes excluait la chimie du domaine de la science, il donna cependant à ses objets, en les transférant dans le domaine d'une physique mécaniste, une consistance ontologique qui ne pouvait que susciter le désir d'en approfondir la

115. Emilie Du Châtelet, *Dissertation sur la nature et la propagation du feu*, p. 109 dans l'édition de l'ASPM.

connaissance selon de nouvelles méthodes. Mais les praticiens de la chimie, que leur formation d'apothicaire n'avait pas familiarisés avec les subtilités de la pensée théorique, ne mesurèrent pas toujours les enjeux philosophiques des doctrines qu'ils développaient ou sur lesquelles ils s'appuyaient. Leurs théories chimiques impliquaient des conceptions de la matière et mettaient en œuvres des méthodes de recherche de la vérité où le cartésianisme n'apparaissait que réduit à des emprunts vidés de leurs relations avec l'ensemble du système. De ce point de vue, si le cartésianisme n'a cessé d'être présent dans les travaux chimiques de cette époque, ce n'est pas tant par les concepts nouveaux qu'il aurait apportés que par les problèmes qu'il posait et les difficultés qu'il soulevait.

CONCLUSION

Descartes n'attendait rien de la chimie dont les promesses ne pouvaient être que trompeuses puisqu'elles provenaient d'une science illusoire, qui confondait les qualités sensibles des objets et leurs propriétés réelles. Les opérations de la chimie telles que les fermentations ou les distillations grâce auxquelles les chimistes croyaient pouvoir isoler les principes mêmes de la matière ne faisaient apparaître que nos diverses manières de percevoir les objets. Il était cependant possible d'en offrir une interprétation mécaniste par laquelle la pensée pouvait espérer se rapprocher de leur réalité en les réduisant à leur figure, leur taille et leur mouvement. Mais il fallait alors renoncer aux théories traditionnelles par lesquelles les chimistes justifiaient leurs entreprises et leurs activités de laboratoire. Ce n'est donc pas par les moyens de la chimie que les hommes parviendraient un jour à se rendre « comme maîtres et possesseurs de la nature ».

On a pu croire que l'histoire de la chimie s'était développée conformément aux exigences nouvelles que formulait le cartésianisme. C'était doublement se méprendre. D'abord, nous savons aujourd'hui que le renouveau des études chimiques au XVIIe siècle doit tout autant à la réception critique mais attentive des travaux de la tradition alchimique qu'à la mise en œuvre de la nouvelle conception du monde et de la science dont le cartésianisme constituait l'un des modèles. La chimie de la Royal Society et de l'Académie royale des sciences s'est nourrie bien davantage des œuvres de Severinus ou de Libavius, des travaux de Van Helmont ou des « cours de chymie » que de l'esprit du cartésianisme. Bien plus, la chimie a poursuivi son développement malgré le cartésianisme : dans ces décennies où le système cartésien maintenait avec succès sa cosmologie et sa physique face aux premiers développements du newtonianisme, la chimie a renforcé son autonomie épistémologique en obtenant la reconnaissance institutionnelle qui lui était refusée depuis le moyen âge.

En même temps, nous avons aussi constaté les difficultés de la mise en œuvre d'une chimie cartésienne. Ni le mécanisme des *Principes de la philosophie*, ni les petits tourbillons de Malebranche ne permettaient d'élaborer une nouvelle doctrine chimique qui eut permis de nouvelles découvertes et de nouveaux développements, au point que la chimie apparut au XVIIIe siècle comme l'un des domaines de la science où se manifestait avec le plus d'éclat la supériorité de la pensée de Newton, qu'il s'agisse de la méthode expérimentale de Boerhaave, qui se réclamait du refus newtonien de « feindre des hypothèses » ou de la théorie des affinités de Geoffroy. Certes ce dernier, qui ne parlait que de « rapports entre les substances », n'évoqua jamais quelque influence que ce soit de la pensée de Newton. Mais Fontenelle – pour le critiquer – puis la plupart des chimistes pour s'en réclamer, virent dans cette doctrine la mise en œuvre des hypothèses que la savant anglais avait développées dans la *Question 31* de l'*Optique*. Comment s'étonner aujourd'hui de cette situation ? Tandis que Descartes ne cessait de rappeler son renoncement aux expériences chimiques et construisait sa conception de la science de telle sorte que la chimie ne puisse y trouver place, Newton, qui avait passé beaucoup de temps à travailler l'alchimie dans les textes et au laboratoire, tirait argument des multiples observations des chimistes de son temps pour suggérer l'existence d'un type particulier d'attraction entre les particules de la matière dont sont composés les corps chimiques. Ainsi, écrivait-il,

> Les attractions de la gravité, du magnétisme et de l'électricité s'étendent jusqu'à des distances fort sensibles ; c'est pour cela qu'elles ont été observées par des yeux vulgaires : il peut y avoir d'autres attractions qui s'étendent à de si petites distances qu'elles ont échappé jusqu'ici à nos observations [1].

Il poursuivait alors en énumérant de nombreuses expériences donnant à penser que deux substances chimiques qui étaient associées se séparaient à l'apparition d'une troisième exerçant sur l'un d'elles une plus forte attraction : si le sel de tartre versé dans la dissolution acide d'un métal provoque la précipitation de ce dernier,

> cela ne prouve-t-il pas que les particules acides sont plus fortement attirées par le sel de tartre que par le métal et qu'en vertu de cette supériorité d'attraction elles vont du métal au sel de tartre ? [2].

1. Je cite l'*Optique* de Newton dans la traduction de Pierre Coste, Paris, 1722, p. 454.
2. *Optique*, p. 460.

Torbern Bergman, dans ses *Opuscula physica et chimica* de 1775 ne s'exprimera plus en termes d'hypothèses : l'attraction éloignée des grandes masses astronomiques et l'attraction prochaine des petites molécules chimiques n'étant que deux manifestations particulières de l'attraction newtonienne [3].

On aurait tort, cependant, de croire que le cartésianisme n'eut sur la chimie qu'une influence négative ; les raisons qui conduisaient Descartes à refuser la constitution d'une science chimique autonome doivent, aujourd'hui encore, être considérées avec attention. La chimie traditionnelle, qui voulait être sa propre philosophie, ne nourrissait aucune réflexion sur le statut de ses objets et ne cessait de conférer des propriétés substantielles aux manifestations les plus empiriques de la matière. De ce point de vue, le passage d'une théorie des principes et des éléments à une autre ne marquait jamais qu'une nouvelle manière d'ériger en principes certaines des propriétés sensibles des corps. Une chimie construite autour des propriétés des métaux préférait le Mercure et le Soufre aux quatre éléments d'Aristote, tandis qu'une chimie au service de la pharmacologie insistait sur l'opposition entre les éléments actifs et ceux qui n'avaient aucune vertu dans les médicaments. Les esprits et le feu acquéraient une dimension métaphysique dont Descartes pouvait d'autant plus aisément se moquer que sa physique montrait que l'air et le feu n'étaient pas des corps particuliers, mais seulement des états de la matière.

Ainsi, bien qu'il n'ait pas offert à la chimie de nouveaux objets d'étude, et qu'il ait mis en péril son existence même, le cartésianisme a facilité et amplifié la réflexion critique sur le statut des principes et des éléments. Ce qui n'était chez de Clave que l'expression de la singularité d'un auteur soucieux de marquer sa différence avec la scolastique aussi bien qu'avec le paracelsisme devint chez Boyle l'affirmation d'une exigence à laquelle toute la chimie devait désormais se soumettre. Cette situation pourrait cependant sembler paradoxale, puisqu'elle nous conduit à voir dans le cartésianisme l'origine, non pas du corpuscularisme de la chimie de la fin du XVIIe siècle, mais de son empirisme. Non pas, bien sûr, que Boyle ou les chimistes français de l'Académie royale des sciences aient cru que la pensée de Descartes était un empirisme. Mais ils en sont venus à accepter ce que le cartésianisme mettait en évidence et dont il fallait désormais tirer les conséquences, à savoir que les objets de la chimie sont d'abord des objets empiriques et que la

3. Je me réfère à la traduction française de l'ouvrage par Pierre-Joseph Bonjour, *Traité des affinités chymiques ou attractions électives*, Paris, 1788.

science chimique doit refuser toute systématisation de son propos qui, s'appuyant sur les propriétés sensibles, donnerait à sa doctrine l'allure d'une philosophie naturelle.

Pour Descartes, un tel constat condamnait la chimie à ne plus exister en tant que telle. Les « chimistes cartésiens » s'efforcèrent de montrer qu'il n'était pas nécessaire d'en venir à de telles extrémités. La chimie pouvait continuer d'exister à la condition de ne plus se prendre pour la philosophie naturelle par excellence. Elle renonçait ainsi à ce qui lui avait permis d'exister pendant les siècles où, ne pouvant prendre place dans l'organisation scolastique des savoirs telle qua la reflétait l'institution universitaire, elle se faisait cependant reconnaître comme une doctrine complémentaire ou concurrente de la physique d'Aristote, science marginale et pourtant indispensable. Certes, on parlerait de « philosophie chimique » jusqu'au XIXe siècle [4], mais l'expression ne désignerait plus une conception globale du monde prétendant concurrencer les autres systèmes philosophiques légués par les anciens. La chimie, qui n'avait jamais pu être aristotélicienne ou platonicienne, ne renoncerait donc pas à son autonomie philosophique pour devenir cartésienne, mais pour découvrir la possibilité d'exister en tant que science autonome sans pour autant être obligée de construire un système du monde.

De ce point de vue, la critique du cartésianisme fut salutaire à la chimie et la conduisit, pendant tout le XVIIIe siècle, sur des voies qui la distinguaient radicalement de la physique. Cette dernière, en effet, s'accommodait aisément d'une métaphysique qui séparait les qualités sensibles des propriétés mathématiques des objets, puisque précisément son discours tout entier se construisait dans le champ de la mathématisation. Les principes mathématiques de la nature définis par Newton prenaient logiquement la suite des principes métaphysiques de Descartes. Toute physique qui trouve dans l'énonciation mathématique l'expression privilégiée de son discours implique en effet une métaphysique qui garantisse la réalité ontologique des objets dont elle parle et qui ne sont pas sensibles. La chimie s'est trouvée doublement privée de cette possibilité, puisqu'en même temps son discours ne se prêtait pas à la mathématisation et ses objets semblaient irrémédiablement attachés à cette empiricité dont la physique se débarrassait par la mécanisation de ses objets. C'est alors par la mise en tableau des rapports entre les diffé-

4. L'expression est encore utilisée, par exemple, par Jean-Baptiste Dumas qui publie à Bruxelles en 1839 des *Leçons sur la philosophie chimique* tirées de ses enseignements au Collège de France.

rences substances, puis par la réforme de la nomenclature que la chimie s'est maintenue en tant que science autonome.

Le *Cours de chymie* de Nicolas Lémery montre bien ce qu'aurait pu devenir une chimie résignée à l'empiricité : on multipliait les recettes tout en imaginant un amusant système de principes pointus et poreux qui ne possédait aucune fonction heuristique. L'abandon de la philosophie des alchimistes laissait apparaître le désordre des dénominations et la confusion des classements. Il fallait mettre de l'ordre en construisant des tableaux où les corps seraient disposés en fonction, non pas de leurs propriétés sensibles, mais de leurs interactions réciproques. La table des affinités d'Etienne-François Geoffroy a constitué un premier pas dans cette voie, puisque les corps chimiques s'y trouvaient rangés en fonction de leur capacité à agir l'un sur l'autre. Le tableau de nomenclature chimique que Guyton de Morveau, Fourcroy et Lavoisier présentèrent en 1787 devant l'Académie royale des sciences marque un nouvel aboutissement de cet effort de la chimie pour se reconstituer autour d'un langage homogène où le travail de la raison consiste à classer les objets en les nommant et à les nommer en fonction des réactions qu'ils produisent [5].

Descartes n'a pas emprunté ce chemin de la réforme de la nomenclature que lui suggérait Constantin Huygens dans sa lettre du 7 juillet 1645. Il a choisi le détour par la métaphysique, qui constituait l'essentiel de sa démarche. Il offrait ainsi à la science moderne la métaphysique dont elle avait besoin pour penser sa légitimité. Les vérités éternelles créées par Dieu constituaient les fondements d'une science de la nature qui ne pouvait se déployer qu'en réduisant les objets à leurs figures, tailles et mouvements. Exclue de ce processus de légitimation ontologique, la chimie devait disparaître, à moins de se reconstruire autour d'autres exigences épistémologiques et ontologiques qui donneraient à l'organisation des termes le soin de mettre de l'ordre dans la diversité expérimentale de ses objets. C'est ce que firent les chimistes du XVIIIe siècle, tirant ainsi du cartésianisme des conséquences inattendues.

5. C'est donc plutôt en 1718, avec la publication de la table de Geoffroy, et non pas avec la nomenclature chimique de 1787, comme le propose François Dagognet dans *Tableaux et langages de la chimie* (op. cit. note 7 de l'introduction), qu'il conviendrait de faire commencer le travail de refondation de la chimie qui ne se limite pas à l'élaboration d'un nouveau langage.

ANNEXE 1

PLAN DÉTAILLÉ DE LA QUATRIÈME PARTIE DES *PRINCIPES DE LA PHILOSOPHIE*

A – La formation des régions et des corps de la Terre

Art. 1. Rappel de la méthode : la fausse hypothèse d'une histoire de la fabrication du monde permet d'expliquer la vraie nature des choses.
Art. 2. La formation de la Terre résulte de la destruction du tourbillon dont elle occupait le centre et de sa descente vers le Soleil.

I – La division de la Terre en trois régions avant sa descente vers le Soleil

a) Description de la première région (I)
Art. 3. Le centre de la Terre est formé de la matière du premier élément moins subtile que celle du Soleil.

b) Description de la seconde région (M)
Art. 4. La première région est entourée d'un corps opaque et solide formé de petites parties très serrées du premier élément.

c) description de la troisième région (A et B)
Art. 5. Elle est formée de petites parties du troisième élément auxquelles est jointe de la matière du second.
Art. 6 à 13. Les propriétés de la matière de la troisième région : ses parties sont grandes et solides ; elles ont été formées par le tourbillon des parties du second élément qui entoure la Terre ; leurs interstices laissent le passage aux plus petites parties du second élément.

II – La formation des corps que contient la Terre

Art. 14. La descente de la Terre vers le Soleil n'a pas affecté les deux régions intérieures, mais a provoqué de grands changements dans la partie la plus haute.

1) Les principales actions par lesquelles ces corps ont été produits

Art. 15. Présentation des quatre actions qui ont contribué à la formation des différents corps que l'on trouve dans la partie supérieure de la Terre.

a) La première action est celle des petites parties de la matière du Ciel

Art. 16 et 17. Le premier effet de la première action est de rendre les corps transparents.

Art. 18. Le second effet est de purifier les liqueurs et de faciliter la séparation de leurs différentes parties.

Art. 19. Le troisième effet est d'arrondir les gouttes des liqueurs.

b) La seconde action est celle de la pesanteur

Art. 20 à 22. La pesanteur est l'effet de la matière subtile qui environne la Terre, lui confère sa rotondité et en pousse les parties vers le centre.

Art. 23 et 24. La chute des corps compense la fuite des parties du ciel due à la force centrifuge provoquée par la rotation de la Terre.

Art. 25 à 27. Pesanteur, quantité de matière et pression des fluides.

c) La troisième action est celle de la lumière

Art. 28. Les rayons du Soleil agissent différemment sur les parties de la Terre selon qu'ils les atteignent directement ou non.

d) La quatrième action est celle de la chaleur

Art. 29. La chaleur n'est que l'effet ressenti par les sens lors de l'agitation des petites parties des corps terrestres.

Art. 30. L'agitation provoquée par la lumière du Soleil se fait sentir jusqu'à la seconde région de la Terre.

Art. 31. Explication de la dilatation : l'agitation des petites parties des corps terrestres leur fait occuper plus d'espace.

2) La division de la troisième région de la Terre en quatre corps

a) La division en deux corps (la terre et l'air)

Art. 32. Les parties de la Terre se subdivisent d'abord en groupes : le corps C est solide, dur et opaque [c'est la croûte intérieure de terre où se trouvent les métaux] tandis que le corps B est rare, liquide et transparent [il s'agit de l'air].

b) La formation du troisième corps (l'eau)

Art. 33. Les parties du troisième élément qui composent la troisième région de la Terre se classent en trois genres selon leurs figures :
- 1er genre : les figures les plus empêchantes, comme les branches d'un arbre,
- 2nd genre : les figures le plus massives, comme des pierres non taillées,
- 3e genre : les figures longues et menues, comme des joncs ou des bâtons.

Art. 34 et 35. Le troisième corps (D) est formé du rassemblement des parties du troisième genre issues de B et C [Il s'agit de l'eau].

Art. 36. Les parties du troisième genre se subdivisent en deux espèces :
- 1ère espèce : les plus grosses, qui ne se sont pas pliées [c'est le sel],
- 2nde espèce : les plus petites, qui se sont entortillées autour des autres [c'est l'eau douce].

Art. 37. Pendant le processus de formation du corps D, le corps C a continué d'évoluer et s'est subdivisé en plusieurs régions dont certaines sont fluides.

c) La formation du quatrième corps

Art. 38. Entre les fluides B [l'air] et D [l'eau] viennent se placer des parties du troisième élément dont les figures sont entrelacées : elles forment le corps E [couches superficielles de l'écorce terrestre].

Art. 39 à 44. L'agitation de la matière provoquée par la chaleur du Soleil provoque l'apparition d'un corps F [de l'air] entre les corps D et E. Ce corps F étant trop léger pour supporter la voûte du corps E, ce dernier se fissure en de nombreux endroits, comme la terre d'un marécage l'été, puis s'effondre en certains endroits, laissant alors le corps D venir au dessus du corps E. Est ainsi expliquée la formation des montagnes, des plaines et des mers.

B – La nature des corps qui sont sur la Terre

I – La nature des corps que l'on nomme les quatre éléments

1) La nature de l'air

Art. 45. L'air est un amas de parties du troisième élément détachées les unes des autres et soumises à l'action de la matière du ciel.

Art. 46 et 47. Explication de la dilatation et de la condensation de l'air : la chaleur augmente l'agitation de ses parties, et donc l'espace sphérique occupé par chacune, tandis que le froid la diminue.

2) La nature de l'eau

Art. 48. Toutes les propriétés de l'eau et du sel viennent de la forme des parties longues et unies qui les composent, molles et pliantes pour l'eau douce, raides et inflexibles pour le sel.

Art. 49 à 56. Explication des mouvements de la mer, et en particulier de celui des marées par l'action d'un petit tourbillon qui fait mouvoir la Lune et la Terre.

3) La nature de la terre

a) Les trois sortes de corps formés dans la terre intérieure [C]

Art. 57 à 62. La terre intérieure est composée de parties de figures différentes qui sont mises en mouvement par la chaleur provenant du Soleil. Ces divers mouvements agissent sur les parties qui descendent des zones supérieures et produisent ainsi trois sortes de corps :

- le vif-argent, dont les parties sont unies et glissantes comme celles de l'eau, mais plus lourdes et opaques,
- les sucs aigres et acides, provenant des parties raides du sel rendues tranchantes et coupantes par le martèlement des parties du corps C,
- la matière huileuse, résultat du froissement des parties de D et E qui les divise en branches flexibles.

Art. 63. Ces trois sortes de corps, que l'on peut rapprocher des principes des chimistes, entraînent avec eux les différents métaux depuis le corps C jusque dans les mines.

b) La circulation de l'eau et la production du sel dans la terre extérieure [E]

Art. 64 et 65. L'eau de la mer circule sous les montagnes, s'y vaporise sous l'effet de la chaleur, s'élève vers les sommets, sourd par les fentes de la terre et rejoint la mer par les rivières, selon le même schéma que celui de la circulation du sang.

Art. 66 à 68. Au cours de ce circuit, l'eau se sépare du sel qu'elle contient, le déposant parfois jusque dans certaines fontaines et dans les montagnes.

Art. 69. L'étroitesse des pores de la terre modifie parfois les figures du sel et produit d'autres formes de sel comme le salpêtre ou le sel ammoniac.

c) Vapeurs, esprits et exhalaisons qui sortent de la terre intérieure

Art. 70. De la terre proviennent quatre sortes de fumées : les vapeurs qui s'élèvent des eaux, les esprits des parties de sucs corrosifs, les exhalaisons des parties d'huiles et les vapeurs de vif-argent.

Art. 71. Les esprits forment deux sortes de « fossiles » : ceux qui sont opaques et ceux qui sont transparents, comme les diamants et le cristal.

Art. 72 à 75. Les métaux qui se forment dans la terre intérieure sont amenés dans les mines de la terre extérieure par les vapeurs de vif-argent.

Art. 76. Les exhalaisons se mêlent à des parties de suc corrosifs ou de terre pour former le soufre, le bitume et la naphte, l'argile et les huiles.

Art. 77 à 79. Les tremblements de terre et les volcans sont provoqués par des mélanges d'exhalaisons et des parties les plus subtiles des esprits qui s'enflamment brutalement dans des cavités souterraines.

4) La nature du feu

Art. 80. Le feu est la forme que prennent les petites parties des corps terrestres lorsqu'elles sont séparées les unes des autres par la matière du premier élément qui les environne et qu'elles doivent suivre son cours.

Art. 81. Le feu se produit lorsque les parties du second élément qui comblent les interstices entre les parties des corps terrestres en sont chassées, laissant ces derniers en contact direct avec la matière du premier élément.

Art. 82 et 83. Le feu est conservé si les parties terrestres sont assez grosses et solides pour repousser les parties du second élément qui cherchent à prendre la place du premier et si elles sont assez nombreuses pour remplacer celles qui deviennent fumée.

a) les moyens de produire le feu

Art. 84 à 87. Le feu peut être produit en frottant des corps durs, du bois sec ou avec un miroir convexe. Dans tous ces cas, le feu résulte d'un mouvement violent qui chasse les parties du second élément et favorise la vitesse du premier élément dans lequel baignent les particules terrestres.

Art. 88 à 94. D'une manière générale, le feu se produit chaque fois qu'une action mécanique rétrécit les pores de la matière, en chasse les parties du second élément et accélère le mouvement du premier. Sont ainsi expliqués divers phénomènes :

— la foudre et les éclairs (art. 89),
— les étoiles filantes (art. 90),
— la luminescence observée dans l'eau de mer, le poisson salé ou le bois pourri (art. 91),
— l'échauffement du foin et tous les phénomènes de fermentation (art. 92),
— l'échauffement de la chaux vive lorsqu'on y jette de l'eau et de tout corps échauffé par le mélange d'une liqueur (art. 93).

b) les moyens de conserver le feu

Art. 95 à 99. La flamme d'une chandelle permet de penser le double mouvement de matière qui entretient le feu : les parties de la cire qui montent en suivant le premier élément, le parties de l'air qui cèdent leur place à la fumée et coulent vers la flamme.

Art. 100 à 106. Comme le montrent les exemples de l'esprit de vin, de l'eau commune et des sels, deux choses sont requises pour que le feu ne s'éteigne pas :
- la première : que les parcelles du troisième élément mues par le premier aient assez de force pour repousser celles du second ;
- la seconde : qu'il ait près de lui un corps qui l'alimente en ayant des parties très fines et aisément détachables.

Art. 107 et 108 Le temps du feu. Le nombre, la forme et la disposition des parties de la matière qui alimentent le feu déterminent le temps de sa conservation

Art. 109 à 115. De la poudre à canon. La forme des parties du soufre, du salpêtre et du charbon qui composent la poudre à canon permettent d'expliquer pourquoi elle ne retient pas le feu et s'embrase brusquement.

Art. 116. Les lampes qui brûlent plusieurs siècles.

c) les effets de l'action du feu

Art. 117 à 132. Les effets du feu sur les corps qu'il ne consume pas sont de cinq ordres :
1. il rend liquides les corps durs composés de parties égales (art. 118) ;
2. il rend secs les corps composés de parties inégales, en expulsant leurs parties unies et glissantes (art. 119) ;
3. il permet d'extraire des corps terrestres diverses parties par distillation, notamment en modifiant ses degrés (art. 120 à 122) ;

4. il calcine certains corps lorsqu'il n'est appliqué qu'à leur superficie (art. 123) ;
5. il convertit des cendres et des chaux en verre. Cette formation du verre permet d'expliquer sa nature (art. 124-125) et ses propriétés (art. 126-132).

II – La nature de l'aimant

1) Les propriétés de la matière qui permettent de comprendre l'action de l'aimant

Art. 133. Rappel de la doctrine des parties cannelées du premier élément qui circulent dans des petits conduits.
Art. 134-137. C'est dans le fer que se trouvent ces petits conduits.
Art. 138-144. De la différence entre le fer, l'acier et l'aimant.

2) Le dénombrement des propriétés de l'aimant (art. 145)

3) Les principales propriétés de l'aimant

Art. 146-152 : a polarisation de l'aimant .

Art. 153-157 : l'attraction réciproque des aimants.

Art. 158-164 : l'aimantation du fer.

Art . 165-167 : la Terre est un aimant.

Art. 168-170 : la déclinaison magnétique.

Art. 171-179 : l'attraction du fer par l'aimant.

Art. 180-183 : ce qui empêche l'action de l'aimant.

4) Les attractions et forces occultes des autres corps (art. 184-187)

C – La perception des qualités sensibles

1) Une théorie de la sensation

Art. 188. De la nécessité de parler des qualités sensibles.
Art. 189. C'est dans le cerveau que l'âme sent, par l'entremise des nerfs.
Art. 190. Les sens intérieurs : appétits naturels et passions.
Art. 191-195. Les sens extérieurs :
- l'attouchement (art. 191),
- le goût (art. 192),
- l'odorat (art. 193),
- l'ouïe (art. 194),
- la vue (art. 195).

Art. 196-198. C'est seulement le mouvement, la figure et la grandeur des corps qui provoque les sensations qui parviennent jusqu'à l'âme.

2) Il est possible de connaître ce que nous ne sentons point

Art. 199-200. Les *Principia* ont traité de tous les phénomènes de la nature.

Art. 201. La connaissance porte sur des parties des corps qui ne peuvent pas être perçues…

Art. 202. …mais ce ne sont pas les atomes de Démocrite.

Art. 203-205. Il est certain que l'on peut expliquer comment les choses que les sens n'aperçoivent pas peuvent être, et qu'elles sont telles qu'elles peuvent être.

ANNEXE 2

COMMENTAIRES DES PLANCHES DE LA QUATRIÈME PARTIE DES *PRINCIPES DE LA PHILOSOPHIE* SUR LA FORMATION DE LA TERRE

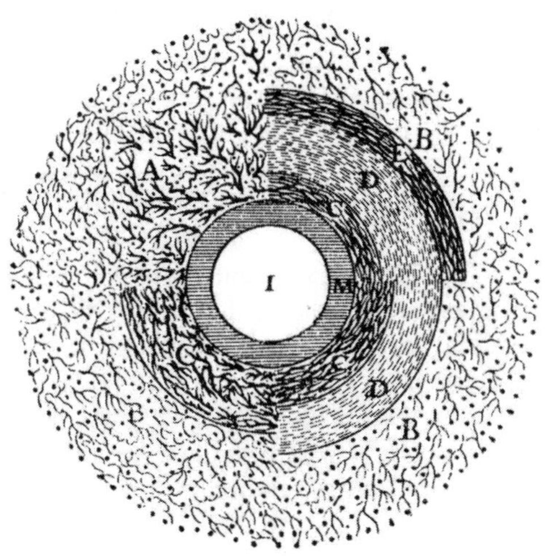

Planche des articles XXXII à XXXVIII
(Planche XIV de la traduction française)

La gravure se lit dans un double mouvement : du centre vers la périphérie, mais aussi de droite à gauche, en tournant dans le sens des aiguilles d'une montre.

I constitue la première région de la Terre, formée de la matière du premier élément, semblable à celle du Soleil. C'est ce qui subsiste de l'époque où la Terre n'était qu'un astre au centre d'un tourbillon qui a disparu.

M correspond à la seconde région de la terre, également formée de parties du premier élément, mais beaucoup plus petites et serrées, de sorte que M constitue une croûte compacte, solide et opaque, qui ne laisse pas passer la lumière. Seules les parties cannelées du premier élément, causes du magnétisme, peuvent traverser M.

Toutes les autres parties (A,B,C,D,E) constituent la troisième région de la Terre ; elles sont formées de parties du troisième élément et vont se différencier sous l'effet des petites parties de la matière du ciel, de la pesanteur, de la lumière et de la chaleur. C'est cette formation progressive des parties A, B, C, D, E que la gravure a pour fonction d'illustrer. Chaque quadrant de la gravure correspond à un moment de la formation de la Terre.

1er quadrant : A représente la troisième région de la Terre avant que ne soit engagé le processus de différenciation. Cette région est formée de parties du troisième élément, c'est à dire des parties de matière aux figures irrégulières et de tailles variables.

2nd quadrant : B et **C** correspondent à une première division de A. Sous l'effet du mouvement des parties du second élément qui circulent à travers les parties de A, les parties les plus grosses de A s'entassent vers le bas et forment le premier corps C, qui est « fort solide, dur et opaque », tandis que les parties les plus légères se rassemblent vers le haut et forment le second corps B, « rare, liquide et transparent ». C est la couche profonde de la Terre où se forment les métaux, tandis que B est de l'air.

3ème quadrant : D est le troisième corps ; c'est de l'eau. D est formé par le rassemblement des parties de B et de C qui ont en commun d'avoir des figures longues et menues.

4ème quadrant : E est le quatrième corps. Il est formé des parties de B et de D qui ont des figures irrégulières comme des branches et qui se sont entrelacées, formant ainsi une couche solide. C'est la croûte superficielle de la terre. Formée par étapes, elle est comme feuilletée.

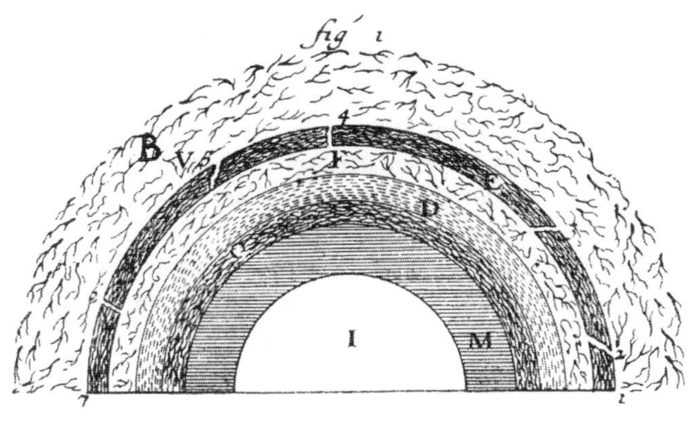

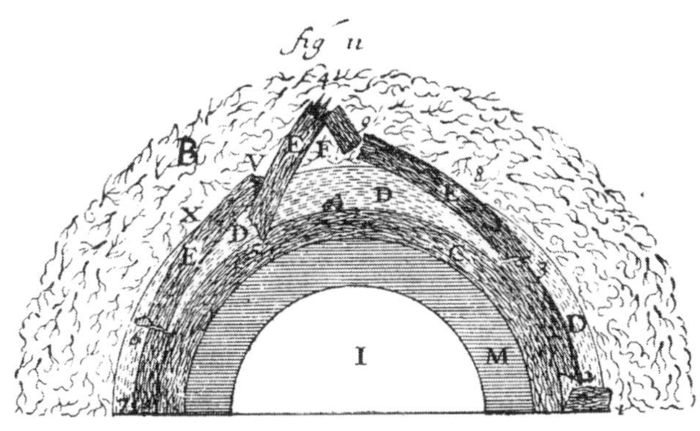

Planches de l'article XLII
(Planche XV de la traduction française)

Par rapport au dernier quadrant de la planche précédente, la figure du haut de cette nouvelle gravure fait apparaître deux nouveautés :

1) un nouveau corps **F** est apparu entre D et E. L'agitation de la chaleur du Soleil a fait sortir du corps D un grand nombre de ses parties, n'y laissant que celles dont la figure correspond à l'eau et au sel. Cette diminution du corps D a libéré un espace en dessous de E, qui s'est rempli de parties du corps B (donc de l'air), qui ont formé le corps F.

2) des fentes se sont produites dans le corps E. Sous l'effet de la chaleur s'est mise en place une circulation alternée des parties des corps

D et F qui traversent ses pores pour monter vers B, puis qui redescendent vers leur place initiale.

La conjonction de ces deux évènements a engendré les catastrophes géologiques représentées dans la figure inférieure : le corps E se brise et certaines de ses parties viennent reposer directement sur le corps C, comme en 2 et 3, laissant le corps D venir par dessus (c'est la mer) ; mais en d'autres endroits les parties brisées de E se chevauchent comme en 4 et 9 (ce sont les montagnes). Des voies sont ainsi ouvertes pour que s'établissent entre les diverses couches de la Terre les circulations qui produiront les différents corps chimiques.

BIBLIOGRAPHIE

I – Éditions des œuvres de Descartes

Œuvres de Descartes publiées par Charles Adam et Paul Tannery, nouvelle édition en coédition avec le CNRS, Paris / Vrin, 1964-1974, réédition, Paris, Vrin, 1996, 11 volumes.

Œuvres philosophiques éditées par Ferdinand Alquié, 3 vol., Paris, Garnier, 1963-1973, 3 volumes.

Le Monde, l'homme, introduction de Annie Bitbol-Hespériès, textes établis et annotés par Annie Bitbol-Hespériès et Jean-Pierre Verdet, Paris, Editions du Seuil, 1996.

DESCARTES R., *Tutte le lettere. 1619-1650*, édition dirigée par Giulia Belgioioso, Milan, Bompiani, 2005.

II – Autres auteurs

Recueil des pièces qui ont remporté les prix de l'Académie Royale des sciences, tome IV, Paris, 1742.

BAILLET A., *La vie de monsieur Des-Cartes*, Paris, 1691.

BASSON S., *Philosophiae naturalis adversus Aristoteles libri XII*, Genève, 1621.

Journal tenu par Isaac Beeckman de 1604 à 1634, Cornelius de Waard (éd.), La Haye, Martinus Nijhoff, 1939-1953.

BERTRAND M., *Reflexions nouvelles sur l'Acide et sur l'Alcali*, Lyon, 1683.

BOERHAAVE H., *Elementa chemiae*, Leyde, 1732 ; traduction française de Allamand, *Elemens de chimie*, La Haye, 1748.

BOREL P., *Vitae Renati Cartesi Summi philosophi Compendium*, Paris, 1656.

BOYLE R., *The works of Robert Boyle*, edited by Michael Hunter and Edward B. Davis, Londres, Pickering & Chatto, 2000, 14 volumes.

DANIEL G., *Voyage du Monde de Descartes*, Paris, 1690 ; rééd., Amsterdam, Rodopi, 1970.

DE CLAVE E., *Paradoxes ou Traittez des pierres et pierreries*, Paris, 1635.

–, *Nouvelle lumière philosophique des vrais principes et elemens de nature*, Paris, 1641 ; rééd. Paris, Fayard, 2000.

DE SAINT ANDRE F., *Entretiens sur l'acide et l'alcali*, Paris, 1672.

DU HAMEL J.-B., *De consensu veteris et novae philosophiae libri duo*, Paris, 1663.

DUNCAN D., *Chymie naturelle ou l'explication chymique et mechanique de la nourriture de l'animal*, Montpellier, 1682.

GASSENDI P., *Disquisitio metaphysica, seu dubitationes et instantiae, adversus Renati Cartesii Metaphysicam et Responsa*, Amsterdam, 1644, ; édition traduite et annotée par Bernard Rochot, Paris, Vrin, 1962.

GEULINCK A., *Opera philosophica* éditées par Land (J. P. N.), La Haye, Nijhoff, 1891-1893.

LEMERY N., *Cours de chymie*, Paris, 1675.

MALEBRANCHE N., *Œuvres*, Paris, Gallimard/Bibliothèque de la Pleiade, 1979, 2 volumes.

MERSENNE M., *Correspondance* publiée et annotée par Cornelis De Waard, Paris, Beauchesne/éditions du CNRS, 1932/1986, 16 volumes.

–, *Questions inouyes*, Paris, 1634, reprint Paris, Fayard, 1985.

PRIVAT DE MOLIERES J., *Leçons de physique*, Paris, 1737.

REGIS P. S., *Système de philosophie*, Paris, 1690.

ROHAULT J., *Traité de physique*, Paris, 1671.

–, *Physique nouvelle*, Paris, 1667, texte édité par Sylvain Matton et présenté par Michel Blay, Paris/Milan, SEHA /Archè, 2009.

SOREL C., *La science universelle,* Paris, 1644.

III – Bibliographies et index

ARMOGATHE J.-R. et CARRAUD V., *Bibliographie cartésienne (1960-1996)*, Lecce, Conte, 2003.

Bulletin cartésien dans *Archives de philosophie*, 1972-2009.

LEWIS G., « Bilan de cinquante ans d'études cartésiennes », *Revue philosophique*, 1951, p. 249-267.

MESCHINI F. A., *Indice dei* Principia philosophiae *di René Descartes*, Florence, Leo S. Oschki editore, 1996.

SEBBA G., *Bibliographia Cartesiana: a critical guide to Descartes literature 1800-1960*, La Haye, Martinus Nijhoff, 1964.

IV – Études générales sur Descartes

BEYSSADE J.-M., *La philosophie première de Descartes : le temps et la cohérence de la métaphysique*, Paris, Flammarion, 1979.

–, *Descartes au fil de l'ordre*, Paris, PUF, 2001.

–, *Etudes sur Descartes. L'histoire d'un esprit*, Paris, Editions du Seuil, Points/Essais, 2001.

BIARD J. et RASHED R. (éds.), *Descartes et le moyen âge*, Paris, Vrin, 1997.

CAVAILLE J.-P., *Descartes, la fable du monde*, Paris, Vrin/EHESS, 1991).

COTTINGHAM J. (ed.), *The Cambridge Companion to Descartes*, Cambridge, Cambridge University Press, 1992.

DEVILLAIRS L., *Descartes, Leibniz. Les vérités éternelles*, Paris, PUF, 1998.

DISKSTETHUIS et alii, *Descartes et le cartésianisme hollandais*, Paris, PUF, 1950.

GONZALEZ S., *Descartes, d'un lieu à un autre*, Paris, Editions Arguments, 2006.

GUEROULT M., *Descartes selon l'ordre des raisons*, Paris, Aubier-Montaigne, 1955.

HALLYN F., *Descartes, dissimulation et ironie*, Genève, Droz, 2006.

KAMBOUCHNER D., *L'homme des passions : commentaires sur Descartes*, 2 vol., Paris, Albin Michel, 1995.

MARION J.-L., *Sur l'ontologie grise de Descartes : savoir aristotélicien et science cartésienne dans les Regulae*, Paris, Vrin, 1975, 1981.

–, *Sur la théologie blanche de Descartes : analogie, création des vérités éternelles et fondement*, Paris, PUF, 1981 ; rééd. Paris, Quadrige/PUF, 1991.

–, *Sur le prisme métaphysique de Descartes*, Paris, PUF, 1986.

ROBINET A., *Aux sources de l'esprit cartésien. L'axe La Ramée-Descartes. De la dialectique de 1555 aux Regulae*, Paris, Vrin, 1996.

RODIS-LEWIS G., *L'oeuvre de Descartes*, Paris, Vrin, 1971.

– (éd.), *Méthode et métaphysique chez Descartes*, New-York, Garland, 1987.

TIMMERMANS B., *La résolution des problèmes de Descartes à Kant*, Paris, PUF, 1995.

VERBEEK T. (éd.), *Descartes et Régius : autour de l'Explication de l'esprit humain*, Amsterdam & New-York, Rodopi, 1993.

VIEILLARD-BARON J.-L. (éd.), *Autour de Descartes : le dualisme de l'âme et du corps*, Paris, Vrin, 1996.

VOSS S. (ed.), *Essays on the philosophy and science of René Descartes*, Oxford, Oxford University Press, 1993.

V – Études sur des ouvrages particuliers de Descartes

Discours de la méthode et *Essais*

BELGIOIOSO G., CIMINO G., COSTABEL P., PAPULLI G., (éds.) *Descartes : il metodo e i saggi*, Atti del Convegno per il 350°

anniversario della publicazione del *Discours de la Méthode* e degli *Essais*, Roma, Istituto della Enciclopedia Italiana, 1990.

GRIMALDI N. et MARION J.-L. (éds.), *Le discours et sa méthode, actes du colloque pour le 350e anniversaire du Discours de la méthode*, Paris, PUF, 1987.

MECHOULAN H. (éd.), *Problématique et réception du "Discours de la méthode" et des "essais"*, Paris, Vrin, 1988.

Méditations métaphysiques

ARIEW R. et GRENE M., *Descartes and his contemporaries. Meditations, objections and replies*, Chicago, University of Chicago Press,1995.

BEYSSADE J.-M. et MARION J.-L., *Descartes : objecter et répondre*, Paris, PUF, 1994.

KAMBOUCHNER D., *Les méditations métaphysiques de Descartes*, vol. I, Paris, PUF/Quadrige, 2005.

Principes de la philosophie

ARMOGATHE J.-R. et BELGIOIOSO G. (éds.), *Descartes : Principia philosophiae (1644-1994)*, Naples, Vivarium, 1996.

DE BUZON F. et CARRAUD V., *Descartes et les* Principia *II : corps et mouvement*, Paris, PUF, 1994.

GAUKROGER S., *Descartes' system of natural philosophy*, Cambridge, Cambridge University Press, 2002.

MEHL E., *Descartes et la visibilité du monde.* Les principes de la philosophie, Paris, CNED/PUF, 2009.

VI – La philosophie naturelle de Descartes

ARIEW R. et GRENE M., « The Cartesian destiny of form and matter », *Early science and medicine*, vol. II/3, 1997, p. 300-325.

BEDOUELLE T., « L'unité de la science et son objet. Descartes et Gassendi : deux critiques de l'aristotélisme », *Les études philosophiques*, 1996, 1-2, p. 49-69.

BRUNET P., *L'introduction des théories de Newton en France au XVIIIe siècle avant 1738*, Paris, 1931 ; réimp. Grenève, Slatkine reprints, 1970.

CLARKE D., « Physique et métaphysique chez Descartes », *Archives de philosophie* 43/3, 1980, p. 465-486.

–, « Pierre-Sylvain Régis: a paradigm of cartesian methodology », *Archiv für Geschichte der Philosophie* 62,1980, p. 289-310.

–, *Descartes's philosophy of science*, Manchester, Manchester University Press, 1982.

COSTABEL P., *Démarches originales de Descartes savant*, Paris, Vrin, 1982.

DES CHENE D., *Physiologia. Natural philosophy in late aristotelian and cartesian thought*, Ithaca, Cornell university Press, 1996.

DUCHESNEAU F., « Descartes et le modèle de la science » dans Bourgeois B. et Havet J. (éds.) *L'esprit cartésien. Actes du XXVI*ᵉ *congrès de l'ASPLF*, Paris, Vrin, 2000, t. I, p. 99-122.

FICHANT M., *Science et métaphysique dans Descartes et Leibniz*, Paris, PUF, 1998.

GABBEY A., « Descartes's Physics and Descartes's Mechanics: Chicken and Egg? », *in* Voss S. (ed.), *Essays on the philosophy and science of René Descartes*, Oxford, Oxford University Press, 1993, p. 311-323.

GARBER D., *Descartes' metaphysical physics*, Chicago, The University of Chicago Press, 1992 ; trad. fr. *La physique métaphysique de Descartes*, Paris, PUF, 1999.

–, « Descartes's Physics », *in* Cottingham J. (ed.), *The Cambridge Companion to Descartes*, Cambridge University Press, 1992, p. 91-114.

–, « Descartes and Experiment in the Discourse and Essays », *in* Voss S. (ed.), *Essays on the philosophy and science of René Descartes*, Oxford, Oxford University Press, 1993, p. 288-310.

–, *Descartes Embodied: Reading Cartesian Philosophy Through Cartesian Science*, Cambridge, Cambridge University Press, 2000 ; trad. fr. *Corps cartésiens. Descartes et la philosophie dans les sciences*, Paris, PUF, 2004.

GAUKROGER S., SCHUSTER J. et SUTTON J. (éds), *Descartes' natural philosophy*, London/New-York, Routledge, 2000.

JULLIEN V., *Descartes : la géométrie de 1637*, Paris, PUF, 1996.

KOBAYASHI M., *La philosophie naturelle de Descartes*, Paris, Vrin, 1993.

MARTINET M., « Un manuel subversif, la "Somme philosophique" de René Descartes », *Europe* 56, 1978, p. 28-36.

–, « Science et hypothèses chez Descartes », *Archives internationales d'histoire des sciences* 24, 95, 1974, p. 319-339.

–, « Apologie de la *Brieve description des phenomenes* introduite par Descartes (*Principes*, IIIᵉ partie) », *Recherches sur le XVII*ᵉ *siècle*, n° 2, 1978, p. 32-44.

–, « La séduisante théorie des tourbillons cartésiens », *Recherches sur le XVII*ᵉ *siècle*, IV, 1980, p. 21-35.

–, « Rôle du problème de la lumière dans la construction de la science cartésienne », *XVII*ᵉ *siècle*, n° 136, 1982, 34/3, p. 285-309.

MEHL E., *Descartes en Allemagne. 1619-1620. Le contexte allemand de l'élaboration de la science cartésienne*, Strasbourg, Presses universitaires de Strasbourg, 2001.

–, « Philosophia interpres naturae : L'interprétation de la nature au seuil de l'âge classique », *Revue de métaphysique et de morale*, avril-juin 2009, n° 2, p. 167-186.

MEINEL C., « Les *Meteores* de Froidmont et les *Meteores* de Descartes », dans Bernès A.-C., *Libert Froidmont et les résistances aux révolutions scientifiques*, Haccourt (Belgique), Association des vieilles familles de Haccourt, 1988, p. 105-129.

MILES M. L. « Condensation and rarefaction in Descartes' analysis of matter », *Nature and system*, 5, 1983, p. 169-180.

MOUY P., *Le développement de la physique cartésienne : 1646-1712*, Paris, Vrin, 1934 ; réimp. New-York, Arno Press, 1981.

OLDROYD D. R., *Thinkink about the Earth. A history of ideas in geology* Londres, Athlone, 1996 ; spécialement chap. 2 : « 'Mechanical' theories of the Earth and physico-theology ».

ROUX S., « Le scepticisme et les hypothèses de la physique », *Revue de synthèse*, 4e série, n° 2-3,1998, p. 211-255.

SABRA A. I., *Theories of light from Descartes to Newton*, Cambridge, Cambridge University Press, 1981.

VOSS S. (ed.), *Essays on the philosophy and Science of René Descartes*, Oxford, Oxford University Press, 1993.

VII – Descartes et le vivant

AUCANTE V., « La thérapeutique de Descartes dans les *Remedia et vires medicamentorum* », *Les études philosophiques*, 1996, p. 71-87.

BITBOL-HESPERIES A., *Le principe de vie chez Descartes*, Paris,Vrin, 1990.

DARMON A., *Les corps immatériels. Esprits et images dans l'œuvre de Marin Cureau de la Chambre (1594-1669)*, Paris, Vrin, 1985.

DES CHENE D., *Spirits and clocks. Machine and organism in Descartes*, Ithaca et Londres, Cornell university press, 2001.

DUCHESNEAU F., *Les modèles du vivant de Descartes à Leibniz*, Paris, Vrin, 1998.

MOTHU A., « Le mythe de la distillation de l'âme au XVIIe siècle en France », dans Margolin J.-C. et Matton S. (éds.), *Alchimie et philosophie à la Renaissance*, Paris, Vrin, 1993), p. 435-461.

–, « La pensée en cornue : considérations sur le matérialisme et la « chymie » en France à la fin de l'âge classique », *Chrysopoeia*, tome IV, 1990-1991, p. 307-445.

ROGER J., *Les sciences de la vie dans la pensée française au XVIIIe siècle. La génération des animaux de Descartes à l'Encyclopédie*, Paris, Armand Colin, 1963 ; réédition Paris, Albin Michel, 1993.

VIII – Descartes, l'alchimie et la chimie

BLOCH E., « Die chemischen Theorien bei Descartes und den Cartesianern », *Isis* I/4, 1913, p.590-636.

GOUPIL M., *Du flou au clair ? Histoire de l'affinité chimique de Cardan à Prigogine*, Paris, Editions du Comité des Travaux Historiques et Scientifiques, 1991, p. 48-57.

JOLY B., *Chimie et philosophie au XVIIe siècle. Paracelsisme, stoïcisme, cartésianisme*, monographie présentée en vue de l'HDR, Paris, Université de Paris VII, 1998.

–, « Descartes et la chimie », dans Bourgeois B. et Havet J.(éds.), *L'esprit cartésien. Actes du XXVIe congrès de l'ASPLF*, Paris, Vrin, 2000, t. I, p. 216-221.

MAILLARD J.-F., « Descartes et l'alchimie, une tentation conjurée ? », dans Greiner F. (éd.), *Aspects de la tradition alchimique au XVIIe siècle*, Paris/Milan, S.É.H.A./Archè, 1998, p. 95-109.

MATTON S., « Cartésianisme et alchimie : à propos d'un témoignage ignoré sur les travaux alchimiques de Descartes. Avec une note sur Descartes et Gómez Pereira », dans Greiner F. (éd.), *Aspects de la tradition alchimique au XVIIe siècle*, Paris/Milan, S.É.H.A./Archè, 1998, p. 111-191.

PARTINGTON J. R., *A history of chemistry*, vol. II, Londres, MacMillan and Co Ltd, 1961, p. 430-442.

IX – Descartes et l'hermétisme

ARNOLD P., *Histoire des Rose-Croix et les origines de la Franc-Maçonnerie*, Paris, Mercure de France, 1955 ; réédition avec une préface de Umberto Eco, Paris, Mercure de France, 1990.

GEORGES-BERTHIER A., « Descartes et les Rose-Croix », *Revue de synthèse* 18/1, 1939, p. 9-30.

BIANCHI M.-L., « Corporéité subtile et magie à l'époque de Descartes », *Recherches sur le XVIIe siècle*, V, 1982, p. 37-43.

GOUHIER H., *Les premières pensées de Descartes. Contribution à l'histoire de l'anti-Renaissance*, Paris, Vrin, 1958.

HALLEUX R., « Helmontiana II. Le prologue de l'*Eisagoge*, la conversion de Van Helmont au paracelsisme et les songes de Descartes », *Mededelingen van de Koninklijke Academie voor Wetenschappen, Letteren en Schone Kunsten van België*, vol. 49/2, 1987, p. 19-36.

HALLYN F., « *Olympica* : les songes du jeune Descartes », dans Charpentier F. (éd.), *Le songe à la Renaissance,* Saint-Etienne, Presses de l'Université de Saint-Etienne, 1990, p. 41-51.

– (éd.), *Les Olympiques de Descartes*, Genève, Droz, 1995.

LEROY M., *Descartes, le philosophe au masque*, Paris, Rieder, 1929.

RODIS-LEWIS G., « Le premier registre de Descartes », *Archives de philosophie* 54, 1991, p. 353-377, 639-657.

SHEA W. R., « Descartes and the rosicrucians » *Annali Dell'Istituto e Museo di storia delle scienza di Firenze*, année IV, fascicule 2, 1979, p. 29-47.

SIMON G., « Descartes, le rêve et la philosophie au XVIIe siècle », *Revue des sciences humaines*, tome LXXXII, n° 211,1988, p. 133-149 ; texte repris et augmenté dans *Sciences et savoirs aux XVIe et XVIIe siècles*, Villeneuve d'Ascq, Presses universitaires du Septentrion, 1996, p. 137-160.

TANAKA H., « Voyage de Descartes en Allemagne », *Revue de métaphysique et de morale*, 92e année/n° 1, 1987, p. 89-101.

YATES F., *The Rosicrucian Enlightment*, Londres, Routledge, 1972) ; trad. fr. *La lumière des Rose-Croix*, Paris, éd. Retz, 1985.

X – Chimie et alchimie au XVIIe siècle

CLERICUZIO A., « From Van Helmont to Boyle. A study of the transmission of Helmontian chemical and medical theories in seventeenth-century England », *The British Journal for the History of Science*, 26/3, 1993, p. 303-334.

DEBUS A. G., *The chemical philosophy, Paracelsian Science and Medicine in the Sixteenth and Seventeenth Centuries*, 2 vol., New-York, Science History Publications, 1977.

–, *Chemistry, Alchemy and the New-Philosophy, 1550-1700*, Londres, Variorum Reprint, 1987.

–, *The French Paracelsians. The Chemical Challenge to Medical and Scientific Tradition in Early Modern France*, Cambridge, Cambridge University Press, 1991.

–, *Alchemy and early modern chemistry : papers from Ambix*, Huddersfield, Jeremy Mills publishing, 2004.

FRANCKOWIAK R., *Le développement des théories du sel dans la chimie française de la fin du XVIe à celle du XVIIIe siècle*, thèse de doctorat, université de Lille 3, 2002.

GREINER F. (éd.), *Aspects de la tradition alchimique au XVIIe siècle*, Paris/Milan, S.É.H.A./Archè, 1998.

JOLY B., *La rationalité de l'alchimie au XVIIe siècle, avec le texte latin, la traduction et le commentaire du* Manuscriptum ad Fridericum *de Pierre Jean Fabre*, Paris, Vrin, 1992.

– (éd.), *La chimie dans l'œuvre des philosophes à l'âge classique*, Oxford, College Publications, 2010.

KAHN D., *Alchimie et paracelsisme en France à la fin de la Renaissance (1567-1625)*, Genève, Droz, 2007.

MATTON S., *Philosophie et alchimie à la Renaissance et à l'âge classique. * Scolastique et alchimie (XVIe-XVIIe siècles)*, Paris/Milan, S.E.H.A./Archè, 2009.

METZGER H., *Les doctrines chimiques en France du début du XVIIe à la fin du XVIIIe siècle*, Paris, Librairie Albert Blanchard, 1922 ; réimp. 1969.

MOTHU A., « La pensée en cornue : considérations sur le matérialisme et la "chymie" en France à la fin de l'âge classique », *Chrysopoeia*, tome IV, 1990-1991, p. 307-445.

NEWMAN W. R., *Atoms and alchemy. Chymistry and the experimental origins of the scientific revolution*, Chicago, The university of Chicago Press, 2006.

– et PRINCIPE L. M., « Some problems with the historiography of alchemy », *in* Newman W. R. et Grafton A. (éds.), *Secrets of nature. Astrology and alchemy in early modern Europe*, Cambridge (Ma), The MIT Press, 2001, p. 385-434.

–, *Alchemy tried in the fire. Starkey, Boyle and the fate of helmontian chymistry*, Chicago, The university of Chicago Press, 2002.

PAGEL W., *Joan Baptista Van Helmont, reformer of science and medicine*, Cambridge, Cambridge University Press, 1982.

–, *From Paracelsus to Van Helmont. Studies in Renaissance Medicine and Science*, Londres, Variorum Reprints, 1986.

PRINCIPE L. M. (éd.), *Chymists and chymistry. Studies in the history of alchemy and early modern chemistry*, Sagamore Beach, Science history publications, 2007.

RATTANSI P. et CLERICUZIO A. (eds.), *Alchemy and chemistry in the 16th and 17th centuries*, Dordrecht, Kluwer Academic Publishers, 1994.

XI – Atomisme et corpuscularisme au XVIIe siècle

ARIEW R., *Descartes and the last scholastics*, Ithaca and London, Cornell University Press, 1999, chap. 6 : « Descartes, Basso and Toletus : three kinds of corpuscularians ».

BLOCH E., « Die antike Atomistik in der neueren Geschichte der Chemie », *Isis* I/3, 1913, p. 377-415.

BLOCH O.-R., *La philosophie de Gassendi. Nominalisme, matérialisme et métaphysique*, La Haye, Martinus Nijhoff, 1971.

CLERICUZIO A., *Elements, principles and corpuscules. A study of atomism and chemistry in the seventeenth century*, Dordrecht, Kluwer academic publishers, 2000.

EMERTON N., *The scientific reinterpretation of form*, Ithaca, Cornell University Press, 1984.

HOOYKAAS R., *Het Begrip element in zijn historisch-wijsgeerige ontwikkeling*, thèse de doctorat, université d'Utrecht, 1933.

–, « The discrimination between *natural* and *artificial* substance and the development of corpuscular theory », *Archives internationales d'histoire des sciences* n° 4, 1948, p. 640-651.

–, « The experimental origin of the chemical atomic and molecular theory before Boyle », *Chymia*, 2, 1949, p. 65-80.

KUBINGA H. H., « Les premières théories moléculaires : Isaac Beeckman (1620) et Sébastien Basson (1621). Le concept d'individu substantiel et d'espèce substantielle », *Revue d'histoire des sciences*, 37/3-4, 1984, p. 215-233.

LÜTHY C., « Atomism, Lynceus, and the fate of seventeenth-century microscopy », *Early science and medicine* I/1, 1996, p. 12-27.

–, « Thoughts and circumstances of Sébastien Basson. Analysis, micro-history, questions », *Early science and medicine*, vol. 2, n° 1, 1997, p. 1-73.

–, « The fourfold Democritus on the stage of early modern science », *Isis* vol. 91/3, 2000, p. 443-479

–, MURDOCH, J. E. et NEWMAN W. R. (eds.), *Late medieval and early modern corpuscular matter theories*, Leyde, Brill, 2001.

MEINEL C., « Early seventeenth-century atomism. Theory, epistemology, and the insufficiency of experiment », *Isis*, 79, 1988, p. 68-103.

MICHAEL E., « Daniel Sennert on matter and form: at the juncture of the old and the new », *Early science and medicine* II/3, 1997, p. 272-299.

NEWMAN W. R., « The corpuscular theory of J.B. Van Helmont and its medieval sources », *Vivarium*, XXXI-1, 1993, p. 161-191.

–, « The corpuscular transmutational theory of Eirenaeus Philalethes », *in* Rattansi P. et Clericuzio A., *Alchemy and chemistry in the 16th and 17th centuries*, Dordrecht, Kluwer Academic Publishers, 1994, p. 161-182.

NIELSEN L. O., « A seventeenth-century physician on God and atoms: Sebastien Basso », *in* Kretzmann N. (ed), *Meaning and inference in medieval philosophy*, Dordrecht, Kluwer Academic Publishers, 1988), p. 297-369.

OSLER M. J. (éd.), *Atoms, pneuma and tranquillity. Epicurean and stoic themes in european thought*, Cambridge, Cambridge University Press, 1991.

PARTINGTON J. R., « The origins of the atomic theory », *Annals of science*, vol. 4, n° 3, 1939, p. 245-282.

XII – Le mécanisme au XVIIe siècle

BLAY M., *Les raisons de l'infini : du monde clos à l'univers mathématique*, Paris, Gallimard, 1993.

DUGAS R., *La mécanique au XVIIe siècle*, Neuchâtel, éditions du Griffon, 1954.

–, *Histoire de la mécanique*, Neuchâtel, Editions du Griffon, 1950 ; réédition Paris, Editions Jacques Gabay, 1996.

EHRARD J., *L'idée de nature en France dans la première moitié du XVIIIe siècle*, Paris, S.E.V.P.E.N., 1963 ; réédition Paris, Albin Michel, 1994.

KOYRE A., *Etudes galiléennes*, Paris, Hermann, 1966, 1986.

LENOBLE R., *Mersenne ou la naissance du mécanisme*, Paris, 1943.

MASSIGNAT C., *Vide et matière dans la première moitié du XVIIe siècle : phénoménologie d'une polémique décisive*, thèse de doctorat, université de Nantes, 1998.

ROUX S., *La philosophie mécanique (1630-1690)*, thèse de doctorat, Paris, EHESS, 1996.

SERIS J.-P., *Machine et communication : du théatre des machines à la mécanique industrielle*, Paris, Vrin, 1987.

–, *Langages et machines à l'âge classique*, Paris, Hachette, 1995.

TOCANNE B., *L'idée de nature en France dans la seconde moitié du XVIIe siècle*, Paris, Klincksieck, 1978.

XIII – Chimies cartésiennes

Robert Boyle

BOAS HALL (A. R. et M.), « Philosophy and natural philosophy : Boyle and Spinoza » dans *L'aventure de l'esprit. Mélanges Alexandre Koyré II*, Paris, Hermann, 1964, p. 241-256.

CLERICUZIO A., « A redefinition of Boyle's Chemistry and Corpuscular philosophy », *Annals of science*, vol. 47, n° 6, 1990, p. 561-589.

–, « From Van Helmont to Boyle. A study of the transmission of helmontian chemical and medical theories in seventeenth-century England », *The British Journal for the History of Science*, vol.26/3, n° 90, 1993, p. 303-334.

–, « Carneade and the chemists : a study of the *Sceptical chymist* and its impact on seventeenth-century chemistry », *in* Hunter M. (ed.), *Robert Boyle reconsidered*, Cambridge, Cambridge University Press, 1994, p. 79-90.

–, « Philosohie de la nature, chimie et alchimie au XVIIe siècle : Jean-Baptiste Van Helmont et Robert Boyle », *Chrysopœia,* t. VII, 2000-2003, p.315-326.

–, « Les débuts de la carrière de Boyle, l'iatrochimie helmontienne et le cercle de Hartlib », dans Dennehy M. et Ramon C. (éds.), *La philosophie naturelle de Robert Boyle*, Paris, Vrin, 2009, p. 47-70.

DAVIS E. B., « 'Parcere nominibus' : Boyle, Hooke and the rhetorical interpretation of Descartes », *in* Hunter M. (ed.), *Robert Boyle reconsidered,* Cambridge, Cambridge University Press, 1994, p. 157-175.

DENNEHY M. et RAMON C. (éds.), *La philosophie naturelle de Robert Boyle*, Paris, Vrin, 2009.

HAMOU P., « Images anglaises de Descartes au XVIIe siècle : Boyle et Hooke sur les causes finales », *Bulletin cartésien* XXXII, *Archives de philosophie*, 2004, p. 150-162.

JOLY B., « Le cartésianisme de Boyle du point de vue de la chimie », dans Dennehy M. et Ramon C. (éds.), *La philosophie naturelle de Robert Boyle*, Paris, Vrin, 2009, p. 139-155.

LAUDAN L., « The clock metaphor and probabilism : the impact of Descartes on English methodological thought 1650-1665 », *Annals of science* , XXII, 1966, p. 73-104.

MACHEREY P., « Spinoza lecteur critique de Boyle », *Revue du Nord*, tome LXXVII, 1995, p. 733-774.

NEWMAN W. R., « The alchemical sources of Robert Boyle's corpuscular philosophy », *Annals of science*, 53, 1996, p. 567-585.

–, « Boyle's debt to corpuscular alchemy », *in* Hunter M. (ed.), *Robert Boyle reconsidered*, Cambridge, Cambridge University Press, 1994, p. 107-1118.

PRINCIPE L. M., *The aspiring adept. Robert Boyle and his alchemical quest*, Princeton, Princeton University Press, 1998.

–, « Liens et influences chymiques entre Robert Boyle et la France », dans Dennehy M. et Ramon C. (éds.), *La philosophie naturelle de Robert Boyle*, Paris, Vrin, 2009, p. 71-89.

ROGERS G. A. J., « Descartes and the method of English science », *Annals of science*, XXII/3, 1966, p. 237-255.

Wilhelm Homberg

FRANCKOWIAK R. et PETERSCHMITT L., « La chimie de Homberg: une vérité certaine dans une physique contestable », *Early science and medicine*, vol. X-1, 2005, p. 65-90.

PRINCIPE L. M., « Wilhelm Homberg : chymical corpuscularianism and chrysopoeia ine the early eignteenth century », *in* Lüthy C., Murdoch J. E.) et Newman W. R.) (eds.), *Late medieval and early modern corpuscular matter theories*, Leyde, Brill, 2001.

Leibniz

REY A.-L., « La chimie pour Leibniz : une pratique cognitive ? », dans Joly B. (éd.), *La chimie dans l'œuvre des philosophes à l'âge classique*, Oxford, College Publications, 2010.

Nicolas Lémery

BOUGARD M., *La chimie de Nicolas Lemery, apothicaire et médecin (1645-4715)*, Turnhout, Brepols, 1998.

POWERS J. C., « 'Ars sine arte' : Nicholas Lemery and the end of alchemy in eighteenth-century France », *Ambix*, vol. 45/3, 1998, p. 163-189.

Malebranche

JOLY B., « Malebranche et la chimie », dans Joly B. (éd.), *La chimie dans l'œuvre des philosophes à l'âge classique*, Oxford, College Publications, 2010.

ROBINET A., « Du rôle accordé à l'expérience dans la physique de Malebranche », dans *L'aventure de l'esprit. Mélanges Alexandre Koyré II*, Paris, Hermann, 1964, p. 400-410.

Pierre-Sylvain Régis

CLARKE D. M., « Pierre-Sylvain Régis: a paradigm of cartesian methodology », *Archiv für Geschichte der Philosophie*, vol. 62,1980, p. 289-310.

GONZALEZ S., « La chimie cartésienne de Pierre-Sylvain Régis » dans Joly B. (éd.), *La chimie dans l'œuvre des philosophes à l'âge classique*, Oxford, College Publications, 2010.

Jacques Rohault

CLAIR P., *Jacques Rohault (1618-1672). Bio-bibliographie avec l'édition critique des Entretiens sur la philosophie, Recherches sur le XVII*[e] *siècle*, n° 3, 1978.

MCCLAUGHLIN T., « Le concept de science chez Jacques Rohault », *Revue d'histoire des sciences*, XXX/3, 1977, p. 225-24.

–, « Was there an empirical movement in mid-seventeenth century France? Experiments in Jacques Rohault's *Traité de physique* », *Revue d'histoire des sciences*, 49/3, 1996, p. 459-481.

–, « Descartes, experiment, and the first generation cartesian, Jacques Rohault » *in* Gaukroger S., Schuster J. et Sutton J. (eds), *Descartes' natural philosophy*, London/New-York, Routledge, 2000, p. 330-346).

MARTINET M., « Jacques Rohault (1617-1622) », *Cahiers d'histoire et de philosophie des sciences*, 14, 1986, p.89-132.

PETERSCHMITT L., « The cartesians and chemistry. Cordemoy, Rohault, Régis », *in* Principe L. M. (ed.), *Chymists and chymistry. Studies in the history of alchemy and early modern chemistry*, Sagamore Beach, Science history publications, 2007, p. 193-202.

Autres auteurs

BOANTZA V. D., « Reflections on matter and manner. Duclos reads Boyle, 1668-69 » *in* Principe L. M. (ed.), *Chymists and chymistry. Studies in the history of alchemy and early modern chemistry*, Sagamore Beach, Science history publications, 2007, p. 181-192.

BOAS M., « Acid and alkali in seventeenth century chemistry », *Archives internationales d'histoire des sciences*, n° 34, 1956, p. 13-28.

FRANCKOWIAK R., « Du Clos, un chimiste post-sceptical chymist », dans Dennehy M. et Ramon C. (éds.), *La philosophie naturelle de Robert Boyle*, Paris, Vrin, 2009, p. 361-377.

JOLY B., « Quarrels between Etienne-François Geoffroy and Louis Lémery at the Académie royale des sciences in the early eighteenth century », *in* Principe L. M. (ed.), *Chymists and chymistry. Studies in the history of alchemy and early modern chemistry*, Sagamore Beach, Science history publications, 2007, p. 203-214.

MATTON S., « Pierre-Daniel Huet et l'alchimie », *Chrysopœia,* t. VII, 2000-2003, p. 379-394.

–, « Note sur l'alchimie chez le médecin cartésien Johann Jakob Waldschmidt (1644-1689) », *Chrysopœia,* t. VII, 2000-2003, p. 509-515.

METZGER H., *Les doctrines chimiques en France du début du XVII*^e^ *à la fin du XVIII*^e^ *siècle*, Paris, Albert Blanchard, 1932, 1969.

ROGERS G. A. J., « Descartes and the method of english science », *Annals of science*, XXII/3, 1966, p. 237-255).

ROUSSET B., *Geulincx entre Descartes et Spinoza*, Paris, Vrin, 1999.

SCHMALTZ T. M., *Radical Cartesianism: The French Reception of Descartes*, Cambridge, Cambridge University Press, 2002, 2007.

– (éd.), *Reception of Descartes: cartesianism and anti-cartesianism in early modern Europe*, Londres, Routledge, 2005.

INDEX DES NOMS DE PERSONNES

TABLE DES MATIÈRES

Imprimerie de la manutention à Mayenne (France) - Avril 2011 - N° 658538A
Dépôt légal : 2e trimestre 2011

DANS LA MÊME COLLECTION

BAILHACHE P., *Essai de logique déontique*, 224 pages
BARBARA J.-G., *La naissance du neurone*, 320 pages
BARBEROUSSE A., *La physique face à la probabilité*, 212 pages
BARTHELEMY G., *Newton mécanicien du cosmos*, 216 pages
BELNA J.-P., *Conceptions du nombre à la fin du XIXe siècle : Dedekind, Cantor, Frege*, préface C. Imbert, 376 pages
BENMAKHLOUF A. *Frege, le nécessaire et le superflu*, 224 pages
BERNAYS P., *Philosophie des mathématiques*, introduction, traduction et notes H. Sinaceur, 240 pages
BONIFACE J., *Hilbert et la notion d'existence en mathématiques*, 320 pages
BOOLE G., *Les lois de la pensée*, introduction et traduction S.B. Diagne, 416 pages
BRENNER A., *Duhem, science, réalité et apparence*, 256 pages
CARNAP R., *La construction logique du monde*, introduction E. Schwarz, traduction Th. Rivain, 368 pages
CHAPPERT A., *L'édification au XIXe siècle d'une science du phénomène lumineux*, 382 pages
CHAREIX F., *La philosophie naturelle de Christiaan Huygens*, 320 pages
CHARRAK A., *Raison et perception. Fonder l'harmonie au XVIIIe siècle*, 320 pages
CHERNI A., *Épistémologie de la transparence. Sur l'embryologie de A. von Haller*, préface F. Dagognet, 370 pages
DUCHESNEAU Fr., *La dynamique de Leibniz*, 368 pages
– *Les modèles du vivant de Descartes à Leibniz*, 402 pages
– *Leibniz, le vivant et l'organisme*, 352 pages
DUHEM P., *Sozein ta phainomena. Essai sur la notion de théorie physique de Platon à Galilée*, introduction P. Brouzeng, 148 pages
– *L'évolution de la mécanique et autres textes*, préface P. Germain, introduction et notes A. Brenner, 496 pages
ÉLIE M., *Lumières, couleurs, nature. L'optique et la physique de Gœthe et de la Naturphilosophie*, 210 pages
GAUTHIER Y., *De la logique interne*, 142 pages
GRANGER G.-G., *Formes, opérations, objets*, 402 pages
HERMANN G., *Fondements philosophiques de la mécanique quantique*, préface B. d'Espagnat, introduction et postface L. Soler, traduction A. Schnell et L. Soler, 182 pages
HINTIKKA J., *Les principes des mathématiques revisités*, introduction, traduction et notes M. Rebuschi, 320 pages
HORIUCHI A., *Les mathématiques japonaises à l'épodque d'Edo (1600-1868). Une étude des travaux de Seki Takakazu (?-1708) et Katebe Katahiro (1664-1739)*, 410 pages

JOLY B., *La Rationalité de l'alchimie au XVIIe siècle*, préface J.-P. Dumont, texte latin, traduction et commentaire du *Manuscriptum ad Fridericum*, 408 pages

KISTLER M., *Causalité et lois de la nature*, 316 pages

KOBAYASHI M., *La philosophie naturelle de Descartes*, 142 pages

LARGEAULT J., *Intuition et intuitionnisme* suivi d'un texte de Brouwer, 240 pages

– *Intuitionnisme et théorie de la démonstration*, avec des textes de Bernays, Brouwer, Gentzen, Gödel, Hilbert, Kreisel, Weyl, 566 pages

LE RU V., *D'Alembert philosophe*, préface M. Clavelin, 312 pages

LEIBNIZ Gottfried W., *Caractéristique géométrique*, introduction, texte latin, traduction et notes M. Parmentier, 368 pages

– *L'estime des apparences. 21 manuscrits sur les probabilités, la théorie des jeux, l'espérance de vie*, introduction, texte latin, traduction et notes M. Parmentier, 474 pages

– *La quadrature arithmétique du cercle, de l'ellipse et de l'hyperbole*, introduction, traduction et notes M. Parmentier, texte latin E. Knobloch, 370 pages

– *Naissance du calcul différentiel : 26 articles des Acta Eruditorum*, introduction, traduction et notes M. Parmentier, 474 pages

– *Réforme de la dynamique*, introduction, traduction et notes M. Fichant, 448 pages

MARTIN T., *Probabilités et critique philosophique selon Cournot*, 362 pages

MICHEL A., *Constitution de la théorie moderne de l'intégration*, 338 pages

PARROCHIA D., *La raison systémique. Essais de morphologie des systèmes philosophiques*, 320 pages

PRIOR Arthur N., *Objets de pensée*, introduction, traduction et notes J.-C. Pariente, 200 pages

RAMSEY F., *Logique, philosophie et probabilités*, traduction P. Engel et M. Marion (dir.), 352 pages

ROBERVAL Gilles Personne de, *Éléments de géométrie*, préface J. Dhombres, édition et présentation V. Jullien, 544 pages

ROMMEVAUX S., *Clavius : une clé pour Euclide au XVIe siècle*, 320 pages

SABATIER X., *Les formes du réalisme mathématique*, 304 pages

SINACEUR H., *Corps et modèles. Essai sur l'histoire de l'algèbre réelle*, 496 pages

SZABO A., *L'aube des mathématiques grecques*, traduction M. Federspiel, 368 pages

VAN FRAASSEN Bas C., *Lois et symétrie*, introduction et traduction C. Chevalley, 520 pages

VARENNE F., *Du modèle à la simulation informatique*, 256 pages

VERNANT D., *La philosophie mathématique de Bertrand Russell*, 510 pages

VINCIGUERRA L., *Langage, visibilité, différence. Histoire du discours mathématique de l'âge classique au XIXe siècle*, 368 pages

WEYL H., *Le continu et autres écrits*, introduction, traduction et notes J. Largeault, 322 pages

ZAHAR E., *Essai d'épistémologie réaliste*, avant-propos A. Boyer, 192 pages